7급 공무원·국회직·군무원 시험대비

# 우선순위
# 행정법각론

Administrative Law

안녕하세요. 반갑습니다. **양승우**입니다.

최근에는 각종 행정법 시험에서 난이도를 높이는 방법으로 행정법각론도 적지 않은 문제수를 출제하여 시험 준비생들을 불편하게 하고 있습니다.

그래서 이 마음 잘 알기에 충분한 준비기간을 거쳐서 출제될 것들을 총정리한 각론교재를 출간하게 되었습니다.

〈우선순위 행정법각론〉을 중심으로 회독을 해보셔요. 각론에 대한 부담감을 완전히 내려 놓으실 수 있으실 것입니다.

빈출되어 출제되는 내용들은 별도로 밑줄과 색을 넣어서 표시하였고, OX문제들로 중요사항을 검토할 수 있도록 구성하였습니다.

이 교재가 나오기까지 큰 힘이 되어주신 모든 분들께 감사드리며, 여러분의 합격을 기원합니다.

상도동 연구실에서 **양승우**

# Contents

# Contents

Administrative Law

우선순위
행정법각론

제1편  행정조직법

## I. 의의

행정조직법은 행정주체의 행정사무담당자인 행정기관의 설치·조직·폐지와 이들의 사무범위 및 상호간의 관계를 규율하는 법이다. 행정조직법은 국가·지방자치단체·기타 공공단체의 행정조직법(정부조직법·지방자치법 등)과 공무원법(국가공무원법·지방공무원법·교육공무원법 등)으로 구분된다. 행정작용법이 행정주체가 국민에게 행하는 행정작용을 규율하는 법이라면, 행정조직법은 행정주체의 내부인 행정조직을 규율하는 법이다.

## II. 법정주의

헌법은 행정조직 법정주의를 채택하여 행정각부의 설치·조직·직무범위는 법률로 정하도록 규정하고 있다(헌법 제96조). 행정조직 법정주의에 있어서 '조직'은 집단뿐만 아니라, 설치·직무범위까지도 모두 포괄하는 넓은 개념이다.

**[행정주체 · 행정기관 · 행정청 개념]**

| | |
|---|---|
| 행정주체 | 행정권 행사의 법적 효과가 (궁극적으로) 귀속되는 주체<br>ex) 서울시민이 납부한 주민세는 서울시장 소유X / 서울시 소유O<br>∴ 서울시는 행정주체 |
| 행정기관 | 행정주체의 행정사무담당자<br>ex) 서울시 공무원 |
| 행정청 | 행정기관(행정주체의 행정사무담당자) 중에서<br>의사결정 및 (자기의 이름으로 외부에 표시할) 권한이 있는 자<br>ex) 서울시장 |

**[행정주체 VS 행정기관]**

| | 행정주체 | 행정기관 |
|---|---|---|
| 권리·의무의 주체 | O | X |
| 손해배상의 피고 | O | X |
| 항고소송의 피고 | X | 행정청 |

**[행정주체 종류]**

| 국 가 | | 시원적 행정주체 |
|---|---|---|
| | **지방자치단체** | 국가로부터 권력을 부여받은 **전래**적 행정주체 |
| **공공단체** | **공법상의 사단법인(공공조합)** | 변호사협회, (도시)재개발조합, 재건축조합, 농지개량조합, 상공회의소 등 |
| | **공법상의 재단법인(공재단)** | 한국학중앙연구원, 한국연구재단 등 |
| | **영조물법인(인적·물적 결합+법인격)** | 한국방송공사, 한국도로공사, 한국토지주택공사, 국립대학교병원, 한국은행, 서울대학교 등 |
| | **공무수탁사인** | 경찰사무를 집행하는 선장·기장 등 |

## I. 행정주체

행정권 행사의 법적 효과(권리·의무)가 궁극적으로 귀속되는 주체를 의미한다. 행정주체에는 국가·지방자치단체·공공조합·공재단·영조물법인이 있으며 사인(私人)도 행정권한을 부여받은 경우에는 그 권한을 행사하는 범위 내에서는 공무수탁사인으로서 행정주체가 된다.

## II. 행정기관

### 1. 의의

행정주체는 일반적으로 관념적 존재이며 권리·의무를 가지지만 공무수탁사인을 제외하고는 스스로 생물학적인 행위를 할 수 없다. 이에 따라 행정주체는 자연인으로 하여금 현실적인 행정작용을 수행하게 하는데, 이를 '행정기관'이라 한다. 행정기관이 행한 행위의 법적 효과는 행정주체에게 귀속된다는 점에서 의의가 있다. 공무원은 (공무원법상) 행정주체의 구성원인 자연인을 의미하지만 행정주체와는 구별되는 별개의 법적 존재로써 행정주체에 대하여 일정한 권리와 의무를 갖는다. 그러나 행정기관은 (행정조직법상) 행정주체의 구성원인 자연인을 의미하며 행정주체와는 구별되는 별개의 법적 존재가 아니라 일정한 범위 내에서 당해 행정주체의 사무를 담당하는 행정권한을 행정사무담당자에 불과하다.

## 2. 행정작용법적 행정기관과 행정조직법적 행정기관

### 1) 행정작용법적 행정기관

작용법적 관점에서는 대외적으로 행정권한을 행사하는 행정청을 먼저 정의하고, 이를 중심으로 하여 기타의 행정기관들을 정의한다. **보조기관, 보좌기관** 등 나머지 행정기관은 행정청과의 관계에서 어떤 역할을 하느냐에 따라 정의된 개념이다.

### 2) 행정조직법적 행정기관

조직법적 관점에서는 업무의 적절한 분배를 전제로 행정기관의 개념을 정의한다. 어떤 행정주체 내에서 어떤 행정기관이 어떤 권한을 담당하고 있는지에 따라 각종 행정기관들이 정의된다. **중앙행정기관**에는 <u>소관사무를 수행하기 위하여 필요한 때</u>에는 특히 법률로 정한 경우를 제외하고는 대통령령으로 정하는 바에 따라 **지방행정기관을 둘 수 있다**(정부조직법 제3조 제1항). 지방행정기관은 보통행정기관과 특별행정기관으로 나눌 수 있다. <u>일정한 관할 구역 내에서 널리 일반국가사무를 수행하는 행정기관을 국가의 보통지방행정기관이라 한다.</u> 보통지방행정기관은 따로 설치하지는 않고 지방자치단체의 장에게 위임하여 행한다. 따라서 <u>국가사무가 지방자치단체의 장에게 위임되어 수행되는 경우, 지방자치단체의 장은 국가사무를 처리하는 범위 내에서 국가의 보통지방행정기관의 지위에 있다.</u> 그러나 <u>세무서장이나 경찰서장은 특별지방행정기관에 해당한다.</u>

---

확인 문제

▶ 「정부조직법」상 중앙행정기관에는 소관 사무를 수행하기 위하여 필요한 때에는 특히 법률로 정한 경우를 제외하고는 대통령령으로 정하는 바에 따라 지방행정기관을 둘 수 있다. *(2019 지방직 7급)*   O X

▶ 국가사무가 지방자치단체의 장에게 위임되어 수행되는 경우, 지방자치단체의 장은 국가사무를 처리하는 범위 내에서 국가의 보통지방행정기관의 지위에 있다. *(2019 지방직 7급)*  O X

▶ 일정한 관할 구역 내에서 널리 일반국가사무를 수행하는 행정기관을 국가의 보통지방행정기관이라 하고 세무서장이나 경찰서장이 이에 속한다. *(2019 지방직 7급)*  O X

정답 24 페이지

## 3. 독임제(獨任制) 행정기관과 합의제(合議制) 행정기관

행정기관을 구성하는 구성원의 수에 따라 행정기관을 독임제 행정기관과 합의제 행정기관으로 구분할 수 있다. 독임제는 1명으로 구성되는 행정기관을 말하고, 합의제는 복수의 사람으로 구성되어 그들의 합의에 의해 의사를 결정하는 행정기관을 말한다. (정부조직법 제5조 및 지방자치법 제116조의 규정상) 행정기관과 지방자치단체는 그 소관사무의 일부를 독립하여 수행할 필요가 있는 때에는 법률로 정하는 바에 따라 행정위원회 등 합의제 행정기관을 둘 수 있다는 점에서 이는 독임제 원칙의 예외에 해당한다고 볼 수 있다. 또한 행정주체 **내부**에서 행정에 관한 의사를 결정할 수 있는 권한만을 가지고 이를 외부적으로 표시할 수 있는 권한은 없는 **합의제 행정기관을 의결기관**이라고 한다. 국가에 있어서 의결기관은 국회이고 지방자치단체에 있어서 의결기관은 지방의회이다.

---

**제 3 장 　행정주체와 행정기관**

## I. 권한

행정청이 법령에 근거하여 행정주체의 의사를 결정·표시할 수 있는 범위를 행정청의 권한이라 한다. 정부조직법 제2조 제1항에서는 '직무범위'로 권한을 언급하였다.

## II. 권한행사

행정청이 해당 직무에 관하여 권한을 행사한 경우, 그 행사의 효과는 국가 등 행정주체에게 귀속된다.

---

확인 문제

▶ 법령상 주어진 권한의 범위 내에서 행정주체의 행정에 관한 의사를 결정할 뿐 이를 외부에 표시하는 권한을 갖지 못하는 합의제 행정기관을 의결기관이라 한다. *(2019 지방직 7급)*   O X

정답  24 페이지

## Ⅲ. 법정주의

행정권한 법정주의란 어떤 행정청이 어떤 권한을 갖는지, 어느 범위의 권한을 갖는지는 법률로 정해야 한다는 원칙을 말한다. 행정청의 권한은 국민의 권리·의무에 엄청난 영향을 미치는 것이어서 국민의 대표가 만든 법률로 정해져야 하는 것은 당연하다. 행정권한의 범위와 관련하여 **국가의 사무**에 대해서는 **정부조직법**이, **지방자치단체의 사무**에 대해서는 **지방자치법**이 규정하고 있다. 행정청의 권한은 그 권한이 부여된 특정의 행정청만이 행사할 수 있고, 타 행정청은 특별한 사유가 없는 한 이를 행사할 수 없다. 만약 행정청의 권한을 법률이 아닌 행정규칙 등으로 정한 경우 해당 행정청은 국민과의 관계에서 정당한 권한의 보유자로서 인정받지 못하고 행위에 있어서 위법문제가 발생할 가능성이 크다. 행정권한 법정주의에 반하는 처분은 무권한자의 행위로 인정되어 원칙적으로 하자가 중대하고 명백해서 무효사유에 해당한다.

## Ⅳ. 권한위임

### 1. 의의

행정청이 그의 권한의 전부 또는 일부를 대외적으로 다른 행정기관으로 이전하여 수임기관의 권한으로서 행사하게 하는 것을 의미한다. **권한의 위임**이 있으면 그 권한은 위임의 범위 안에서 대외적으로도 수임기관의 권한이 되며, **수임기관**은 그 권한을 **자신의 명의와 책임**하에 행사하게 된다. 따라서 행정처분을 하게 된 연유가 상급행정청이나 타행정청의 지시나 통보에 의한 것이라 하여도, 항고소송에서의 **피고**는 **원칙적**으로 행정처분 등을 외부적으로 그의 명의로 행한 행정청이 된다.

> 판례  행정처분의 취소 또는 무효확인을 구하는 행정소송은 다른 법률에 특별한 규정이 없는 한 소송의 대상인 행정처분 등을 외부적으로 그의 명의로 행한 행정청을 피고로 하여야 하는 것으로서 그 행정처분을 하게 된 연유가 상급행정청이나 타행정청의 지시나 통보에 의한 것이라 하여 다르지 않다(대판 1995.12.22. 95누14688).

확인 문제

▶ 행정처분을 하게 된 연유가 상급행정청이나 타행정청의 지시나 통보에 의한 것이라 하여도, 취소소송에서의 피고는 원칙적으로 행정처분 등을 외부적으로 그의 명의로 행한 행정청이 된다. *(2019 서울시 7급)*  ☐O☐ ☐X☐

정답  24 페이지

## 2. 구별개념

### 1) 권한위임과 권한대리

권한위임의 경우 수임기관은 당연히 수임기관 자신의 명의로 권한을 행사할 수 있지만, 권한대리의 경우 권한을 대리하는 대리기관은 현명이 있어야만 자신의 명의로 권한을 행사할 수 있다. 권한위임은 권한 자체가 수임자에게 이전된다는 점에서 권한 자체가 이전되지는 않는 권한대리와 구분된다. 물론, **대리권을 수여받은 데 불과**하여 그 자신의 명의로는 행정처분을 할 권한이 없는 행정청이 대리관계를 밝힘이 없이 그 **자신의 명의로 행정처분**을 하였다면, 원칙적으로 **처분명의자인 당해 행정청**이 그에 대한 항고소송의 **피고**가 되어야 한다. (이 경우 해당 행정청은 징계를 받는다.)

> 판례   대리권을 수여받은 데 불과하여 그 자신의 명의로는 행정처분을 할 권한이 없는 행정청의 경우 대리관계를 밝힘이 없이 그 자신의 명의로 행정처분을 하다면 그에 대하여는 처분명의자인 당해 행정청이 항고소송의 피고가 되어야 하는 것이 원칙이다(대결 2006.2.23. 2005부4).

### 2) 권한위임과 내부위임

행정권한의 위임은 법률이 위임을 허용하고 있는 경우에 한하여 인정되는 반면, 권한의 내부위임은 (권한을 내부적으로만 이전하는 것일 뿐 법률에서 정한 권한분배에 변경이 가해지는 것이 아니므로) 법률의 근거가 없어도 가능하다. 따라서 전결과 같은 행정기관의 내부위임은 법률이 위임을 허용하고 있지 않은 경우에도 가능하다. 또한 행정관청 내부의 사무처리규정에 불과한 **전결규정에 위반**하여 원래의 전결권자 아닌 **보조기관** 등이 **처분권자인 행정관청의 이름**으로 행정처분을 하였다고 하더라도 그 **처분**이 권한 없는 자에 의하여 행하여진 무효의 처분이라고는 할 수 없다.

---

확인 문제

▶ 대리권을 수여받은 데 불과하여 그 자신의 명의로는 행정처분을 할 권한이 없는 행정청이 대리관계를 밝힘이 없이 그 자신의 명의로 행정처분을 하였다면, 원칙적으로 처분명의자인 당해 행정청이 그에 대한 항고소송의 피고가 되어야 한다. *(2019 서울시 7급)*   ○ Ⅹ

▶ 행정관청 내부의 사무처리규정인 전결규정에 위반하여 원래의 전결권자 아닌 보조기관 등이 처분권자인 행정관청의 이름으로 행정처분을 하였다면 그 처분은 무효이다. *(2019 서울시 7급)*   ○ Ⅹ

정답   24 페이지

> 판례 전결과 같은 행정권한의 내부위임은 법령상 처분권자인 행정관청이 내부적인 사무처리의 편의를 도모하기 위하여 그의 보조기관 또는 하급 행정관청으로 하여금 그의 권한을 사실상 행사하게 하는 것으로서 법률이 위임을 허용하지 않는 경우에도 인정되는 것이므로, 설사 행정관청 내부의 사무처리규정에 불과한 전결규정에 위반하여 원래의 전결권자 아닌 보조기관 등이 **처분권자인 행정관청의 이름**으로 행정처분을 하였다고 하더라도 그 처분이 권한 없는 자에 의하여 행하여진 무효의 처분이라고는 할 수 없다(대판 1998.2.27. 97누1105).

> 판례 행정권한의 위임은 행정관청이 법률에 따라 특정한 권한을 다른 행정관청에 이전하여 수임관청의 권한으로 행사하도록 하는 것이어서 권한의 법적인 귀속을 변경하는 것이므로 법률이 위임을 허용하고 있는 경우에 한하여 인정된다(대판 1992.4.24. 91누5792).

### 3) 권한위임과 권한이양

권한위임은 수권법령은 그대로 유지하면서 별도의 위임규정을 두어서 권한을 넘기는 것을 말하는 반면, 권한이양은 수권법령 자체를 개정하여 권한을 다른 행정청의 권한으로 이전시키는 것을 말한다. 권한위임의 경우에는 위임기관은 수임기관의 권한행사를 지휘·감독할 수 있지만, 권한이양의 경우에는 수권법령 자체가 개정되었기 때문에 권한이 이양된 행정청이 이제는 고유권한을 가지므로 기존 행정청과 지휘·감독관계가 성립하지 않는다는 점에서 차이가 있다.

### 4) 권한위임과 민법상 위임

민법상 위임은 계약의 일종이나, 권한위임은 법률의 규정·행정행위 등에 의해 설정되는 공법상 제도의 일종이라는 점에서 구별된다.

## 3. 위임규정

권한위임은 수권법령이 이미 정한 권한을 별도의 위임규정을 두어서 변경하는 것이다. 따라서 행정권한 법정주의에 따라 별도로 법률규정(위임규정)있는 경우에만 허용된다. 즉, 적법한 권한의 위임은 당해 행정권한에 관해 2개 이상의 법률규정이 존재하게 된다.

## 4. 법률규정

권한의 위임 및 위탁으로 인해 위임청의 사무처리 권한이 수임청의 **권한으로 이전**되므로 행정조직법정주의에 비추어 법률의 명시적인 근거가 있어야 한다. 행정기관의 장은 행정권한을 위임 및 위탁할 때에는 위임 및 위탁하기 전에 수임기관의 수임 능력 여부를 점검하고, 필요한 인력 및 예산을 이관하여야 한다(행정권한의 위임 및 위탁에 관한 규정 제3조 제1항). 행정기관의 장은 행정권한을 위임 및 위탁할 때에는 위임 및 위탁하기 전에 단순한 사무인 경우를 제외하고는 수임 및 수탁기관에 대하여 수임 및 수탁사무 처리에 필요한 교육을 하여야 하고 또한 수임 및 수탁사무의 처리지침을 통보하여야 한다(행정권한의 위임 및 위탁에 관한 규정 제3조 제2항).

## 5. 위임의 성립

권한위임은 법령 자체에 의하여 직접 이루어지는 경우가 있고, 법령에 근거한 행정행위(위임행위)에 의하여 이루어지는 경우도 있다.

## 6. 권한위임의 형태

### 1) 보조기관 또는 하급기관에 대한 위임

행정청의 권한위임이 이루어지는 가장 전형적인 형태이며, 이러한 권한위임은 행정청 자신의 지휘·감독하에 있는 보조기관 또는 하급기관에 대해 이루어진다.

### 2) 행정청 또는 지휘·감독하에 있지 않은 하급기관에 대한 위임

위임청과 대등한 지위에 있거나 지휘·감독을 달리하는 하급기관에 대해서도 위임이 이루어질 수 있다.

### 3) 지방자치단체 또는 그 기관에 대한 위임

국가는 그 행정권한의 일부를 지방자치단체 또는 지방자치단체의 기관에 위임할 수 있다. 지방자치단체에 위임하는 경우를 **단체위임**이라고 하고, 지방자치단체의 기관에 위임하는 경우를 **기관위임**이라 한다. 기관위임에 있어서 권한위임을 받은 지방자치단체의 기관은 국가기관의 지위에 있게 된다.

### 4) 민간위탁

행정기관 소관사무 중 국민의 권리나 의무와 직접 관련되지 아니한 사무의 경우에는 사법인이나 단체 또는 그 기관이나 개인에게 위임할 수도 있다(민간위탁). 또한 법령의 특별한 규정에 의하여 국민의 권리나 의무와 직접 관련이 되어 있는 사항도 위임할 수 있다.

---

확인 문제

▶ 권한의 위임과 위탁은 법률의 명시적 근거를 필요로 한다. *(2018 서울시 7급)* ☐ O ☐ X

정답 24 페이지

## 7. 재위임

> **행정권한의 위임 및 위탁에 관한 규정 제4조 (재위임)**
>
> 특별시장·광역시장·특별자치시장·도지사 또는 특별자치도지사나 시장·군수 또는 구청장은 행정의 능률향상과 주민의 편의를 위하여 필요하다고 인정될 때에는 수임사무의 일부를 그 위임기관의 장의 승인을 받아 규칙으로 정하는 바에 따라 시장·군수·구청장 또는 읍·면·동장, 그 밖의 소속기관의 장에게 다시 위임할 수 있다.

행정청은 자신의 위임받은 권한의 일부를 다시 보조기관이나 하급기관에 위임할 수 있다. 「**정부조직법**」 제6조 제1항과 이에 근거한 「**행정권한의 위임 및 위탁에 관한 규정**」 제4조는 행정기관의 권한의 재위임에 관한 **일반적인 근거규정**이 된다. 그 위임받은 사무가 지방자치단체의 장에 대한 기관위임사무인 경우에는 위임기관의 장의 승인을 받아야 하고, 지방자치단체의 행정입법인 '규칙'으로 정하여 위임하여야 한다.

> **판례** 구 건설업법 제57조 제1항, 같은 법 시행령 제53조 제1항 제1호에 의하면 건설부장관의 권한에 속하는 같은 법 제50조 제2항 제3호 소정의 영업정지 등 처분권한은 서울특별시장·직할시장 또는 도지사에게 위임되었을 뿐 시·도지사가 이를 구청장·시장·군수에게 재위임할 수 있는 근거규정은 없으나, 정부조직법 제6조 제1항과 이에 기한 「행정권한의 위임 및 위탁에 관한 규정」 제4조에 재위임에 관한 일반적인 근거규정이 있으므로 시·도지사는 그 재위임에 관한 일반적인 규정에 따라 위임받은 위 처분권한을 구청장 등에게 재위임할 수 있다(대판 1995.7.11. 94누4615).

## 8. 권한위임의 효과

권한위임이 있으면, **위임청은 그 사무를 처리할 권한을 상실**하고, 그 사항은 수임기관의 권한이 된다. 따라서 수임기관은 자신의 이름과 책임에 의하여 그 권한을 행사하게 된다.

---

확인 문제

▶ 「정부조직법」 제6조 제1항과 이에 근거한 「행정권한의 위임 및 위탁에 관한 규정」 제4조는 행정기관의 권한의 재위임에 관한 일반적인 근거규정이 된다. *(2019 서울시 7급)*  O X

정답 24 페이지

도로의 유지·관리에 관한 상위 지방자치단체의 행정권한이 행정권한 위임조례에 의하여 하위 지방자치단체장에게 위임되었다면 그것은 **기관위임**이지 단순한 내부위임이 아니고 **권한을 위임받은 하위 지방자치단체장은 도로의 관리청이 되며 위임 관청은 사무처리의 권한을 잃는다**(대판 1996.11.8. 96다21331).

지방자치단체장 간의 기관위임의 경우에 위임받은 하위 지방자치단체장은 상위 지방자치단체 산하 행정기관의 지위에서 그 사무를 처리하는 것이므로 사무귀속의 주체가 달라진다고 할 수 없고, 따라서 하위 지방자치단체장을 보조하는 하위 지방자치단체 소속 공무원이 위임사무처리에 있어 고의 또는 과실로 타인에게 손해를 가하였더라도 **상위 지방자치단체는 여전히 그 사무귀속 주체로서 손해배상책임을 진다**(대판 1996.11.8. 96다21331).

⇒ *사무처리권한 변경O / 사무귀속주체 변경X*

## 9. 수임기관에 대한 지휘·감독 및 감사

권한을 위임한 위임기관은 수임기관에 대한 지휘·감독권을 갖는다. 수임기관의 사무처리가 위법하거나 부당하다고 인정될 때에는 이를 취소하거나 정지시킬 수 있다.

## 10. 권한위임의 제한

수임 및 수탁사무의 처리에 관하여 위임 및 위탁기관이 수임 및 수탁기관에 대하여 사전승인을 받거나 협의를 할 것을 요구하는 것은 위임관계상 허용될 수 없다.

## 11. 권한위임의 종료

권한위임이 법령의 규정에 의하여 직접 위임된 경우에는 그 근거규정의 개정·폐지로 종료되고, 권한위임이 위임행위(행정행위)에 의하여 위임된 경우에는 위임의 해제, 기간의 도래 등에 의해 위임이 실효됨으로써 종료된다. 위임이 종료되면 위임사항에 관한 수임기관의 권한은 소멸하고, 그 사항은 원칙적으로 다시 위임기관의 권한에 속하게 된다.

## V. 권한의 내부위임

### 1. 의의

위임기관(위임청)이 보조기관 또는 하급기관에게 업무의 효율성을 담보하기 위하여 내부적으로 일정한 사항을 위임하는 것을 내부위임이라고 한다. 내부위임에 불과하므로 **위임청의 명의를 그대로 사용**한다는 점에서 대외적으로 권한을 이전하는 것은 아니기 때문에 법적인 근거가 필요한 것은 아니다.

## 2. 피고적격

항고소송은 원칙적으로 행정처분을 **외부적으로 행한 행정청(실제로 행한 행정청)** 즉 행정처분의 내용을 담은 통지서가 발송되었을 때 **누구의 직인(명의)이 찍혀 있는지를 기준**으로 피고가 정해진다. 따라서 내부위임의 경우 명의자는 여전히 위임청이므로 위임청이 피고가 된다. 다만, 내부위임에 불과한데 (착오 등의 이유로) 수임기관의 명의로 처분을 한 경우에는 수임기관이 피고가 되고 담당 수임기관은 징계의 대상이 된다.

## VI. 권한대리

### 1. 의의

권한을 대리한다는 것은 본인(피대리 행정청)이 가진 권한의 전부 또는 일부를 대리 행정청이 피**대리 행정청을 위한 것임을 표시하여 본인(피대리 행정청)의 이름으로** 행사하는 것을 말한다. 권한대리가 있으면 해당 대리행위로 인한 법적 효과는 본인(피대리 행정청)에게 귀속된다.

### 2. 권한대리의 종류

| 구분 | 임의대리 | 법정대리 |
|---|---|---|
| 의의 | 피대리청의 수권에 의하여 대리관계가 발생하는 경우 | 대리관계 발생 사유가 법령에 정해진 경우 |
| 법적 근거 | 법적 근거X | 법적 근거O |
| 범위 | 원칙적으로 권한의 일부에 대해서만 대리권 발생 | 원칙적으로 권한의 전부에 대해서 대리권 발생 |
| 감독 및 책임 | 1. 피대리청은 지휘·감독권이 있다.<br>2. 대리자도 책임을 지고, 피대리청도 선임·감독책임을 진다. | 1. 궐위로 인한 경우, 대리자만 책임을 진다.<br>2. 사고로 인한 경우, 대리자도 책임을 지고 피대리청도 (지휘·감독권을 갖고) 선임·감독책임도 진다. |

### 3. 피고적격

항고소송은 원칙적으로 행정처분을 **외부적으로 행한 행정청(실제로 행한 행정청)** 즉 행정처분의 내용을 담은 통지서가 발송되었을 때 **누구의 직인(명의)이 찍혀 있는지를 기준**으로 피고가 정해진다. 따라서 대리기관이 대리관계를 표시하고 피대리 행정청을 대리하여 행정처분을 한 때에도 **피대리 행정청의 명의가 이전된 것은 아니고 대리 행정청의 대리여부만이 추가되어 적시되는 것**이므로 여전히 피대리 행정청이 피고가 된다.

## Ⅰ. 감독권

행정조직법상 상급기관은 하급기관을 감독할 권한을 갖는다. 감독권한은 **감사권, 훈령권, 인가권, 취소·정지권** 등 다양하다.

## Ⅱ. 감사권

상급기관은 하급기관 또는 보조기관의 업무처리상황을 파악하기 위하여 하급기관의 보고를 받으며 하급기관의 서류·장부를 검사·감사할 권한을 갖는다.

## Ⅲ. 훈령권

### 1. 의의

상급기관이 하급기관의 권한행사를 지휘·훈계하는 권한을 '훈령권'이라고 하며, 이 때 발하는 것을 훈령이라고 한다. 훈령은 행정규칙으로서 행정기관 내부규범이므로 대외적 구속력은 없다. 형식이 법적일 필요는 없고 법적 근거도 필요 없다.

### 2. 요건

형식적 요건은 훈령권이 있는 상급기관이 발하여야 하고, 하급기관의 권한에 속하는 사항에 대하여 발하여야 하며, 하급기관의 독립성이 보장되는 사무에 대한 것이 아니어야 한다는 것이다. 그리고 실질적 요건은 해당 훈령이 적법·타당한 것이어야 하고, 이행가능하면서 목적이 명확하고 내용이 정확해야 한다는 것이다.

### 3. 훈령에 따르지 않은 하급기관이 행한 처분의 효력

훈령은 행정규칙의 일종이기 때문에 행정조직 내부에서만 하급기관을 구속하는 힘을 가질 뿐 외부적 효력을 갖는 것은 아니다. 따라서 하급기관이 **훈령에 반하는 처분**을 하더라도 이는 행정조직 내부에서의 직무상 의무위반에 불과하여 징계의 문제가 발생할 뿐이고 당해 처분 자체가 위법하게 되는 것은 아니다. 다만, 훈령이 되풀이 시행되어 행정관행이 성립된 경우에는 자기구속력이 인정되므로 이러한 **훈령에 반하는 처분**은 위법한 처분이 된다. 또 상위법령의 수권에 따라 **상위법령과 결합**하여 훈령이 **상위법령의 내용을 보충**하는 법령보충규칙이 되는 경우에는 해당 훈령은 법규명령으로서의 효력이 발생하게 된다.

## Ⅳ. 인가권

상급기관의 인가권은 하급기관이 특정한 권한을 행사하기 이전에 미리 상급기관의 인가(승인)를 받게 하여 하급기관이 행하는 행정작용의 적법유효성을 온전히 담보하게 하는 사전적인 감독방법이다. 법령의 근거가 없더라도 일반적으로 상급기관은 하급기관에 대해 이러한 권한을 갖는다고 본다.

## Ⅴ. 취소·정지권

### 1. 의의

상급기관은 직권이나 행정심판을 통해 하급기관의 위법·부당한 행정작용을 취소·정지시킬 수 있는 권한을 갖는다. 사후적인 감독방법이다.

### 2. 권리구제

상급기관의 하급기관 행정작용에 대한 취소·정지는 (행정작용과 관련된 국민에게) 대외적 구속력이 있으므로 해당 취소·정지로 법률상 이익의 침해가 있는 국민이 있다면 항고쟁송 등을 통해서 권리구제를 받을 수 있다.

## Ⅵ. 쟁의결정권

하급기관 상호 간에 권한에 관한 다툼이 발생한 경우, 상급기관은 이에 관하여 결정할 수 있는 권한이 있다. 이러한 쟁의가 있는 경우에는 원칙적으로 쌍방의 공통상급기관이 결정하고, 공통상급기관이 없을 때는 쌍방의 상급기관이 협의하여 결정한다. 만약 협의가 이루어지지 않을 때에는 궁극적으로 국무회의의 심의를 거쳐 대통령이 결정한다.

## Ⅶ. 협의·동의

### 1. 협의

행정업무가 둘 이상의 행정청의 권한과 관련이 있을 때, 주된 지위에 있는 주무행정청이 업무처리에 관한 결정권을 갖게 되며, 부차적 지위에 있는 관계행정청은 협의권을 갖는다. 관계행정청의 협의상 의견은 원칙적으로 주무행정청을 구속하지 않는다. 다만, 해당 법령에서 협의를 거치도록 규정이 되어있는데도 협의를 거치지 않는다면 절차상의 하자로서 위법하게 된다.

## 2. 동의

행정업무가 둘 이상의 행정청의 권한과 관련이 있을 때, 둘 이상의 행정청 모두 주된 지위의 행정청일 경우에는 업무와 상대적으로 밀접한 관계가 있는 행정청이 주무행정청으로 업무처리에 관한 결정권을 갖게 되며, 다른 행정청은 관계행정청이 되어 동의권을 갖는다. 관계행정청의 **동의 또는 부동의** 의견은 원칙적으로 주무행정청을 **구속**한다.

Administrative Law

· 빨간색 표시가  정답  입니다.

· O X 「정부조직법」상 중앙행정기관에는 소관 사무를 수행하기 위하여 필요한 때에는 특히 법률로 정한 경우를 제외하고는 대통령령으로 정하는 바에 따라 지방행정기관을 둘 수 있다. 〈2019 지방직 7급〉 10페이지

· O X 국가사무가 지방자치단체의 장에게 위임되어 수행되는 경우, 지방자치단체의 장은 국가사무를 처리하는 범위 내에서 국가의 보통지방행정기관의 지위에 있다. 〈2019 지방직 7급〉 10페이지

· O X 일정한 관할 구역 내에서 널리 일반국가사무를 수행하는 행정기관을 국가의 보통지방행정기관이라 하고 세무서장이나 경찰서장이 이에 속한다. 〈2019 지방직 7급〉 10페이지

· O X 법령상 주어진 권한의 범위 내에서 행정주체의 행정에 관한 의사를 결정할 뿐 이를 외부에 표시하는 권한을 갖지 못하는 합의제 행정기관을 의결기관이라 한다. 〈2019 지방직 7급〉 11페이지

· O X 행정처분을 하게 된 연유가 상급행정청이나 타행정청의 지시나 통보에 의한 것이라 하여도, 취소소송에서의 피고는 원칙적으로 행정처분 등을 외부적으로 그의 명의로 행한 행정청이 된다. 〈2019 서울시 7급〉 12페이지

· O X 대리권을 수여받은 데 불과하여 그 자신의 명의로는 행정처분을 할 권한이 없는 행정청이 대리관계를 밝힘이 없이 그 자신의 명의로 행정처분을 하였다면, 원칙적으로 처분명의자인 당해 행정청이 그에 대한 항고소송의 피고가 되어야 한다. 〈2019 서울시 7급〉 13페이지

· O X 행정관청 내부의 사무처리규정인 전결규정에 위반하여 원래의 전결권자 아닌 보조기관 등이 처분권자인 행정관청의 이름으로 행정처분을 하였다면 그 처분은 무효이다. 〈2019 서울시 7급〉 13페이지

· O X 권한의 위임과 위탁은 법률의 명시적 근거를 필요로 한다. 〈2018 서울시 7급〉 15페이지

· O X 「정부조직법」 제6조 제1항과 이에 근거한 「행정권한의 위임 및 위탁에 관한 규정」 제4조는 행정기관의 권한의 재위임에 관한 일반적인 근거규정이 된다. 〈2019 서울시 7급〉 16페이지

우선순위
행정법각론

제2편   지방자치법

## Ⅰ. 지방자치의 의의

지방자치는 민주주의 요청과 지방분권주의를 근간으로 하여 성립·발전한 제도이며, 우리나라의 지방자치제도는 주민자치 및 단체자치가 혼합되어 있는 것으로 언급된다.

## Ⅱ. 법적 지위

### 1. 행정주체 및 행정청

**지방자치단체**는 행정권 행사의 법적 효과(권리·의무)가 궁극적으로 귀속되는 주체로서 **행정주체**가 된다. **지방자치단체의 장**은 이런 행정주체의 행정사무담당자 중에서 의사결정 및 (자기의 이름으로 외부에 표시할) 권한이 있는 **행정청**에 해당한다.

### 2. 기본권

원칙적으로 **지방자치단체**는 국민이 아니므로 **기본권 주체성**이 인정될 수 **없다**. 따라서 헌법소원을 제기할 수 권한이 없다.

### 3. 처벌

지방자치단체 소속 공무원이 **자치사무**를 수행하다가 (범죄가 전제된) 법령을 위반한 경우 지방자치단체도 양벌규정의 적용을 받아 처벌받지만, 공무원이 **기관위임사무**를 수행하다가 (범죄가 전제된) 법령을 위반한 경우 지방자치단체는 양벌규정의 적용을 받지 않으므로 처벌을 받지 않는다.

## Ⅲ. 지방자치단체의 종류

### 1. 광역지방자치단체

특별시·광역시·특별자치시(세종특별자치시)·도·특별자치도(제주특별자치도)를 광역지방자치단체라 한다.

## 2. 기초지방자치단체

**시·군·구**를 의미하며, 구는 단순한 행정구역으로서의 행정구와 지방자치단체로서의 자치구가 있으며 **자치구만 기초지방자치단체**에 속한다. 자치구는 특별시와 광역시의 관할구역 안의 구를 말하며, 그 이외의 구는 행정구라고 한다(지방자치법 제2조 제2항).
읍·면·동은 지방자치단체가 아니다.

## 제 2 장    지방자치단체의 조직

## I. 지방의회

### 1. 의의

지방의회란 지방자치단체의 의결기관(심의해서 결정하는 기관)이자 주민의 대표기관을 의미한다. 지방의회의 의결은 일반적으로 자치단체의 내부적 의사결정에 불과한 것으로서 행정처분이 아니다. 그러나 의회의 의결 자체가 특정인의 법적 지위에 직접적인 영향을 미치는 등 외부적인 법적 효과가 있는 경우에는 행정처분이 된다. 예컨대, 지방의회의원의 제명의결과 같은 것이 이에 해당한다.

### 2. 지위

#### 1) 주민의 대표기관

주민에 의해 선출된 의원으로 구성되므로 주민의 대표기관이다.

#### 2) 의결기관

당해 자치구역 내의 최상위 의결기관으로서 **조례를 제정**하고 기본적으로 모든 **자치사무**에 관한 **의사결정권한**을 가진다. 그러나 지방자치단체의 의결기관인 의회는 (주민에 해당하지는 않으므로) 기본권의 주체가 될 수 없고 따라서 헌법소원을 제기할 수 있는 적격이 없다.

확인 문제

▶   지방자치단체의 의결기관인 의회는 기본권의 주체가 될 수 없고 따라서 헌법소원을 제기할 수 있는 적격이 없다. *(2018 서울시 7급)*                            O X

정답  58 페이지

### 3) 통제기관

지방자치단체 집행기관의 행정·집행 등 통제하는 기관이다. 통제방법으로는 예산안의 심의·확정에 대한 의결권, 결산의 승인, 서류제출 요구권, 행정사무 감사권·조사권, 청원의 수리·처리 의결권 등이 있다.

### 4) 행정기관

**지방의회**도 지방자치단체의 장과 마찬가지로 **지방자치단체의 구성기관**이다. 따라서 중앙행정부에 대응되는 개념인 지방행정부(지방자치단체)에 포함하여 언급되기도 한다. (조례가 행정입법으로 평가받는 것도 그 이유이다.) 즉 지방의회도 지방행정부를 구성한다는 점에서 행정기관에 해당한다.

## Ⅱ. 지방자치단체의 장

### 1. 지위

**지방자치단체의 장**은 지방자치단체의 행정사무담당자 중에서 의사결정 및 (자기의 이름으로 외부에 표시할) 권한이 있는 **행정청**에 해당하며, 지방자치단체를 대표하고 사무를 총괄한다.
지방자치단체의 장은 지방자치단체의 구성기관이므로 원칙적으로 국가기관은 아니다.

### 2. 권한

규칙제정권, 의회출석권 및 진술권, 지방의회 임시회 소집요구권, 사무관리·집행권, 하부기관에 대한 임면 및 지휘·감독권, 사무의 위임, 선결적 처분권, 예산의 편성, 지방채 발행, (조례에 대한) 재의요구권, 제소권, 주민투표부의권 등이 있다.

### 3. 지방의회와 지방자치단체의 장

지방의회와 지방자치단체의 장은 지방자치단체를 구성하는 기관이며, 지방의회는 의결기관이고 지방자치단체의 장은 집행기관이라는 점에서 해당 업무에 대한 권한이 각각 부여된다. 또한 지방정부 안에서도 3권 분립이라는 헌법적 가치를 달성하기 위해서 서로 견제하고 감시하는 기능이 있게 된다.

## I. 구역변경 및 분쟁

### 1. 구역변경

#### 1) 의의

구역은 지방자치단체의 권한이 미치는 지역적인 범위를 말하며, 육지·하늘·해면·지하 모두에 해당 권한이 미친다.

#### 2) 구역변경

지방자치단체의 폐치(지방자치단체의 폐지·설치), 분합(지자체의 분리·합체), 경계변경(지방자치단체의 폐지·신설 없이 경계만 변경) 등의 경우를 의미한다.

#### 3) 절차

지방자치단체를 폐지하거나 설치하거나 나누거나 합칠 때에는 법률로 정한다. 다만, 지방자치단체의 관할구역 경계변경과 한자 명칭의 변경은 대통령령으로 정한다(지방자치법 제4조 제1항). 자치구가 아닌 구와 읍·면·동을 폐지하거나 설치하거나 나누거나 합칠 때에는 행정안전부장관의 승인을 받아 그 지방자치단체의 조례로 정한다. 다만, 구역과 명칭의 변경은 그 지방자치단체의 조례로 정하고 그 결과를 특별시장·광역시장·도지사에게 보고하여야 한다(지방자치법 제4조의 2 제1항).

#### 4) 효과

지방자치단체의 구역을 변경하거나 지방자치단체를 폐지하거나 설치하거나 나누거나 합칠 때에는 새로 그 지역을 관할하게 된 지방자치단체가 그 사무와 재산을 승계한다(지방자치법 제5조 제1항). 지방자치단체의 사무와 재산을 구분하기 곤란하면 시·도에서는 행정안전부장관이, 시·군 및 자치구에서는 특별시장·광역시장·특별자치시장·도지사·특별자치도지사가 그 사무와 재산의 한계 및 승계할 지방자치단체를 지정한다(지방자치법 제5조 제2항).

## 2. 공유수면매립지 구역결정 대한 분쟁

### 1) 공유수면매립지 구역결정의 절차

「공유수면 관리 및 매립에 관한 법률」에 따른 매립지 지역이 속할 지방자치단체는 **행정안전부장관이 결정**한다(지방자치법 제4조 제3항). 매립지에 대한 준공검사 전에 면허관청 또는 관련 지방자치단체의 장은 해당 매립지가 속할 지방자치단체의 결정을 행정안전부장관에게 신청하여야 한다(지방자치법 제4조 제4항). 행정안전부장관은 신청을 받은 후 지체 없이 그 사실을 20일 이상 관보나 인터넷 등의 방법으로 널리 알려야 한다(지방자치법 제4조 제5항). 행정안전부장관은 20일 이상의 공고 기간이 끝난 후 지방자치단체 중앙분쟁조정위원회의 심의·의결에 따라 매립지가 속할 지방자치단체를 결정하고, 그 결과를 면허관청이나 지적소관청, 관계 지방자치단체의 장 등에게 통보하고 공고하여야 한다(지방자치법 제4조 제6항). 위원회의 위원장은 제6항에 따른 심의과정에서 필요하다고 인정되면 관계 중앙행정기관 및 지방자치단체의 공무원 또는 관련 전문가를 출석시켜 의견을 듣거나 관계 기관이나 단체에 자료 및 의견 제출 등을 요구할 수 있다. 이 경우 관계 지방자치단체의 장에게는 의견을 진술할 기회를 주어야 한다(지방자치법 제4조 제7항). **관계 지방자치단체의 장**은 행정안전부장관의 결정에 **이의**가 있으면 그 결과를 통보받은 날부터 **15일** 이내에 **대법원에 소송을 제기**할 수 있다(지방자치법 제4조 제8항). 따라서 매립지가 속할 지방자치단체를 정하는 결정에 대하여 대법원에 소송을 제기할 수 있는 주체는 **관계 지방자치단체의 장**일 뿐 **지방자치단체가 아니다**.

> 판례 지방자치단체의 구역에 관하여 지방자치법은, 공유수면 관리 및 매립에 관한 법률에 따른 매립지가 속할 지방자치단체는 행정안전부장관이 결정한다고 규정하면서(제4조 제3항), 관계 지방자치단체의 장은 그 결정에 이의가 있으면 결과를 통보받은 날로부터 15일 이내에 대법원에 소송을 제기할 수 있다고 규정하고 있다(제4조 제8항). 따라서 매립지가 속할 지방자치단체를 정하는 결정에 대하여 대법원에 소송을 제기할 수 있는 주체는 관계 지방자치단체의 장일 뿐 지방자치단체가 아니다(대판 2013.11.14. 2010추73).

---

확인 문제

▶ 매립지가 속할 지방자치단체를 정하는 결정에 대하여 대법원에 소송을 제기할 수 있는 주체는 관계 지방자치단체의 장일 뿐 지방자치단체가 아니다. *(2019 서울시 7급)*　　 O X

정답 58 페이지

## 3. 해상경계의 획정

해상경계의 획정에 관하여 대법원은 **국가기본도**에 의한 해상경계선을 기준으로 판단한다. 헌법재판소는 종래에는 대법원과 동일한 입장이었지만 최근에는 지리상의 자연적 조건, 행정권한 행사 내용, 사회·경제적 편익 등 여러 사정을 종합하여 **형평의 원칙**에 따라 해상경계선을 획정하여야 한다는 입장으로 판례를 변경하였다.

## Ⅱ. 지방자치단체의 주민

### 1. 의의

지방자치단체 구역 안에 주소를 가진 자는 그 지방자치단체의 주민이 된다. 자연인의 경우에는 관할구역 내에 주민등록지를 갖고 있다는 의미이며, 법인의 경우에는 관할구역 내에 해당 법인의 주된 사무소나 본점이 있다는 의미이다. 외국인도 일정한 요건을 갖추면 지방자치단체의 주민이 될 수 있다.

### 2. 권리

#### 1) 공공시설이용권 및 균등한 혜택을 받을 권리

주민은 법령으로 정하는 바에 따라 소속 지방자치단체의 재산과 공공시설을 이용할 권리와 그 지방자치단체로부터 균등하게 행정의 혜택을 받을 권리를 가진다(지방자치법 제13조 제1항). 이처럼 지방자치법은 주민이 지방자치단체로부터 행정적 혜택을 균등하게 받을 수 있는 권리를 규정하고 있지만, 위 규정에 의하여 주민에게 지방자치단체에 대한 구체적 권리가 발생하는 것은 아니다.

#### 2) 지방선거의 선거권 및 피선거권

국민인 주민은 법령으로 정하는 바에 따라 그 지방자치단체에서 실시하는 지방의회의원과 지방자치단체의 장의 선거(**지방선거**)에 참여할 권리를 가진다(지방자치법 제13조 제2항).

▶ 「지방자치법」은 주민이 지방자치단체로부터 행정적 혜택을 균등하게 받을 수 있는 권리를 규정하고 있지만, 위 규정에 의하여 주민에게 지방자치단체에 대한 구체적 권리가 발생하는 것은 아니다. *(2018 국가직 7급)*

O X

정답 58 페이지

## 3) 주민투표권

주민투표의 투표절차 등에 관한 사항은 주민투표법에 의한다. **지방자치단체의 장**은 주민에게 과도한 부담을 주거나 중대한 영향을 미치는 **지방자치단체의 주요 결정사항** 등에 대하여 **주민투표**에 부칠 수 있다(지방자치법 제14조 제1항). 주민투표의 실시는 지방자치단체의 장이 이처럼 직권으로도 할 수 있으므로 주민 또는 지방의회의 청구가 반드시 있어야 하는 것은 아니다. 또한 지방자치법 제14조에 따라 주민투표의 대상이 되는 사항이라 하더라도 주민투표의 시행 여부는 지방자치단체의 장의 임의적 재량에 맡겨져 있으므로, **지방의회**가 조례로 정한 특정한 사항은 **반드시 주민투표를 거치도록 규정한 조례안**은 지방자치단체의 장의 고유권한을 침해하는규정이 되어 위법하다.

지방자치법상 주민투표권은 **법률이 보장하는 권리**일 뿐 **헌법**상의 기본권이거나 **헌법**상 제도적으로 보장되는 주관적 공권은 **아니다**. 19세 이상의 주민 중 투표인명부 작성기준일 현재 그 지방자치단체의 관할 구역에 주민등록이 되어 있는 사람, 출입국관리 관계 법령에 따라 대한민국에 계속 거주할 수 있는 자격을 갖춘 외국인으로서 지방자치단체의 조례로 정한 사람에게 주민투표권이 주어진다(주민투표법 제5조 제1항).

**중앙행정기관의 장**은 지방자치단체의 폐치·분합 또는 구역변경, 주요시설의 설치 등 국가정책의 수립에 관하여 주민의 의견을 듣기 위하여 필요하다고 인정하는 때에는 주민투표의 실시구역을 정하여 관계 **지방자치단체의 장**에게 **주민투표의 실시를 요구**할 수 있다(주민투표법 제8조 제1항).

---

확인 문제

▶ 「지방자치법」상의 주민투표권은 법률이 보장하는 권리일 뿐 헌법상의 기본권이거나 헌법상 제도적으로 보장되는 주관적 공권은 아니다. *(2019 서울시 7급)*  [ O ] [ X ]

▶ 「지방자치법」 제4조에 따라 주민투표의 대상이 되는 사항이라 하더라도 주민투표의 시행 여부는 지방자치단체의 장의 임의적 재량에 맡겨져 있으므로, 지방의회가 조례로 정한 특정한 사항은 반드시 주민투표를 거치도록 규정한 조례안은 지방자치단체의 장의 고유권한을 침해하는 규정이다. *(2019 서울시 7급)*  [ O ] [ X ]

정답 58 페이지

지방자치법은 주민에게 주민투표권(제13조의2), 조례의 제정 및 개폐청구권(제13조의3), 감사청구권 (제13조의4) 등을 부여함으로써 주민이 지방자치사무에 직접 참여할 수 있는 길을 일부 열어 놓고 있지만 이러한 제도는 어디까지나 입법에 의하여 채택된 것일 뿐 헌법에 의하여 이러한 제도의 도입이 보장되고 있는 것은 아니므로 주민투표권은 법률이 보장하는 권리일 뿐이지 헌법이 보장하는 기본권 또는 헌법상 제도적으로 보장되는 주관적 공권으로 볼 수 없다(헌재 2005.12.22. 2004헌마530).

지방자치법 제13조의2 제1항에 의하면, 주민투표의 대상이 되는 사항이라 하더라도 주민투표의 시행 여부는 지방자치단체의 장의 임의적 재량에 맡겨져 있음이 분명하므로, 지방자치단체의 장의 재량으로서 투표실시 여부를 결정할 수 있도록 한 법규정에 반하여 지방의회가 조례로 정한 특정한 사항에 관하여는 일정한 기간 내에 반드시 투표를 실시하도록 규정한 조례안은 지방자치단체의 장의 고유권한을 침해하는 규정이다(대판 2002.4.26. 2002추23).

## 4) 조례재정·개폐청구권

### 지방자치법 제15조 (조례의 제정과 개폐 청구)

① 19세 이상의 주민으로서 **다음 각 호의 어느 하나**에 해당하는 사람(「공직선거법」 제18조에 따른 선거권이 없는 자는 제외한다. 이하 이 조 및 제16조에서 "19세 이상의 주민"이라 한다) 은 시·도와 제175조에 따른 인구 50만 이상 대도시에서는 19세 이상 주민 총수의 100분의 1 이상 70분의 1 이하, 시·군 및 자치구에서는 19세 이상 주민 총수의 50분의 1 이상 20분의 1 이하의 범위에서 지방자치단체의 조례로 정하는 19세 이상의 주민 수 이상의 연서(連署)로 해당 지방자치단체의 장에게 조례를 제정하거나 개정하거나 폐지할 것을 청구할 수 있다.

1. 해당 지방자치단체의 관할 구역에 주민등록이 되어 있는 사람

2. 「재외동포의 출입국과 법적 지위에 관한 법률」 제6조 제1항에 따라 해당 지방자치단체의 국내거소신고인명부에 올라 있는 국민

3. 「출입국관리법」 제10조에 따른 영주의 체류자격 취득일 후 3년이 경과한 외국인으로서 같은 법 제34조에 따라 해당 지방자치단체의 외국인등록대장에 올라 있는 사람

② 다음 각 호의 사항은 제1항에 따른 청구대상에서 제외한다.

1. 법령을 위반하는 사항

2. 지방세·사용료·수수료·부담금의 부과·징수 또는 감면에 관한 사항

3. 행정기구를 설치하거나 변경하는 것에 관한 사항이나 공공시설의 설치를 반대하는 사항

## 5) 주민감사청구권

### 지방자치법 제16조 (주민의 감사청구)

① 지방자치단체의 19세 이상의 주민은 시·도는 500명, 제175조에 따른 인구 50만 이상 대도시는 300명, 그 밖의 시·군 및 자치구는 200명을 넘지 아니하는 범위에서 그 지방자치단체의 조례로 정하는 19세 이상의 주민 수 이상의 연서(連署)로, 시·도에서는 주무부장관에게, 시·군 및 자치구에서는 시·도지사에게 그 지방자치단체와 그 장의 권한에 속하는 사무의 처리가 법령에 위반되거나 공익을 현저히 해친다고 인정되면 감사를 청구할 수 있다. 다만, 다음 각 호의 어느 하나에 해당하는 사항은 감사청구의 대상에서 제외한다.

1. 수사나 재판에 관여하게 되는 사항

2. 개인의 사생활을 침해할 우려가 있는 사항

3. 다른 기관에서 감사하였거나 감사 중인 사항. 다만, 다른 기관에서 감사한 사항이라도 새로운 사항이 발견되거나 중요 사항이 감사에서 누락된 경우와 제17조 제1항에 따라 주민소송의 대상이 되는 경우에는 그러하지 아니하다.

4. 동일한 사항에 대하여 제17조 제2항 각 호의 어느 하나에 해당하는 소송이 진행 중이거나 그 판결이 확정된 사항

② 제1항에 따른 청구는 사무처리가 있었던 날이나 끝난 날부터 2년이 지나면 제기할 수 없다.

## 6) 주민소환투표청구권

① 의의

국민인 주민은 해당 지방자치단체의 장 및 지방의회의원을 소환할 권리를 가진다. 다만, 비례대표 지방의회의원에 대한 주민소환은 허용되지 않는다. 주민소환 자체는 헌법상 지방자치제도의 본질적인 내용은 아니기 때문에 이를 보장하지 않는 것이 위헌이라거나 어떤 특정한 내용의 주민소환제를 반드시 보장해야 한다는 헌법적인 요구가 있을 수는 없다.

확인 문제

▶ 지방세·사용료·수수료·부담금의 부과·징수 또는 감면에 관한 사항은 주민의 조례제정개폐청구 대상에서 제외된다. (2018 국가직 7급)   ○ X

▶ 주민감사청구의 상대방은 시·도에서는 행정안전부장관, 시·군 및 자치구에서는 시·도지사이다. (2018 국가직 7급)   ○ X

정답 58 페이지

② 대상

주민소환법상 주민소환의 청구사유에는 제한이 없다. 주민소환의 청구사유에 제한을 두지 않은 것은 주민소환을 넓게 인정하여 위법행위를 한 공직자뿐만 아니라 정책적으로 실패하거나 무능한 공직자까지도 해임이 가능하도록 하여 책임정치·책임행정의 실현을 달성하려는 데 목적이 있기 때문이다.

③ 청구기간의 제한

주민소환투표의 청구기간에는 제한이 있다. 선출직 지방공직자의 임기개시일부터 **1년**이 경과하지 아니한 때, 선출직 지방공직자의 임기만료일부터 **1년** 미만일 때, 해당선출직 지방공직자에 대한 주민소환투표를 실시한 날부터 **1년** 이내인 때에는 주민소환투표의 실시를 청구할 수 없다(주민소환에 관한 법률 제8조).

④ 효력

**주민소환투표대상자**는 관할선거관리위원회가 **주민소환투표안을 공고한 때부터 주민소환투표 결과를 공표할 때까지** 그 권한행사가 정지된다(주민소환에 관한 법률 제21조 제1항).

## 3. 주민소송제기권

### 1) 의의

주민소송은 **지방자치단체장의 위법한 재무행위를 시정**하기 위하여 주민이 제기하는 소송이다. 지방자치단체의 재무행정의 적법성과 지방재정의 건전하고 적정한 운영을 확보하려는 데 목적이 있는 제도이다.

### 2) 요건

① 원고적격

주민소송은 공금의 지출에 대한 사항, 재산의 취득·관리·처분에 관한 사항, 당해 지방자치단체를 당사자로 하는 매매·임차·도급 그 밖의 계약의 체결·이행에 관한 사항 또는 지방세·사용료·수수료·과태료 등 공금의 부과·징수의 해태에 관한 사항에 관하여 감사청구를 했던 주민만이 제기할 수 있다. 주민 중 19세 미만의 주민 등 선거권 자체가 없는 자는 주민소송에서 말하는 주민에서 제외되기 때문에 주민소송을 제기할 수 없다(지방자치법 제15조 제1항).

② 피고적격

주민소송의 피고적격은 **원칙적**으로 해당 지방자치단체의 장이다. 주민소송은 공무원이 비위를 저질렀다는 점을 다툼으로 하는 경우도 많지만 피고는 비위를 저지른 공무원 개인이 아니라 지방자치단체의 장으로 한다는 점이 중요하다.

③ 대상

주민감사청구를 제기할 수 있는 모든 사항에 대해서 불복하는 경우에 주민소송을 제기할 수 있는 것이 아니다. 주민감사청구의 대상은 '지방자치단체와 그 장의 권한에 속하는 사무'인 반면, **주민소송**의 대상은 그 중에서 **재무·회계와 관련된 사항**으로 국한된다. **주민소송의 대상**이 되는 범위는 더 **좁다**. 주민소송의 대상인 '공금의 지출에 관한 사항'은 지출원인행위를 의미하며, 이에는 지출원인행위를 **수반**하게 하는 당해 지방자치단체의 장 및 직원, 지방의회 의원의 결정 등과 같은 행위는 포함되지 **않는다**. 그러나 **도로** 등 공물이나 공공용물을 특정 사인이 배타적으로 사용하도록 하는 **점용허가**가 도로 등의 본래 기능 및 목적과 무관하게 그 사용가치를 실현·활용하기 위한 것으로 평가되는 경우에는 **주민소송의 대상**이 되는 재산의 관리·처분에 해당한다. 또한 관할 행정청이 이행강제금의 부과·징수를 게을리한 행위 역시 주민소송의 대상이 되는 공금의 부과·징수를 게을리한 사항에 해당하므로 이에 대해서 **주민소송**이 가능하다.

확인 문제

▶ 주민소송의 대상으로서의 '공금의 지출에 관한 사항'은 지출원인행위를 의미하며, 이에는 지출원인행위를 수반하게 하는 당해 지방자치단체의 장 및 직원, 지방의회 의원의 결정 등과 같은 행위도 포함된다.
  《2019 서울시 7급》                                                                    O X

▶ 도로 등 공물이나 공공용물을 특정 사인이 배타적으로 사용하도록 하는 점용허가가 도로 등의 본래 기능 및 목적과 무관하게 그 사용가치를 실현·활용하기 위한 것으로 평가되는 경우에는 주민소송의 대상이 되는 재산의 관리·처분에 해당한다. 《2019 지방직 7급》                                              O X

▶ 도로 등 공물이나 공공용물을 특정 사인이 배타적으로 사용하도록 하는 점용허가가 도로 등의 본래 기능 및 목적과 무관하게 그 사용가치를 실현활용하기 위한 것으로 평가되는 경우에는 주민소송의 대상이 되는 재산의 관리·처분에 해당한다. 《2019 서울시 7급》                                             O X

▶ 관할 행정청이 이행강제금의 부과·징수를 게을리한 행위는 주민소송의 대상이 되는 공금의 부과·징수를 게을리한 사항에 해당한다. 《2020 지방직 7급》                                                O X

정답 58 페이지

구 지방자치법 제13조의5 제1항에 규정된 주민소송의 대상으로서 '공금의 지출에 관한 사항'이란 지출원 인행위 즉, 지방자치단체의 지출원인이 되는 계약 그 밖의 행위로서 당해 행위에 의하여 지방자치단체가 지출의무를 부담하는 예산집행의 최초 행위와 그에 따른 지급명령 및 지출 등에 한정되고, 특별한 사정이 없는 한 이러한 지출원인행위 등에 선행하여 그러한 지출원인행위를 수반하게 하는 당해 지방자치단체의 장 및 직원, 지방의회 의원의 결정 등과 같은 행위는 포함되지 않는다고 보아야 한다(대판 2011.12.22. 2009두14309).

도로 등 공물이나 공공용물을 특정 사인이 배타적으로 사용하도록 하는 점용허가가 도로 등의 본래 기능 및 목적과 무관하게 그 사용가치를 실현·활용하기 위한 것으로 평가되는 경우에는 주민소송의 대상이 되 는 재산의 관리·처분에 해당한다(대판 2016.5.27. 2014두8490).

이행강제금은 지방자치단체의 재정수입을 구성하는 재원 중 하나로서 '지방세외수입금의 징수 등에 관한 법률'에서 이행강제금의 효율적인 징수 등에 필요한 사항을 특별히 규정하는 등 그 부과·징수를 재무회계 관점에서도 규율하고 있으므로, 이행강제금의 부과·징수를 게을리한 행위는 주민소송의 대상이 되는 공금 의 부과·징수를 게을리한 사항에 해당한다(대판 2015.9.10. 2013두16746).

④ 제한

주민소송은 (재무·회계와 관련된 사항에 대하여 **감사청구를 하였지만**) 주무부장관 또는 시·도지사 가 감사청구를 수리한 날부터 60일을 경과하여도 감사를 종료하지 아니하였거나, 감사결과·감사결과 에 따른 조치요구에 불복이 있거나, 감사결과에 따른 조치요구를 지방자치단체의 장이 이행하지 아 니하였거나, 조치요구에 대한 지방자치단체의 장의 이행조치에 불복이 있는 경우에 한해서 제기할 수 있다(지방자치법 제17조 제1항). (감사청구한 주민에 한해서 주민소송을 제기할 수 있다.)

3) 주민소송의 유형

① 중지청구소송(부작위청구소송)

해당 행위를 계속하면 회복하기 곤란한 손해를 발생시킬 우려가 있는 경우에는 그 행위의 전부나 일부를 중지할 것을 요구하는 소송을 제기할 수 있다(지방자치법 제17조 제2항 제1호). 그러나 이러한 중지청구소송은 해당 행위를 중지할 경우 생명이나 신체에 중대한 위해가 생길 우려가 있거나 그 밖에 공공복리를 현저하게 저해할 우려가 있으면 제기할 수 없다(지방자치법 제17조 제3항).

② 취소소송 또는 무효확인소송

**행정처분**인 행위의 취소 또는 변경을 구하거나 효력의 유무 또는 존재 여부의 확인을 구하는 유 형의 주민소송을 제기할 수도 있다(지방자치법 제17조 제2항 제2호). 지방자치법 제17조 제2항

제2호에 규정된 주민소송에서 다툼의 대상이 된 처분의 위법성은 **행정소송법상 항고소송에서와 마찬가지로 헌법, 법률, 그 하위의 법규명령, 법의 일반원칙 등 객관적 법질서를 구성하는 모든 법규범에 위반되는지 여부를 기준으로 판단**하여야 하는 것이지, **해당 처분으로 지방자치단체의 재정에 손실이 발생하였는지만을 기준으로 판단**할 것은 **아니다**.

> 판례   지방자치법 제16조, 제17조 제1항, 제2항 제2호, 제17항의 내용과 체계에다가 주민소송 제도의 입법 취지와 법적 성질 등을 종합하면, 주민소송에서 다툼의 대상이 된 처분의 위법성은 **행정소송법상 항고소송에서와 마찬가지로 헌법, 법률, 그 하위의 법규명령, 법의 일반원칙 등 객관적 법질서를 구성하는 모든 법규범에 위반되는지 여부를 기준으로 판단**하여야 하는 것이지, 해당 처분으로 지방자치단체의 재정에 손실이 발생하였는지만을 기준으로 판단할 것은 아니다(대판 2019.10.17. 2018두104).

③ 부작위위법확인소송(게을리한 사실에 대한 위법확인소송)

게을리한 사실의 위법 확인을 요구하는 소송을 제기할 수 있다(지방자치법 제17조 제2항 제3호).

④ 손해배상청구요구소송 및 부당이득반환청구요구소송

해당 지방자치단체의 장 및 직원, 지방의회의원, 해당 행위와 관련이 있는 상대방에게 손해배상청구 또는 부당이득반환청구를 할 것을 요구하는 소송을 (해당 지방자치단체의 장을 피고로 하여) 제기할 수 있다(지방자치법 제17조 제2항 제4호 본문). 원고인 주민이 승소하면 피고( 해당 지방자치단체의 장)는 직원, 지방의회의원, 해당 행위와 관련이 있는 상대방 등에게 손해배상청구 또는 부당이득반환청구를 할 것을 **요구할 의무**가 발생하게 된다. 다만, 그 지방자치단체의 직원이 「회계관계직원 등의 책임에 관한 법률」 제4조에 따른 변상책임을 져야 하는 경우에는 변상명령을 할 것을 요구하는 소송을 제기할 수 있다(지방자치법 제17조 제2항 제4호 단서). 지방자치단체의 장은 이러한 손해배상청구요구소송 및 부당이득반환청구요구소송에 대하여 손해배상청구나 부당이득반환청구를 명하는 판결이 확정되면 그 **판결이 확정된 날부터 60일** 이내를 기한으로 하여 당사자에게 그 판결에 따라 결정된 손해배상금이나 부당이득반환금의 지불을 청구(요구)하여야 한다. 다만, 손해배상금이나 부당이득반환금을 지불하여야 할 당사자가 지방자치단체의 장이면 지방의회 의장이 지불을 청구(요구)하여야 한다(지방자치법 제18조 제1항).

확인 문제

▶ 「지방자치법」 제7조 제2항 제2호에 규정된 주민소송에서 다툼의 대상이 된 처분은 그 처분으로 인해 지방자치단체의 재정에 손실이 발생하였다는 사실만으로도 위법성이 인정된다. 〈2020 국가직 7급〉   O   X

정답  58 페이지

### 4) 제소기간 및 관할법원

주민소송은 감사청구를 수리한 날부터 60일이 종료된 날, 감사결과 또는 조치요구내용에 대한 통지를 받은 날·조치요구 시 지정한 처리기간이 만료된 날 또는 이행조치결과에 대한 통지를 받은 날로부터 90일 이내에 제기하여야 한다(지방자치법 제17조 제4항).

### 5) 동일사항에 대한 소송금지

특정 주민소송이 진행 중이면 다른 주민은 같은 사항에 대하여 별도의 소송을 제기할 수 없다(지방자치법 제17조 제5항). 주관소송의 경우 각자의 이익이 저마다 개별적인 것이어서 개별적으로 소를 제기할 이익이 있겠지만, 주민소송은 객관소송으로서 그것을 통해서 달성하려는 목적이 동일하기 때문이다.

### 6) 소송의 중단 및 취하

소송의 계속(繫屬) 중에 소송을 제기한 주민이 사망하거나 주민의 자격을 잃으면 소송절차는 중단된다. 소송대리인이 있는 경우에도 마찬가지이다(지방자치법 제17조 제6항). 주민소송에서 당사자는 법원의 허가를 받지 아니하고는 소의 취하, 소송의 화해 또는 청구의 포기를 할 수 없다(지방자치법 제17조 제14항).

## 4. 주민의 의무

주민을 법령으로 정하는 바에 따라 소속 지방자치단체의 비용을 부담하여야 하는 의무를 진다(지방자치법 제21조).

## Ⅲ. 조례

## 1. 의의

조례란 지방자치단체가 지방의회의 의결을 거쳐 제정하는 자치법규이다. 원칙적으로 조례는 외부적 효력을 갖는 일반적·추상적 규율로서 실질적 의미의 법률의 성격을 갖는다. 다만, 예외적으로 해당 조례가 구체적 규율이 담보되면 처분의 성격을 가진 조례(처분적 조례)가 되어서 처분성이 있게 된다.

## 2. 한계

### 1) 조례와 사무

지방자치법 제15조 본문에 의하여 지방자치단체가 **조례**를 제정할 수 있는 사항은 지방자치단체의 고유사무인 **자치사무**와 개별 법령에 의하여 지방자치단체에 위임된 **단체위임사무**에 한하고 **기관위임사무**는 법령에 의하여 특별히 위임받은 경우를 제외하고는 조례로 규율할 수 없다.

> **판례** 지방자치법 제15조 본문에 의하여 지방자치단체가 **조례**를 제정할 수 있는 사항은 지방자치단체의 고유사무인 **자치사무**와 개별 법령에 의하여 지방자치단체에 위임된 이른바 **단체위임사무**에 한하고, 국가사무로서 지방자치단체의 장에게 위임되거나 상위 지방자치단체의 사무로서 하위 지방자치단체의 장에게 위임된 이른바 기관위임사무에 관한 사항은 조례제정의 범위 밖이라고 할 것이다(대판 1995.12.22. 95추32).

## 2) 조례와 법률유보의 원칙

조례는 행정입법이고 행정작용이므로 원칙적으로 법률의 근거가 있어야 한다(법률유보의 원칙). 그런데 조례는 주민들의 대표인 지방의회에서 제정·개정하는 것이므로 이미 민주적 정당성이 담보되어 있기 때문에 법률이 깐깐하게 구체적·개별적으로 위임할 필요는 없다. (법률의 위임이라는 것 자체가 국민의 대표가 만든 법률에 근거한다는 취지에서 민주적 정당성을 의미하는데, 조례는 주민들의 대표가 만든 것이어서 이미 민주적 정당성이 담보되어 있기 때문이다.) 따라서 조례에 대한 법률의 위임은 구체적으로 범위를 정할 필요 없이 포괄적이어도 상관없다. 또한 지방자치단체는 (법령에 위반되지 않는 범위 내에서) 자치사무에 관하여 **주민의 권리를 제한하거나 의무를 부과하는 사항이 아닌 한** 법률의 위임 없이 조례를 제정할 수 있다. (물론, 주민의 권리를 제한하거나 의무를 부과하거나, 벌칙에 관하여 조례로 규정을 하기 위해서는 법률의 위임이 필요하다.)

> **판례** 구청장이 구 폐기물처리시설 설치촉진 및 주변지역지원 등에 관한 법률 제6조에 따라 폐기물처리시설을 설치하거나 그 설치비용에 해당하는 금액을 납부할 의무를 부담하는 택지개발사업의 사업시행자에게 '**서울특별시 송파구 택지개발에 따른 폐기물처리시설 설치비용 산정에 관한 조례**' 규정에 따라 폐기물처리시설 설치비용 산정의 기준이 되는 부지면적에 주민편익시설의 면적을 포함시켜 산정한 폐기물처리시설 부담금을 부과한 사안에서, 위 조례 규정은 상위법령의 가능한 해석범위를 넘어 이를 확장함으로써 위임의 한계를 벗어난 새로운 입법을 한 것과 다름없으므로 효력이 없다(대판 2019.1.10. 2016두54039).

**확인 문제**

▶ 기관위임사무는 법령에 의하여 특별히 위임받은 경우를 제외하고는 조례로 이를 규율할 수 없다.
*(2019 국가직 7급)* ○ X

▶ 폐기물처리시설 설치비용 부과처분의 근거가 된 「서울특별시 송파구 택지개발에 따른 폐기물처리시설 설치비용 산정에 관한 조례」의 규정은 사업시행자에게 주민편익시설 설치비용에 상응하는 금액까지 납부할 의무를 부과하도록 하고 있는데 이는 법률의 위임이 없어 효력이 없다. *(2019 서울시 7급)* ○ X

정답 58 페이지

### 3) 조례와 법률우위의 원칙

성문법원은 충돌 및 해석을 미연에 방지하고자 상위법, 하위법의 구별을 하고 있다(상위법 우선주의). 헌법이 최상위 규범이고 순차적으로 법률, 명령, 조례, 규칙 등으로 서열이 정해진다. 즉 조례가 상위법령인 법률 등에 충돌할 경우 상위법 우선주의를 위반하여 위법하게 되고 무효가 된다. 따라서 법률우위의 원칙에 의해서 법령을 위반하지 않는 범주 내에서 조례 제정·개정이 이루어져야 한다.

## 3. 조례의 하자

### 1) 위법한 조례의 효력

조례는 행정입법의 일종이다. 행정입법에 대해서는 행정행위의 효력인 공정력이 인정되지 않으므로, 위법한 경우 곧바로 무효가 된다. 다만, '처분적 행정입법'의 경우 행정행위와 마찬가지로 취급하는 바, 취소할 수 있는 행정입법이 존재할 수 있다.

### 2) 조례 중 일부만 위법

판례는 조례 의결의 일부에 대한 재의 요구나 수정재의 요구가 지방자치법상 허용되지 않는 점을 고려하여, 조례의 일부만 위법한 경우에도 조례 전부의 효력을 부인하고 있다(전부무효설).

### 3) 위법한 조례에 근거한 처분의 효력

위법한 행정입법에 근거한 처분과 마찬가지로 **위법한 조례에 근거한 처분** 역시 위법하다. 다만, 조례가 법원에 의해 위법한 것으로 선언되기 전까지는 그 조례에 근거한 처분의 위법성이 일반인의 관점에서 명백하지 않은 것이 보통이므로, 일반적으로 해당 처분의 하자가 취소사유인 경우가 많다. 예를 들어, 조례 제정권의 범위를 **벗어나** 국가사무를 대상으로 한 **무효인 「서울특별시행정권한위임조례」에 근거**하여 영등포구청장이 건설업영업정지처분을 한 경우 해당 처분의 하자는 중대하지만 명백하지는 않아서 **취소사유**에 불과하다.

---

확인 문제

▶ 조례 제정권의 범위를 벗어나 국가사무를 대상으로 한 무효인 「서울특별시행정권한위임조례」에 근거하여 영등포구청장이 건설업영업정지처분을 한 경우 그 하자는 중대하나 당연무효는 아니다. *(2019 서울시 7급)* ☐ O ☐ X

정답 58 페이지

> **판례** 조례 제정권의 범위를 벗어나 국가사무를 대상으로 한 무효인 서울특별시행정권한위임조례의 규정에 근거하여 구청장이 건설업영업정지처분을 한 경우, 그 처분은 결과적으로 적법한 위임 없이 권한 없는 자에 의하여 행하여진 것과 마찬가지가 되어 그 하자가 중대하나, 지방자치단체의 사무에 관한 조례와 규칙은 조례가 보다 상위규범이라고 할 수 있고, 또한 헌법 제107조 제2항의 "규칙"에는 지방자치단체의 조례와 규칙이 모두 포함되는 등 이른바 규칙의 개념이 경우에 따라 상이하게 해석되는 점 등에 비추어 보면 위 처분의 위임 과정의 하자가 객관적으로 명백한 것이라고 할 수 없으므로 이로 인한 하자는 결국 당연무효사유는 아니라고 봄이 상당하다(대판 1995.7.11. 94누4615).

## 4. 하자 있는 조례에 대한 통제

### 1) 해당 조례를 재정한 지방의회가 속하는 지방자치단체의 장에 의한 통제

① 지방자치법 제26조에 의한 재의요구

**지방자치법 제26조 (조례와 규칙의 제정 절차 등)**

① 조례안이 지방의회에서 의결되면 의장은 의결된 날부터 **5일** 이내에 그 지방자치단체의 장에게 이를 이송하여야 한다.

② 지방자치단체의 장은 제1항의 조례안을 이송받으면 **20일** 이내에 공포하여야 한다.

③ 지방자치단체의 장은 이송받은 조례안에 대하여 이의가 있으면 제2항의 기간에 이유를 붙여 지방의회로 환부(還付)하고, 재의(再議)를 요구할 수 있다. 이 경우 지방자치단체의 장은 조례안의 일부에 대하여 또는 조례안을 수정하여 **재의를 요구**할 수 없다.

④ 제3항에 따른 재의요구를 받은 지방의회가 재의에 부쳐 **재적의원 과반수의 출석과 출석의원 3분의 2 이상의 찬성**으로 전과 같은 의결을 하면 그 조례안은 조례로서 확정된다.

⑤ 지방자치단체의 장이 제2항의 기간에 공포하지 아니하거나 재의요구를 하지 아니할 때에도 그 조례안은 조례로서 확정된다.

⑥ 지방자치단체의 장은 제4항과 제5항에 따라 확정된 조례를 지체 없이 공포하여야 한다. 제5항에 따라 조례가 확정된 후 또는 제4항에 따른 확정조례가 지방자치단체의 장에게 이송된 후 5일 이내에 지방자치단체의 장이 공포하지 아니하면 지방의회의 의장이 이를 공포한다.

⑦ 제2항 및 제6항 전단에 따라 지방자치단체의 장이 조례를 공포한 때에는 즉시 해당 지방의회의 의장에게 통지하여야 하며, 제6항 후단에 따라 지방의회의 의장이 조례를 공포한 때에는 이를 즉시 해당 지방자치단체의 장에게 통지하여야 한다.

⑧ 조례와 규칙은 특별한 규정이 없으면 **공포한 날부터 20일**이 지나면 **효력을 발생**한다.

⑨ 조례와 규칙의 공포에 관하여 필요한 사항은 대통령령으로 정한다.

② 지방자치법 제172조 제1항에 의한 재의요구

**지방자치법 제172조 (지방의회 의결의 재의와 제소)**

① 지방의회의 의결이 법령에 위반되거나 공익을 현저히 해친다고 판단되면 시·도에 대하여는 주무부장관이, 시·군 및 자치구에 대하여는 시·도지사가 재의를 요구하게 할 수 있고, 재의요구를 받은 지방자치단체의 장은 의결사항을 이송받은 날부터 20일 이내에 지방의회에 이유를 붙여 재의를 요구하여야 한다.

③ 지방자치단체의 장은 제2항에 따라 재의결된 사항이 법령에 위반된다고 판단되면 재의결된 날부터 20일 이내에 대법원에 소를 제기할 수 있다. 이 경우 필요하다고 인정되면 그 의결의 집행을 정지하게 하는 집행정지결정을 신청할 수 있다.

③ 교육감의 재의요구

조례안에 대한 교육감의 재의요구 권한은 조례안의 완성에 대한 조건부의 정지적인 권한에 지나지 않으므로, 시·도의회의 재의결 전에는 **언제든지 재의요구를 철회**할 수 있다고 보아야 한다.

---

확인 문제

▶ 교육감이 「지방교육자치에 관한 법률」에 따라 독자적인 권한으로 지방의회의 조례안 의결에 대해 재의요구를 한 경우 지방의회가 재의결하기 전이라도 교육감은 그 재의요구를 철회할 수 없다. *(2020 국가직 7급)* ○ X

정답 58 페이지

## 2) 감독기관에 의한 조례에 대한 통제

> **지방자치법 제172조 (지방의회 의결의 재의와 제소)**
>
> ① 지방의회의 의결이 법령에 위반되거나 공익을 현저히 해친다고 판단되면 시·도에 대하여는 주무부장관이, 시·군 및 자치구에 대하여는 시·도지사가 재의를 요구하게 할 수 있고, 재의요구를 받은 지방자치단체의 장은 의결사항을 이송받은 날부터 20일 이내에 지방의회에 이유를 붙여 재의를 요구하여야 한다.
>
> ④ 주무부장관이나 시·도지사는 재의결된 사항이 법령에 위반된다고 판단됨에도 불구하고 해당 지방자치단체의 장이 소(訴)를 제기하지 아니하면 그 지방자치단체의 장에게 제소를 지시하거나 직접 제소 및 집행정지결정을 신청할 수 있다.
>
> ⑤ 제4항에 따른 제소의 지시는 제3항의 기간이 지난 날부터 7일 이내에 하고, 해당 지방자치단체의 장은 제소지시를 받은 날부터 7일 이내에 제소하여야 한다.
>
> ⑥ 주무부장관이나 시·도지사는 제5항의 기간이 지난 날부터 7일 이내에 직접 제소할 수 있다.
>
> ⑦ 제1항에 따라 지방의회의 의결이 법령에 위반된다고 판단되어 주무부장관이나 시·도지사로부터 재의요구지시를 받은 지방자치단체의 장이 재의를 요구하지 아니하는 경우(법령에 위반되는 지방의회의 의결사항이 조례안인 경우로서 재의요구지시를 받기 전에 그 조례안을 공포한 경우를 포함한다)에는 주무부장관이나 시·도지사는 제1항에 따른 기간이 지난 날부터 7일 이내에 대법원에 직접 제소 및 집행정지결정을 신청할 수 있다.

① (지방자치단체장에게) 재의요구 요청

지방자치법 제26조 제3항에 따른 지방자치단체장의 재의요구권과 **감독기관의 재의요구 요청권**은 별개의 독립된 권한이다.

② (지방자치단체장이 감독기관의 재의요구 지시에 불응하는 경우) 감독기관의 직접 제소

제172조 제1항에 따라 감독기관으로부터 재의요구지시를 받은 지방자치단체장이 재의를 요구하지 아니하는 경우, 감독기관은 대법원에 직접 제소 및 집행정지결정을 신청할 수 있다. 감독기관이 직접 재의요구를 할 수 있는 것은 아니고 지방자치단체장만이 할 수 있다. 감독기관이 지방의회를 피고로 제기하는 이 소송의 법적 성격에 대해서는 감독소송의 성격을 갖는 특수한 형태의 소송이라고 보는 견해와 기관소송이라고 보는 견해가 대립한다.

③ 감독기관의 제소지시 및 직접 제소

주무부장관이나 시·도지사는 재의결된 사항이 법령에 위반된다고 판단됨에도 불구하고 해당 지방자치단체의 장이 소를 제기하지 아니하면 그 지방자치단체의 장에게 제소를 지시하거나 직접 제소 및 집행정지결정을 신청할 수 있다(지방자치법 제172조 제4항). 제172조 제4항은 제7항과는 달리 지방자치단체장이 재의요구가 이미 전제된 경우이다.

감독기관은 주무부장관과 시·도지사를 말한다. 광역지방자치단체에 대해서는 주무부장관이 감독기관이 되고, 기초지방자치단체에 대해서는 시·도지사가 감독기관이 된다. 그런데 기초지방자치단체의 지방의회의 재의결에 대해 시·도지사가 아니라 주무부장관이 직접 제소 가능한가에 대한 문제가 생기는데, 대법원은 지방자치법 제172조 제4항, 제6항에서 지방의회 재의결에 대하여 직접 제소할 수 있는 주체로 규정된 '주무부장관이나 시·도지사'는 시·도에 대하여는 주무부장관을, 시·군 및 자치구에 대하여는 시·도지사를 각 의미한다고 본다. (행정안전부장관이 기초지방자치단체인 강화군의 지방의회가 행한 조례안 재의결에 대해 직접 제소한 사건에서 대법원은 인천광역시장이 제소하여야 한다고 보고 각하판결을 하였다. 기초지방자치단체 지방의회의 재의결에 대해서는 시·도지사가, 광역지방자치단체 지방의회의 재의결에 대해서는 주부무장관만이 제소 가능하다는 의미이다.)

> **판례** 지방의회 의결의 재의와 제소에 관한 지방자치법 제172조 제4항, 제6항의 문언과 입법 취지, 제·개정 연혁 및 지방자치법령의 체계 등을 종합적으로 고려하여 보면, 아래에서 보는 바와 같이 지방자치법 제172조 제4항, 제6항에서 지방의회 재의결에 대하여 제소를 지시하거나 직접 제소할 수 있는 주체로 규정된 '주무부장관이나 시·도지사'는 시·도에 대하여는 주무부장관을, 시·군 및 자치구에 대하여는 시·도지사를 각 의미한다(대판 2016.9.22. 2014추521).

---

**확인 문제**

▶ 「지방자치법」 제172조 제4항, 제6항에서 지방의회 재의결에 대하여 직접 제소할 수 있는 주체로 규정된 '주무부장관이나 시·도지사'는 시·도에 대하여는 주무부장관을, 시·군 및 자치구에 대하여는 시·도지사를 각 의미한다. *(2019 국가직 7급)*   O  X

정답 58 페이지

### 3) 일반법원에 의한 조례 통제

#### ① 구체적 규범통제

##### ㉠ 명령·규칙 심사(헌법 제107조 제2항)

헌법 제107조 제2항에 의하여 명령·규칙 또는 처분이 헌법이나 법률에 위반되는 여부가 재판의 전제가 된 경우에는 대법원은 이를 최종적으로 심사할 권한을 가진다.

##### ㉡ 조례 자체에 대한 항고소송

조례는 원칙적으로 일반적·추상적 규율이기 때문에 처분성이 인정되지 않는다. 이에 따라 항고소송의 대상이 되지 않는다. 다만, 조례가 예외적으로 개별적·구체적 규율의 형태를 취하는 경우에는(처분적 조례) 처분성이 인정되므로 항고소송으로 다툴 수 있다. 이 경우 항고소송의 피고는 조례의 의결기관인 지방의회가 아니라 조례의 공포권이 있는 지방자치단체의 장이 된다는 것이 판례의 입장이다.

#### ② 추상적 규범통제

위법한 조례안에 대한 지방자치단체장이나 감독기관의 제소가 있으면 대법원은 추상적 규범통제를 할 수 있다. 따라서 지방자치단체의 장, 주무부장관, 시·도지사에 의해 제기되는 **위법한 조례안의 재의결에 대한 무효확인소송**은 사전적·추상적 규범통제의 성질을 갖는다.

### 4) 헌법재판소에 의한 통제

공권력의 행사 또는 불행사(不行使)로 인하여 헌법상 보장된 기본권을 침해받은 자는 법원의 재판을 제외하고는 헌법재판소에 헌법소원심판을 청구할 수 있다. 다만, 다른 법률에 구제절차가 있는 경우에는 그 절차를 모두 거친 후에 청구할 수 있다(헌법재판소법 제68조). 조례 역시 공권력의 행사로 이해할 수 있으므로 조례 자체로 인하여 직접 그리고 현재 자기의 기본권을 침해받은 자는 그 권리구제의 수단으로서 조례에 대한 헌법소원을 제기할 수 있다.

확인 문제

▶ 지방자치단체의 장, 주무부장관, 시·도지사에 의해 제기되는 위법한 조례안의 재의결에 대한 무효확인소송은 사전적·구체적 규범통제의 성질을 갖는다. 〈2019 서울시 7급〉　O X

▶ 조례 자체로 인하여 직접 그리고 현재 자기의 기본권을 침해받은 자는 그 권리구제의 수단으로서 조례에 대한 헌법소원을 제기할 수 있다. 〈2018 서울시 7급〉　O X

정답 58 페이지

# Ⅳ. 규칙

지방자치단체의 장은 법령이나 조례가 위임한 범위에서 그 권한에 속하는 사무에 관하여 규칙을 제정할 수 있다(지방자치법 제23조). 조례와 달리 규칙은 (민주적 정당성이 규칙 자체에서 바로 담보된다고 할 수 없으므로) 법령이나 조례의 위임이 있는 경우에만 제정이 가능한 것으로 본다. 이 경우 **규칙**에 대한 법령이나 조례의 위임은 (조례와 달리) **개별적·구체적인 위임**이어야 한다. 지방자치단체장은 자신이 위임받은 사무(기관위임사무)를 하급기관에 재위임할 수 있는데, 이 때 위임기관의 승인을 받아 규칙으로 정하는 바에 따라 재위임을 하여야 한다.

## 제 4 장    지방자치단체의 사무

# Ⅰ. 사무유형의 구별실익

지방자치단체의 사무는 자치사무와 위임사무로 구분된다. 이에 따라 국가의 감독관계, 조례제정의 대상, 비용부담자, 손해배상책임의 귀속 등에서 차이가 나기 때문에 사무유형을 구별할 실익이 있다.

# Ⅱ. 사무유형의 종류

## 1. 자치사무

### 1) 의의

지방자치단체가 자신의 고유한 업무로서 자기책임하에 처리하는 사무를 말한다. 지방자치법 제9조 제2항에서는 이러한 자치사무의 종류를 예시적으로 규정하고 있다. 또한 **지방자치단체**는 **법령**이나 상급 지방자치단체의 **조례**를 **위반**하여 그 사무를 처리할 수 **없다**(지방자치법 제8조).

확인 문제

▶  지방자치단체는 법령이나 상급 지방자치단체의 조례를 위반하여 그 사무를 처리할 수 없다. *(2019 국가직 7급)*

O X

정답  58 페이지

### 2) 국가의 감독

자치사무에 대한 국가의 감독은 적법성 감독으로 한정되고 합목적성에 대한 감독은 할 수 없다. 자치사무는 지방자치단체가 국가나 다른 지방자치단체의 간섭을 받지 않고 자기책임하에 처리하는 사무이기 때문이다.

### 3) 경비부담

자치사무는 지방자치단체의 사무이므로 그에 소요되는 경비는 당해 지방자치단체가 부담한다(지방자치법 제20조).

### 4) 지방의회의 관여

자치사무의 처리에 대하여는 해당 지방자치단체의 지방의회가 관여할 수 있다. 지방의회는 매년 1회 그 지방자치단체의 사무에 대하여 시·도에서는 14일의 범위에서, 시·군 및 자치구에서는 9일의 범위에서 감사를 실시하고, 지방자치단체의 사무 중 특정 사안에 관하여 본회의 의결로 본회의나 위원회에서 조사하게 할 수 있다(지방자치법 제41조 제1항).

### 5) 국가배상

자치사무는 국가배상법상 직무에 해당하므로 그 외 국가배상 요건을 모두 갖춘 경우에는 얼마든지 당사자는 국가배상청구소송을 제기할 수 있다.

## 2. 단체위임사무

### 1) 의의

단체위임사무는 강학상으로는 **법령에 의하여** 국가나 다른 공공단체에 의해서 해당 **지방자치단체에게 위임된 사무**를 의미한다. 단체위임사무도 지방자치단체의 사무이므로 단체위임사무와 자치사무는 실제로는 구별하기 매우 어렵다. 지방자치법 제9조 제2항 역시 양자를 구별함이 없이 지방자치단체의 사무를 열거하고 있다.

### 2) 국가의 감독

지방자치단체에 사무를 위임한 국가나 시·도는 광범위한 감독권을 갖는다. 합법성뿐만 아니라 합목적성에 대해서도 통제를 할 수 있다.

### 3) 경비의 부담

단체위임사무의 경비부담에 대해서는 견해가 대립한다.

## 4) 지방의회의 관여

단체위임사무에 관하여서도 법령의 위임이 없이도 조례를 제정할 수 있다. 지방자치법 제22조 본문에서 '그 사무'라고 표현을 하고 있는데, 자치사무와 단체위임사무를 모두 가리키는 표현으로 해석하고 있다.

## 5) 국가배상

단체위임사무에 대해 지방자치단체는 공무원의 선임·감독자로서 국가배상책임을 지거나, 형식적 비용부담자로서 국가배상책임을 진다(국가배상법 제6조 제1항).

## 3. 기관위임사무

### 1) 의의

국가 또는 다른 지방자치단체 등으로부터 당해 지방자치단체의 장(지방자치단체의 기관)에게 위임된 사무를 말한다. 기관위임사무는 지방자치단체의 사무가 아니며, **지방자치단체의 장(지방자치단체의 기관)**은 기관위임사무를 처리하는 범위 안에서 그 사무를 위임한 **국가기관 등의 지위**를 갖는다. (**원칙적으로 지방자치단체가 권한쟁의 심판청구의 당사자**이며 지방자치단체의 장은 권한쟁의 심판청구의 당사자가 아니지만) 지방자치단체의 장이 국가위임사무(기관위임사무)에 대해 국가기관의 지위에서 처분을 행한 경우에는 권한쟁의 심판청구의 당사자가 될 수 있다. 또한 지방자치단체 장에 대한 기관위임사무는 그 법적 효과가 국가 등 위임한 주체에게 귀속된다. 기관위임사무는 지방자치단체의 사무가 아니므로, 지방자치단체는 **기관위임사무**의 집행에 관한 권한의 존부 및 범위에 관한 권한분쟁을 이유로 기관위임사무를 집행하는 국가기관을 상대로 권한쟁의심판을 청구할 수 없다.

판례 지방자치단체의 장은 원칙적으로 권한쟁의 심판청구의 당사자가 될 수 없다. 다만 지방자치단체의 장이 국가위임사무에 대해 국가기관의 지위에서 처분을 행한 경우에는 권한쟁의 심판청구의 당사자가 될 수 있다(헌재 2006.8.31. 2003헌라1).
→ *권한쟁의 심판청구의 당사자는 원칙적으로 지방자치단체O / 지방자치단체의 장X (다만, 지방자치단체의 장이 국가위임사무에 대해 국가기관의 지위에서 처분을 행한 경우 권한쟁의 심판청구의 당사자O)*

판례 지방자치단체가 권한쟁의심판을 청구하기 위해서는 헌법 또는 법률에 의하여 부여받은 권한, 즉 지방자치단체의 사무에 관한 권한이 침해되거나 침해될 우려가 있어야 한다. 그런데 지방자치단체의 사무 중 국가가 지방자치단체의 장 등에게 위임한 기관위임사무는 그 처리의 효과가 국가에 귀속되는 국가의 사무로서 지방자치단체의 사무라 할 수 없고, 지방자치단체의 장 등은 기관위임사무의 집행권한과 관련된 범위에서는 그 사무를 위임한 국가기관의 지위에 서게 될 뿐 지방자치단체의 기관이 아니므로, 지방자치단체는 기관위임사무의 집행에 관한 권한의 존부 및 범위에 관한 권한분쟁을 이유로 기관위임사무를 집행하는 국가기관 또는 다른 지방자치단체의 장을 상대로 권한쟁의심판을 청구할 수 없다 할 것이다(헌재 2011.9. 29. 2009헌라4).

## 2) 국가의 감독

기관위임사무에 대한 국가의 감독은 국가의 하급기관에 대한 감독에 해당하기 때문에 적법성 여부뿐만 아니라 합목적성 여부에 대한 감독까지 모두 할 수 있다.

## 3) 경비의 부담

국가의 기관위임사무는 국가사무이므로 그에 소요되는 경비는 **국가가 그 전부를 부담**하여야 한다.

## 4) 지방의회의 관여

국가의 기관위임사무는 법률에 특별한 규정이 없는 한 지방의회의 조례의 규율대상이 되지 않는다. 법령에서 이를 허용하고 있는 경우에만 기관위임사무에 관한 조례(위임조례)를 제정할 수 있다.

## 5) 국가배상

기관위임사무로 인한 국가배상책임이 인정되는 경우, 해당 지방자치단체는 비용부담자로서 책임을 지게된다(국가배상법 제6조 제1항).

## Ⅲ. 사무유형의 구별기준

지방자치단체의 장이 처리하도록 규정하고 있는 사무가 자치사무·단체위임사무인지 아니면 기관위임사무인지 여부는 우선적으로 그에 관한 법령의 규정형식과 취지를 고려하여 종합적으로 판단하여야 한다. 즉 해당 법령에서 처음부터 국가기관의 권한으로 규정한 것은 **국가사무**로 보고, 이것이 지방자치단체장에게 위임된 경우에는 기관위임사무로 본다. 그러나 해당 법령에서 처음부터 지방자치단체의 장의 권한으로 규정한 것은 **자치사무**로 보는 것이 일반적이다.

제 5 장 | 지방자치단체 간의 관계

## Ⅰ. 분쟁

### 1. 의의

각 지방자치단체는 독립적인 법인격을 갖고 있기 때문에 그 사무수행에 있어서 다른 기관이 관여할 수 없다. 따라서 지방자치단체 간에 분쟁이 발생할 경우 해당 분쟁에 다른 기관이 관여하기 위해서는 명문의 규정이 있어야 한다. 지방자치법은 분쟁조정제도를 적시하여 분쟁을 해결하고 있다. 판례에 의하면, 지방자치단체의 자치사무가 당해 지방자치단체에 내부적인 효과만을 발생시키는 것이 아니라 그 사무로 인하여 다른 지방자치단체나 그 주민의 보호할 만한 가치가 있는 이익을 **침해**하는 경우에는 「지방자치법」에서 정한 분쟁조정 대상 사무가 될 수 있다고 본다.

### 2. 행정협의회

행정협의회는 공동의 사무 처리를 위해 설립하는 임의기구이며, 행정협의회의 결정은 그에 따라야 하는 법적의무를 발생시킨다. 행정협의회 자체에는 법인격이 없다.

확인 문제

▶ 지방자치단체의 자치사무가 당해 지방자치단체에 내부적인 효과만을 발생시키는 것이 아니라 그 사무로 인하여 다른 지방자치단체나 그 주민의 보호할 만한 가치가 있는 이익을 침해하는 경우에는 「지방자치법」에서 정한 분쟁조정 대상 사무가 될 수 있다. *(2018 지방직 7급)*   O X

정답  58 페이지

## 3. 지방자치단체조합

지방자치단체조합은 법인격을 갖는다.

## 4. 분쟁조정

### 1) 개시

> **지방자치법 제148조 (지방자치단체 상호 간의 분쟁조정)**
>
> ① 지방자치단체 상호 간이나 지방자치단체의 장 상호 간 사무를 처리할 때 의견이 달라 다툼(이하 "분쟁"이라 한다)이 생기면 다른 법률에 특별한 규정이 없으면 행정안전부장관이나 시·도지사가 당사자의 신청에 따라 조정(調整)할 수 있다. 다만, 그 분쟁이 공익을 현저히 저해하여 조속한 조정이 필요하다고 인정되면 당사자의 신청이 없어도 직권으로 조정할 수 있다.

지방자치단체 상호 간이나 지방자치단체의 장 상호 간 사무를 처리할 때 의견이 달라 분쟁이 생기면 행정안전부장관이나 시·도지사가 당사자의 신청에 따라 조정할 수 있다. 다만, 그 분쟁이 공익을 현저히 저해하여 조속한 조정이 필요하다고 인정되면 당사자의 신청이 없어도 직권으로 조정할 수 있다.

### 2) 분쟁조정

> **지방자치법 제148조 (지방자치단체 상호 간의 분쟁조정)**
>
> ③ 행정안전부장관이나 시·도지사가 제1항의 분쟁을 조정하고자 할 때에는 관계 중앙행정기관의 장과의 협의를 거쳐 제149조에 따른 지방자치단체중앙분쟁조정위원회나 지방자치단체지방분쟁조정위원회의 의결에 따라 조정하여야 한다.
>
> ④ 행정안전부장관이나 시·도지사는 제1항의 조정에 대하여 결정을 하면 서면으로 지체 없이 관계 지방자치단체의 장에게 통보하여야 하며, 통보를 받은 지방자치단체의 장은 그 조정 결정사항을 이행하여야 한다.

## 3) 조정사항의 이행

### 지방자치법 제148조 (지방자치단체 상호 간의 분쟁조정)

④ 행정안전부장관이나 시·도지사는 제1항의 조정에 대하여 결정을 하면 서면으로 지체 없이 관계 지방자치단체의 장에게 통보하여야 하며, 통보를 받은 지방자치단체의 장은 그 조정 결정사항을 이행하여야 한다.

⑤ 제4항의 조정결정사항 중 예산이 수반되는 사항에 대하여는 관계 지방자치단체는 필요한 예산을 우선적으로 편성하여야 한다. 이 경우 연차적으로 추진하여야 할 사항은 연도별 추진 계획을 행정안전부장관이나 시·도지사에게 보고하여야 한다.

⑦ 행정안전부장관이나 시·도지사는 제4항부터 제6항까지의 규정에 따른 조정결정사항이 성실히 이행되지 아니하면 그 지방자치단체에 대하여 제170조를 준용하여 이행하게 할 수 있다.

## 4) 불복수단

### ① 분쟁조정결정 자체의 취소를 구하는 소송

분쟁조정결정 자체의 취소를 구하는 소송을 대법원에 제기하는 것은 「지방자치법」상 허용되지 않는다. 다만, 분쟁조정권자의 분쟁조정결정에 대하여는 후속의 이행명령을 기다려 대법원에 이행명령을 다투는 소를 제기한 후 그 사건에서 이행의무의 존부와 관련하여 분쟁조정결정의 위법까지 함께 다투는 것이 가능할 뿐이다. 또한 분쟁조정결정은 상대방이나 내용 등에 비추어 행정소송법상 항고소송의 대상이 되는 처분에 해당한다고 보기 어려우므로, 통상의 항고소송을 통한 불복의 여지도 없다. 따라서 분쟁조정결정 자체의 취소를 구하는 소송은 허용되지 않는다.

확인 문제

▶ 행정안전부장관이 지방자치단체 상호 간의 사무비용 분담에 관한 다툼에 대하여 「지방자치법」에 따른 분쟁조정결정을 한 경우 분쟁조정결정 자체의 취소를 구하는 소송을 대법원에 제기하는 것은 「지방자치법」상 허용되지 아니한다. *(2019 지방직 7급)*  O X

정답 58 페이지

> 판례  **행정안전부장관이나 시·도지사의 분쟁조정결정**에 대하여는 후속의 이행명령을 기다려 대법원에 **이행명령을 다투는 소**를 제기한 후 그 사건에서 이행의무의 존부와 관련하여 분쟁조정결정의 위법까지 함께 다투는 것이 가능할 뿐, 별도로 분쟁조정결정 자체의 취소를 구하는 소송을 대법원에 제기하는 것은 지방자치법상 허용되지 아니한다. 나아가 분쟁조정결정은 상대방이나 내용 등에 비추어 행정소송법상 항고소송의 대상이 되는 처분에 해당한다고 보기 어려우므로, 통상의 항고소송을 통한 불복의 여지도 없다(대판 2015.9.24. 2014추613).

② 조정결정사항이 이행되지 않아 이행명령을 받은 경우 이에 대한 소를 제기하는 방법

분쟁조정결정 자체를 다투는 소제기는 허용되지 않으므로, 분쟁조정결정에 불복하려는 지방자치단체는 조정결정사항이 성실히 이행되지 않았다는 이유로 이행명령이 나온 경우에 이를 대상으로 하여 대법원에 소송을 제기할 수 있다(지방자치법 제148조 제7항 및 제170조 제3항).

## 제6장 지방자치단체에 대한 타행정기관의

# I. 시정명령과 취소·정지

## 1. 의의

> **지방자치법 제169조 (위법·부당한 명령·처분의 시정)**
>
> ① 지방자치단체의 사무에 관한 그 장의 명령이나 처분이 법령에 위반되거나 현저히 부당하여 공익을 해친다고 인정되면 시·도에 대하여는 주무부장관이, 시·군 및 자치구에 대하여는 시·도지사가 기간을 정하여 서면으로 시정할 것을 명하고, 그 기간에 이행하지 아니하면 이를 **취소**하거나 **정지**할 수 있다. 이 경우 자치사무에 관한 명령이나 처분에 대하여는 법령을 위반하는 것에 한한다.
>
> ② 지방자치단체의 장은 제1항에 따른 자치사무에 관한 명령이나 처분의 취소 또는 정지에 대하여 이의가 있으면 그 취소처분 또는 정지처분을 통보받은 날부터 15일 이내에 대법원에 소(訴)를 제기할 수 있다.

지방자치단체의 사무에 관한 그 장의 명령이나 처분이 법령에 위반되거나 현저히 부당하여 공익을 해친다고 인정되면 시·군 및 자치구에 대하여는 시·도지사가 기간을 정하여 서면으로 시정할

것을 명하고, 그 기간에 이행하지 아니하면 이를 취소하거나 정지할 수 있는데, 이와 관련해서 시·군 및 구청장은 시·도지사의 시정명령의 취소를 구하는 소를 대법원에 제기할 수 **없다**는 것이 판례의 입장이다(시정명령의 취소를 구할 수는 없다).

지방자치법 제169조 제1항에 따라 주무부장관이 시·도에 대하여 법령위반을 이유로 행하는 <u>직권취소의 대상</u>은 항고소송의 대상이 되는 <u>처분으로 제한할 이유가 없다</u>.

> 판례  행정소송법상 항고소송은 행정청이 행하는 구체적 사실에 관한 법집행으로서의 공권력의 행사 또는 거부와 그 밖에 이에 준하는 행정작용을 대상으로 하여 위법상태를 배제함으로써 국민의 권익을 구제함을 목적으로 하는 것과 달리, <u>지방자치법 제169조 제1항은 지방자치단체의 자치행정 사무처리가 법령 및 공익의 범위 내에서 행해지도록 **감독**하기 위한 규정이므로 적용대상을 항고소송의 대상이 되는 행정처분으로 제한할 이유가 없다</u>(대판 2017.3.30. 2016추5087).

## 2. 법령위반

교육·학예에 관한 사무 중 자치사무에 대한 **교육감**의 **명령이나 처분**이 <u>명시적인 법령의 규정을 구체적으로 위반한 경우뿐만 아니라 그러한 사무의 집행이 재량권을 일탈·남용하여 위법하게 되는 경우</u> **교육부장관**은 그 **시정을 명할 수 있다**.

확인 문제

▶ 지방자치단체의 사무에 관한 그 장의 명령이나 처분이 법령에 위반되거나 현저히 부당하여 공익을 해친다고 인정되면 시·군 및 자치구에 대하여는 시·도지사가 기간을 정하여 서면으로 시정할 것을 명하고, 그 기간에 이행하지 아니하면 이를 취소하거나 정지할 수 있는데, 이와 관련해서 시·군 및 구청장은 시·도지사의 시정명령의 취소를 구하는 소를 대법원에 제기할 수 없다. *(2018 지방직 7급)*  O X

▶ 「지방자치법」 제169조 제1항에 따라 주무부장관이 시·도에 대하여 법령위반을 이유로 행하는 직권취소의 대상은 항고소송의 대상이 되는 처분으로 제한된다. *(2019 국가직 7급)*  O X

▶ 지방자치단체의 사무에 관한 그 장의 명령이나 처분이 법령에 위반되거나 현저히 부당하여 공익을 해친다고 인정되면 시·도지사나 주무부장관은 시정명령을 내릴 수 있는데, 이때 시정명령의 대상인 처분은 「행정소송법」상 처분에 한정되지 않는다. *(2019 지방직 7급)*  O X

▶ 교육·학예에 관한 사무 중 자치사무에 대한 교육감의 명령이나 처분이 합목적성을 현저히 결하였다면 그러한 사무의 집행은 재량권을 일탈·남용한 경우로서 교육부장관은 그 시정을 명할 수 있다. *(2019 지방직 7급)*  O X

정답  58 페이지

> 판례 지방교육자치에 관한 법률 제3조, 지방자치법 제169조 제1항에 따르면, 시·도의 교육·학예에 관한 사무에 대한 교육감의 명령이나 처분이 법령에 위반되거나 현저히 부당하여 공익을 해친다고 인정되면 교육부장관이 기간을 정하여 서면으로 시정할 것을 명하고, 그 기간에 이행하지 아니하면 이를 취소하거나 정지할 수 있다. 특히 교육·학예에 관한 사무 중 '자치사무'에 대한 명령이나 처분에 대하여는 법령 위반 사항이 있어야 한다. 여기서 교육감의 명령이나 처분이 법령에 위반되는 경우란, '명령·처분이 현저히 부당하여 공익을 해하는 경우', 즉 합목적성을 현저히 결하는 경우와 **대비**되는 개념으로서, 교육감의 사무 집행이 명시적인 법령의 규정을 구체적으로 위반한 경우뿐만 아니라 그러한 사무의 집행이 재량권을 일탈·남용하여 위법하게 되는 경우를 포함한다(대판 2018.7.12. 2014추33).

## 3. 지방자치단체의 제소

지방자치단체의 장은 자치사무에 관한 자신의 명령·처분이 감독기관에 의해 취소 또는 정지된 경우 이에 이의가 있으면 그 취소 또는 정지통보를 받은 날로부터 15일 이내에 대법원에 소를 제기할 수 있다(지방자치법 제169조 제2항).

## 4. 제3자의 제소

(지방자치단체의 장이 행한 수익적 처분 등에 대해서) 감독기관이 취소 또는 정지를 하였다면, 수익적 처분의 취소·정지로 인하여 법률상 이익의 침해가 발생한 제3자는 항고소송을 통해서 권리구제를 받을 수 있다.

## Ⅱ. 직무이행명령

### 지방자치법 제170조 (지방자치단체의 장에 대한 직무이행명령)

① 지방자치단체의 장이 법령의 규정에 따라 그 의무에 속하는 국가위임사무나 시·도위임사무의 관리와 집행을 명백히 게을리하고 있다고 인정되면 시·도에 대하여는 주무부장관이, 시·군 및 자치구에 대하여는 시·도지사가 기간을 정하여 서면으로 이행할 사항을 명령할 수 있다.

② 주무부장관이나 시·도지사는 해당 지방자치단체의 장이 제1항의 기간에 이행명령을 이행하지 아니하면 그 지방자치단체의 비용부담으로 대집행하거나 행정상·재정상 필요한 조치를 할 수 있다. 이 경우 행정대집행에 관하여는 「행정대집행법」을 준용한다.

직무이행명령이란 지방자치단체의 장이 기관위임사무의 관리와 집행을 게을리하는 경우에 감독기관이 그 이행을 명하여 이를 시정하는 제도를 의미한다.

우선순위
행정법각론

제2편　확인문제 정답

## 제 2 편    확인문제 정답

- 빨간색 표시가 정답 입니다.

- O X  지방자치단체의 의결기관인 의회는 기본권의 주체가 될 수 없고 따라서 헌법소원을 제기할 수 있는 적격이 없다. 〈2018 서울시 7급〉 27페이지

- O X  매립지가 속할 지방자치단체를 정하는 결정에 대하여 대법원에 소송을 제기할 수 있는 주체는 관계 지방자치단체의 장일 뿐 지방자치단체가 아니다. 〈2019 서울시 7급〉 30페이지

- O X  「지방자치법」은 주민이 지방자치단체로부터 행정적 혜택을 균등하게 받을 수 있는 권리를 규정하고 있지만, 위 규정에 의하여 주민에게 지방자치단체에 대한 구체적 권리가 발생하는 것은 아니다. 〈2018 국가직 7급〉 31페이지

- O X  「지방자치법」상의 주민투표권은 법률이 보장하는 권리일 뿐 헌법상의 기본권이거나 헌법상 제도적으로 보장되는 주관적 공권은 아니다. 〈2019 서울시 7급〉 32페이지

- O X  「지방자치법」 제14조에 따라 주민투표의 대상이 되는 사항이라 하더라도 주민투표의 시행 여부는 지방자치단체의 장의 임의적 재량에 맡겨져 있으므로, 지방의회가 조례로 정한 특정한 사항은 반드시 주민투표를 거치도록 규정한 조례안은 지방자치단체의 장의 고유권한을 침해하는 규정이다. 〈2019 서울시 7급〉 32페이지

- O X  지방세·사용료·수수료·부담금의 부과·징수 또는 감면에 관한 사항은 주민의 조례제정 개폐청구 대상에서 제외된다. 〈2018 국가직 7급〉 34페이지

- O X  주민감사청구의 상대방은 시·도에서는 행정안전부장관, 시·군 및 자치구에서는 시·도지사이다. 〈2018 국가직 7급〉 34페이지

- O X  주민소송의 대상으로서의 '공금의 지출에 관한 사항'은 지출원인행위를 의미하며, 이에는 지출원인행위를 수반하게 하는 당해 지방자치단체의 장 및 직원, 지방의회 의원의 결정 등과 같은 행위도 포함된다. 〈2019 서울시 7급〉 36페이지

- ☐O ☐X  도로 등 공물이나 공공용물을 특정 사인이 배타적으로 사용하도록 하는 점용허가가 도로 등의 본래 기능 및 목적과 무관하게 그 사용가치를 실현·활용하기 위한 것으로 평가되는 경우에는 주민소송의 대상이 되는 재산의 관리·처분에 해당한다. 〈2019 지방직 7급〉 36페이지

- ☐O ☐X  도로 등 공물이나 공공용물을 특정 사인이 배타적으로 사용하도록 하는 점용허가가 도로 등의 본래 기능 및 목적과 무관하게 그 사용가치를 실현·활용하기 위한 것으로 평가되는 경우에는 주민소송의 대상이 되는 재산의 관리·처분에 해당한다.〈2019 서울시 7급〉 36페이지

- ☐O ☐X  관할 행정청이 이행강제금의 부과·징수를 게을리한 행위는 주민소송의 대상이 되는 공금의 부과·징수를 게을리한 사항에 해당한다. 〈2020 지방직 7급〉 36페이지

- ☐O ☐X  「지방자치법」 제17조 제2항 제2호에 규정된 주민소송에서 다툼의 대상이 된 처분은 그 처분으로 인해 지방자치단체의 재정에 손실이 발생하였다는 사실만으로도 위법성이 인정된다. 〈2020 국가직 7급〉 38페이지

- ☐O ☐X  기관위임사무는 법령에 의하여 특별히 위임받은 경우를 제외하고는 조례로 이를 규율할 수 없다. 〈2019 국가직 7급〉 40페이지

- ☐O ☐X  폐기물처리시설 설치비용 부과처분의 근거가 된 「서울특별시 송파구 택지개발에 따른 폐기물처리시설 설치비용 산정에 관한 조례」의 규정은 사업시행자에게 주민편익시설 설치비용에 상응하는 금액까지 납부할 의무를 부과하도록 하고 있는데 이는 법률의 위임이 없어 효력이 없다. 〈2019 서울시 7급〉 40페이지

- ☐O ☐X  조례 제정권의 범위를 벗어나 국가사무를 대상으로 한 무효인 「서울특별시행정권한위임조례」에 근거하여 영등포구청장이 건설업영업정지처분을 한 경우 그 하자는 중대하나 당연무효는 아니다. 〈2019 서울시 7급〉 41페이지

- ☐O ☐X  교육감이 「지방교육자치에 관한 법률」에 따라 독자적인 권한으로 지방의회의 조례안 의결에 대해 재의요구를 한 경우 지방의회가 재의결하기 전이라도 교육감은 그 재의요구를 철회할 수 없다. 〈2020 국가직 7급〉 43페이지

- ⃞O ⃞X 「지방자치법」 제172조 제4항, 제6항에서 지방의회 재의결에 대하여 직접 제소할 수 있는 주체로 규정된 '주무부장관이나 시·도지사'는 시·도에 대하여는 주무부장관을, 시·군 및 자치구에 대하여는 시·도지사를 각 의미한다. 〈2019 국가직 7급〉 45페이지

- ⃞O ⃞X 지방자치단체의 장, 주무부장관, 시·도지사에 의해 제기되는 위법한 조례안의 재의결에 대한 무효확인소송은 사전적·구체적 규범통제의 성질을 갖는다. 〈2019 서울시 7급〉 46페이지

- ⃞O ⃞X 조례 자체로 인하여 직접 그리고 현재 자기의 기본권을 침해받은 자는 그 권리구제의 수단으로서 조례에 대한 헌법소원을 제기할 수 있다. 〈2018 서울시 7급〉 46페이지

- ⃞O ⃞X 지방자치단체는 법령이나 상급 지방자치단체의 조례를 위반하여 그 사무를 처리할 수 없다. 〈2019 국가직 7급〉 47페이지

- ⃞O ⃞X 지방자치단체의 장이 국가가 위임한 사무에 대해 국가기관의 지위에서 처분을 한 경우 그 지방자치단체의 장은 권한쟁의 심판청구의 당사자가 될 수 없다. 〈2020 국가직 7급〉 49페이지

- ⃞O ⃞X 지방자치단체는 기관위임사무의 집행에 관한 권한의 존부 및 범위에 관한 권한분쟁을 이유로 기관위임사무를 집행하는 국가기관을 상대로 권한쟁의심판을 청구할 당사자적격이 없다. 〈2020 국가직 7급〉 49페이지

- ⃞O ⃞X 지방자치단체의 자치사무가 당해 지방자치단체에 내부적인 효과만을 발생시키는 것이 아니라 그 사무로 인하여 다른 지방자치단체나 그 주민의 보호할 만한 가치가 있는 이익을 침해하는 경우에는 「지방자치법」에서 정한 분쟁조정 대상 사무가 될 수 있다. 〈2018 지방직 7급〉 51페이지

- ⃞O ⃞X 행정안전부장관이 지방자치단체 상호 간의 사무비용 분담에 관한 다툼에 대하여 「지방자치법」에 따른 분쟁조정결정을 한 경우 분쟁조정결정 자체의 취소를 구하는 소송을 대법원에 제기하는 것은 「지방자치법」상 허용되지 아니한다. 〈2019 지방직 7급〉 53페이지

• O X 　지방자치단체의 사무에 관한 그 장의 명령이나 처분이 법령에 위반되거나 현저히 부당하여 공익을 해친다고 인정되면 시·군 및 자치구에 대하여는 시·도지사가 기간을 정하여 서면으로 시정할 것을 명하고, 그 기간에 이행하지 아니하면 이를 취소하거나 정지할 수 있는데, 이와 관련해서 시·군 및 구청장은 시·도지사의 시정명령의 취소를 구하는 소를 대법원에 제기할 수 없다. 〈2018 지방직 7급〉 55페이지

• O X 　「지방자치법」 제169조 제1항에 따라 주무부장관이 시·도에 대하여 법령위반을 이유로 행하는 직권취소의 대상은 항고소송의 대상이 되는 처분으로 제한된다. 〈2019 국가직 7급〉
　　　　　　　　　　　　　　　　　　　　　　　　　　　　　　　　　　　　　55페이지

• O X 　지방자치단체의 사무에 관한 그 장의 명령이나 처분이 법령에 위반되거나 현저히 부당하여 공익을 해친다고 인정되면 시·도지사나 주무부장관은 시정명령을 내릴 수 있는데, 이때 시정명령의 대상인 처분은 「행정소송법」상 처분에 한정되지 않는다.
　　　　　　　　　　　　　　　　　　　　　　　　〈2019 지방직 7급〉　　55페이지

• O X 　교육·학예에 관한 사무 중 자치사무에 대한 교육감의 명령이나 처분이 합목적성을 현저히 결하였다면 그러한 사무의 집행은 재량권을 일탈·남용한 경우로서 교육부장관은 그 시정을 명할 수 있다. 〈2019 지방직 7급〉 55페이지

Administrative Law

우선순위
행정법각론

제3편    공무원법

## 제1장 공무원관계

### Ⅰ. 공무원관계의 발생(임명)

#### 1. 임명의 의의

특정인에게 공무원의 신분(身分)과 함께 직무(직책)를 부여하는 행위이다.

#### 2. 공무원 근무관계

판례는 공무원의 근무관계를 공법관계로 보면서도 공무원에 대한 근로기준법의 적용을 인정하고 있다. 즉 공무원의 이중적인 지위를 받아들여서 공무원은 국가·국민을 위하여 봉사하는 자일 뿐만 아니라 자신의 생계를 전제로 하는 근로자로서의 성격도 있다고 판단한 것이다.

#### 3. 임명결격사유의 내용

**국가공무원법 제33조 (결격사유)**

다음 각 호의 어느 하나에 해당하는 자는 공무원으로 임용될 수 없다.

1. 피성년후견인 또는 피한정후견인

2. 파산선고를 받고 복권되지 아니한 자

3. 금고 이상의 실형을 선고받고 그 집행이 종료되거나 집행을 받지 아니하기로 확정된 후 5년이 지나지 아니한 자

4. 금고 이상의 형을 선고받고 그 집행유예 기간이 끝난 날부터 2년이 지나지 아니한 자

5. 금고 이상의 형의 선고유예를 받은 경우에 그 선고유예 기간 중에 있는 자

6. 법원의 판결 또는 다른 법률에 따라 자격이 상실되거나 정지된 자

6의2. 공무원으로 재직기간 중 직무와 관련하여 「형법」 제355조 및 제356조에 규정된 죄를 범한 자로서 300만원 이상의 벌금형을 선고받고 그 형이 확정된 후 2년이 지나지 아니한 자

7. 징계로 파면처분을 받은 때부터 5년이 지나지 아니한 자

8. 징계로 해임처분을 받은 때부터 3년이 지나지 아니한 자

## 4. 임명결격사유의 효과

### 1) 원칙적으로 무효

임명결격사유 있는 자는 공무원에 임용될 수 없다(당연무효). 임명당시 공무원임용 결격사유가 있었다면 국가의 과실에 의하여 임용결격자임을 밝혀내지 못했더라도 그 **임용행위**를 **당연무효**로 본다. (다만, 과거 임용을 할 당시에 공무원 결격사유가 있었던 자에 대해 그에 기초한 공무원 경력을 바탕으로 특별임용 하였는데 특별임용을 할 당시에는 공무원 결격사유가 없었던 경우, 그 특별임용행위는 무효가 아니라 취소할 수 있는 행위라고 보았다.) 공무원**임용결격사유**가 있는지의 여부는 **임용당시에 시행되던 법률을 기준**으로 하여 판단하여야 한다.

> **판례** 국가공무원법에 규정되어 있는 공무원임용결격사유는 공무원으로 임용되기 위한 절대적인 소극적 요건으로서 공무관계는 국가공무원법 제38조, 공무원임용령 제11조의 규정에 의한 채용후보자 명부에 등록한 때가 아니라 국가의 임용이 있는 때에 설정되는 것이므로 공무원**임용결격사유**가 있는지의 여부는 채용후보자 명부에 등록한 때가 아닌 **임용당시에 시행되던 법률을 기준**으로 하여 판단하여야 한다(대판 1987. 4.14. 86누459).

### 2) 임용취소통지

결격사유 있는 자에 대한 임용이 당연무효에 해당하여 공무원 지위를 상실하는 것은 임용권자의 임용취소통지에 의해서가 아니라 국가공무원법 제33조 등 법률의 규정에 의해 당연히 발생하는 것이다. 따라서 이러한 사실을 당사자에게 알려주는 임용취소통지는 사실상의 통지(비권력적 사실행위)에 불과하여 처분성이 인정되지 않는다.

### 3) 부당이득

결격사유가 있더라도 그동안 지급받은 급여는 이미 제공한 노무에 대한 대가로 볼 수 있으므로 부당이득으로 볼 수 없다. 따라서 결격사유자가 급여를 반환하여야 할 의무는 원칙적으로 인정될 수 없다.

▶ 공무원임용결격사유가 있는지의 여부는 채용후보자 명부에 등록한 때의 법률을 기준으로 하여 판단하여야 한다. *〈2019 지방직 7급〉*  O  X

정답 92 페이지

### 4) 퇴직급여의 청구

공무원연금법상의 퇴직급여의 청구는 적법한 공무원 관계의 성립을 전제로 한다. 따라서 **결격사유자는 퇴직급여를 받을 수 없다.** 「공무원연금법」에 의한 퇴직연금 등은 임용결격자가 공무원으로 임용되어 사실상 근무하여 왔고 또 공무원연금제도가 공무원의 재직 중의 성실한 복무에 대한 공로보상적 성격과 사회보장적 기능을 가지고 있다고 하더라도, 적법한 공무원으로서의 신분을 취득하지 못한 자는 공무원연금법 소정의 퇴직연금을 청구할 수 없다.

### 5) 임용결격자가 한 처분

판례는 주체의 하자(무권한자)가 있는 경우, 원칙적으로 무권한자가 한 처분은 무효로 보고 있으므로 **임용결격자가 한 처분은 당연무효**이다. 다만, 임용결격자가 보조기관이나 자문기관 등으로 해당 행정처분에 간접적으로 관여한 것에 불과하다면 행정청은 이러한 기관의 관여에 구속되지 않으므로, (당해 행정처분에 별도의 내용상 하자가 없다면) 하자가 없다고 본다.

## 5. 임명절차

### 1) 채용후보자 명부 등재

시험 실시기관의 장은 공개경쟁 채용시험에 합격한 사람을 대통령령 등으로 정하는 바에 따라 채용후보자 명부에 등재하여야 한다(국가공무원법 제38조 제1항).

### 2) 채용후보자 추천

시험 실시기관의 장은 채용후보자 명부에 등재된 채용후보자를 대통령령 등으로 정하는 바에 따라 임용권이나 임용제청권을 갖는 기관에 추천하여야 한다.(국가공무원법 제39조 제1항).

### 3) 우선임용

임용권자나 임용제청권자는 결원을 보충할 때 공개경쟁 채용시험 합격자와 공개경쟁 승진시험 합격자를 우선하여 임용하거나 임용제청하여야 한다(국가공무원법 제31조 제1항).

확인 문제

▶ 「공무원연금법」에 의한 퇴직연금 등은 임용결격자가 공무원으로 임용되어 사실상 근무하여 왔고 또 공무원연금제도가 공무원의 재직 중의 성실한 복무에 대한 공로보상적 성격과 사회보장적 기능을 가지고 있으므로, 적법한 공무원으로서의 신분을 취득하지 못한 자라고 하더라도 공무원연금법 소정의 퇴직연금을 청구할 수 있다고 할 것이다. *(2018 서울시 7급)*　　O　X

정답 92 페이지

## 4) 시보임용

국가공무원법 제29조 제3항에 의하면 시보로 임용된 공무원은 신분보장을 해주지 않는다.

## Ⅱ. 공무원관계의 변경(전보·직위해제)

### 1. 전보(轉補)

"전보(轉補)"란 같은 직급 내에서의 보직 변경 또는 고위공무원단 직위 간의 보직 변경을 말한다(국가공무원법 제5조 제6호). 전보조치는 행정조직 내부에서의 행위이다.

### 2. 직위해제

5. 고위공무원단에 속하는 일반직공무원으로서 제70조의2제1항제2호부터 제5호까지의 사유로 적격심사를 요구받은 자

② 제1항에 따라 직위를 부여하지 아니한 경우에 그 사유가 소멸되면 임용권자는 지체 없이 직위를 부여하여야 한다.

③ 임용권자는 제1항 제2호에 따라 직위해제된 자에게 3개월의 범위에서 대기를 명한다.

④ 임용권자 또는 임용제청권자는 제3항에 따라 대기 명령을 받은 자에게 능력 회복이나 근무성적의 향상을 위한 교육훈련 또는 특별한 연구과제의 부여 등 필요한 조치를 하여야 한다.

⑤ 공무원에 대하여 제1항 제2호와 제3호 또는 제4호의 직위해제 사유가 경합하면 제3호 또는 제4호의 직위해제 처분을 하여야 한다.

## 1) 의의

직위해제란 공무원으로서의 신분은 유지하게 하면서도 직무담임(직무를 담당하는 것)은 해제하는 행위이다. 직위해제는 본인의 무능력 등으로 인한 제재적 의미를 가진 보직의 해제라는 점과 복직이 보장되지 않는다는 점에서 휴직과 다르다. 직위해제처분은 잠정적인 성격을 갖는다는 점을 제외하고는 상대방의 법률관계에 변동을 일으키는 통상적인 행정행위와 다를 바가 없다. 따라서 직위해제처분은 취소소송의 대상이 되는 처분에 해당한다. 그러나 「국가공무원법」상 직위해제처분에 대해서는 처분의 사전통지 및 의견청취 등에 관한 「행정절차법」 규정이 별도로 적용되지 않는다.

> 판례  국가공무원법상 직위해제처분은 구 행정절차법 제3조 제2항 제9호, 구 행정절차법 시행령 제2조 제3호에 의하여 당해 행정작용의 성질상 행정절차를 거치기 곤란하거나 불필요하다고 인정되는 사항 또는 행정절차에 준하는 절차를 거친 사항에 해당하므로, 처분의 사전통지 및 의견청취 등에 관한 행정절차법의 규정이 별도로 적용되지 않는다(대판 2014.5.16. 2012두26180).

## 2) 효과

직위가 해제된 때에는 직무를 담당하지 못하며, 보수가 삭감이 된다. 또한 직위해제가 되면 승진소요최저연수의 계산에 있어서 직위해제기간이 직무기간에 포함되지 않으므로 승진관련 불이익이 있을 수 있다.

확인 문제

▶ 「국가공무원법」상 직위해제처분에 대해서는 처분의 사전통지 및 의견청취 등에 관한 「행정절차법」 규정이 적용된다. *(2019 지방직 7급)*    O X

정답 92 페이지

## 3) 소의 이익

직위해제처분의 무효확인 또는 취소소송 계속 중 정년을 초과하여 직위해제처분의 무효확인 또는 취소로 공무원 신분을 회복할 수는 없다고 할지라도, 그 무효확인 또는 취소로 직위해제일부터 직권면직일까지의 기간에 대한 감액된 봉급 등의 지급을 구할 수 있는 경우에는 직위해제처분의 무효확인 또는 취소를 구할 법률상 이익이 있다.

## 4) 직위해제 후 직권면직

직위해제 사유 중 직무수행 능력이 부족하거나 근무성적이 극히 나쁜 경우 3개월의 범위에서 기간을 정하여 대기명령이 함께 발령된다. 그런데 이 대기명령 기간 동안에도 능력 또는 근무성적의 향상을 기대하기가 어렵다고 인정되는 경우, 임용권자는 징계위원회의 동의를 얻어 직권으로 면직시킬 수 있다. 이를 직위해제 후 직권면직이라 한다.

## 3. 전입·전출

> **국가공무원법 제28조의2 (전입)**
>
> 국회, 법원, 헌법재판소, 선거관리위원회 및 행정부 상호 간에 다른 기관 소속 공무원을 전입하려는 때에는 시험을 거쳐 임용하여야 한다. 이 경우 임용 자격 요건 또는 승진소요최저연수·시험과목이 같을 때에는 국회규칙, 대법원규칙, 헌법재판소규칙, 중앙선거관리위원회규칙 또는 대통령령으로 정하는 바에 따라 그 시험의 일부나 전부를 면제할 수 있다.

어떤 행정기관에 속하는 공무원을 다른 행정기관으로 발령하여 그 소속을 옮기게 하는 것으로 임명권자가 달라진다는 점에 의의가 있다. 지방자치단체의 장은 다른 지방자치단체의 장의 동의를 받아 그 소속 공무원을 전입하도록 할 수 있다(지방공무원법 제29조의 3). 지방자치단체의 장이 소속 공무원을 다른 지방자치단체로 전출하는 것은 임명권자를 달리하는 지방자치단체로의 이동인 점에 비추어 이 경우에는 **당해 공무원의 동의를 전제**로 하므로, 당해 공무원의 동의 없는 전출명령은 위법하며 **취소사유**에 해당한다.

<table>
<tr><td>확인 문제</td></tr>
</table>

▶ 지방자치단체의 장이 소속 공무원을 다른 지방자치단체로 전출하는 것은 임명권자를 달리하는 지방자치단체로의 이동인 점에 비추어 이 경우에는 반드시 당해 공무원의 동의를 전제로 하므로, 당해 공무원의 동의 없는 전출명령은 무효이다. *(2019 지방직 7급)* ☐ O ☐ X

> **판례** 당해 공무원의 동의 없는 지방공무원법 제29조의3의 규정에 의한 전출명령은 위법하여 **취소**되어야 하므로, 그 전출명령이 적법함을 전제로 내린 징계처분은 그 전출명령이 공정력에 의하여 **취소되기 전**까지는 **유효**하다고 하더라도 징계양정에 있어 재량권을 일탈하여 위법하다(대판 2001.12.11. 99두1823).

## 4. 휴직

### 1) 의의

공무원의 신분을 유지하면서 당해 직무로부터 일정기간 동안 공무원의 근무를 해제하는 행위를 의미한다.

### 2) 직권휴직·의원휴직

공무원 본인의 의사에도 불구하고 임용권자가 휴직을 명하는 것은 직권휴직이며, 공무원 본인이 원함에 따라 임용권자가 휴직을 명하는 것은 의원휴직에 해당한다.

**국가공무원법 제71조 (휴직)**

① 공무원이 다음 각 호의 어느 하나에 해당하면 임용권자는 본인의 의사에도 불구하고 휴직을 명하여야 한다.

1. 신체·정신상의 장애로 장기 요양이 필요할 때
2. 삭제
3. 「병역법」에 따른 병역 복무를 마치기 위하여 징집 또는 소집된 때
4. 천재지변이나 전시·사변, 그 밖의 사유로 생사(生死) 또는 소재(所在)가 불명확하게 된 때
5. 그 밖에 법률의 규정에 따른 의무를 수행하기 위하여 직무를 이탈하게 된 때
6. 「공무원의 노동조합 설립 및 운영 등에 관한 법률」 제7조에 따라 노동조합 전임자로 종사하게 된 때

② 임용권자는 공무원이 다음 각 호의 어느 하나에 해당하는 사유로 휴직을 원하면 휴직을 명할 수 있다. 다만, 제4호의 경우에는 대통령령으로 정하는 특별한 사정이 없으면 휴직을 명하여야 한다.

1. 국제기구, 외국 기관, 국내외의 대학·연구기관, 다른 국가기관 또는 대통령령으로 정하는 민간기업, 그 밖의 기관에 임시로 채용될 때
2. 국외 유학을 하게 된 때

3. 중앙인사관장기관의 장이 지정하는 연구기관이나 교육기관 등에서 연수하게 된 때

4. 만 8세 이하(취학 중인 경우에는 초등학교 2학년 이하를 말한다)의 자녀를 양육하기 위하여 필요하거나 여성공무원이 임신 또는 출산하게 된 때

5. 사고나 질병 등으로 장기간 요양이 필요한 조부모, 부모(배우자의 부모를 포함한다), 배우자, 자녀 또는 손자녀를 간호하기 위하여 필요한 때. 다만, 조부모나 손자녀의 간호를 위하여 휴직할 수 있는 경우는 본인 외에는 간호할 수 있는 사람이 없는 등 국회규칙, 대법원규칙, 헌법재판소규칙, 중앙선거관리위원회규칙 또는 대통령령으로 정하는 요건을 갖춘 경우로 한정한다.

6. 외국에서 근무·유학 또는 연수하게 되는 배우자를 동반하게 된 때

## 3) 휴직의 효력

### 국가공무원법 제73조 (휴직의 효력)

① 휴직 중인 공무원은 신분은 보유하나 직무에 종사하지 못한다.

② 휴직 기간 중 그 사유가 없어지면 30일 이내에 임용권자 또는 임용제청권자에게 신고하여야 하며, 임용권자는 지체 없이 복직을 명하여야 한다.

③ 휴직 기간이 끝난 공무원이 30일 이내에 복귀 신고를 하면 당연히 복직된다.

## Ⅲ. 공무원관계의 소멸

## 1. 당연퇴직

### 국가공무원법 제69조 (당연퇴직)

공무원이 다음 각 호의 어느 하나에 해당할 때에는 당연히 퇴직한다.

1. 제33조 각 호의 어느 하나에 해당하는 경우. 다만, 제33조 제5호는 「형법」 제129조부터 제132조까지 및 직무와 관련하여 같은 법 제355조 또는 제356조에 규정된 죄를 범한 사람으로서 금고 이상의 형의 선고유예를 받은 경우만 해당한다.

2. 임기제공무원의 근무기간이 만료된 경우

당연퇴직은 법이 정한 일정한 사유가 발생하면 당연히 공무원관계가 소멸하는 것이다. 따라서 당연퇴직 발령통보는 사실상의 통지(비권력적 사실행위)에 불과하여 처분에 해당하지 않는다. 당연퇴직의 사유는 **국가공무원법 제33조의 결격사유 발생**, 임기만료, 사망, **정년도달**, 국적상실 등이 있다. 정년도달의 경우, 공무원법상 **정년**은 **공무원의 정년퇴직 시** 구비서류로 요구되는 가족관계기록사항에 관한 증명서 중 기본증명서에 기재된 **실제의 생년월일을 기준**으로 산정해야 한다.

또한 국가공무원이 **금고 이상의 형의 집행유예**를 받아서 당연퇴직된 경우(국가공무원법 제69조 제1호) 그 이후 형법 제65조에 따라 **형의 선고가 효력을 잃게 되었다 하더라도** 이미 발생한 당연퇴직의 효력에는 영향이 없다.

> **판례** 공무원이 자신의 인사기록카드를 열람하고 인사기록변경신청을 할 수 있도록 한 지방공무원 인사기록 및 인사사무 처리규칙 제6조 제3항, 같은 조 제4항 규정의 내용 및 위 규칙 [별표 3]이 지방공무원의 정년퇴직시 구비서류로 가족관계기록사항에 관한 증명서 중 기본증명서 1통을 요구하고 있는 점 등을 고려하면, 지방공무원법상의 정년은 지방공무원의 정년퇴직시 구비서류로 요구되는 가족관계기록사항에 관한 증명서 중 기본증명서에 기재된 실제의 생년월일을 기준으로 산정해야 한다고 봄이 상당하다(대판 2009.3.26. 2008두21300).

> **판례** **당연퇴직제도**는 구 국가공무원법 제33조 제1항 각 호에 규정되어 있는 결격사유가 발생하는 것 자체에 의하여 임용권자의 의사표시 없이 **결격사유에 해당하게 된 시점에 당연히 공무원 신분을 상실하게 하는 것**이고, 당연퇴직의 효력이 생긴 후에 당연퇴직사유가 소멸한다는 것은 있을 수 없으므로, 국가공무원이 금고 이상의 형의 집행유예를 받은 경우에는 그 이후 형법 제65조에 따라 형의 선고가 효력을 잃게 되었다 하더라도 이미 발생한 당연퇴직의 효력에는 영향이 없다(대판 2011.3.24. 2008다92022).

─── 확인 문제 ───

▶ 공무원법상 정년은 공무원의 정년퇴직 시 구비서류로 요구되는 가족관계기록사항에 관한 증명서 중 기본증명서에 기재된 실제의 생년월일이 아니라, 공무원 임용신청 당시의 공무원 인사기록카드에 기재된 생년월일을 기준으로 산정해야 한다. *(2020 국가직 7급)*  O X

▶ 국가공무원이 금고 이상의 형의 집행유예를 선고받고 집행유예 기간의 경과로 형의 선고가 효력을 잃게 되었다면, 이미 발생한 그 공무원에 대한 당연퇴직의 효력은 소멸한다. *(2020 국가직 7급)*  O X

정답 92 페이지

## 2. 면직

면직은 공무원의 **신분을 상실**시키는 행위이다.

### 1) 의원면직

공무원 본인의 의사에 의해 공무원관계를 소멸시키는 행위이다. 물론, 공무원의 사의표시만으로 바로 공무원관계가 소멸하는 것이 아니라 사의표시를 전제로 한 의원면직처분(사직원의 수리)이 있어야만 비로소 공무원관계가 소멸한다. 사직원은 의원면직처분(사직원의 수리)가 있기 **전**까지는 철회할 수 있으나 일단 의원면직처분(사직원의 수리)이 있은 **후**에는 (사의표시를 한 자가 더 이상 공무원 신분이 아니므로) 철회할 수 없다.

### 2) 강제면직

① 징계면직

파면 또는 해임이라는 징계처분에 의해서 공무원 신분이 박탈되는 것이다.

② 직권면직

국가공무원법·지방공무원법 등에서 정한 면직사유가 발생한 경우 공무원 본인의 의사와는 상관없이 임용권자의 직권으로 공무원의 신분이 박탈되는 것이다. 직권면직은 법에서 정한 사유에 의한다는 점에서 징계처분에 의한 징계면직과는 구별된다.

> **국가공무원법 제70조 (직권면직)**
>
> ① 임용권자는 공무원이 다음 각 호의 어느 하나에 해당하면 직권으로 면직시킬 수 있다.
>
> 1. 삭제
>
> 2. 삭제
>
> 3. 직제와 정원의 개폐 또는 예산의 감소 등에 따라 폐직(廢職) 또는 과원(過員)이 되었을 때
>
> 4. 휴직 기간이 끝나거나 휴직 사유가 소멸된 후에도 직무에 복귀하지 아니하거나 직무를 감당할 수 없을 때
>
> 5. 제73조의3 제3항에 따라 대기 명령을 받은 자가 그 기간에 능력 또는 근무성적의 향상을 기대하기 어렵다고 인정된 때
>
> 6. 전직시험에서 세 번 이상 불합격한 자로서 직무수행 능력이 부족하다고 인정된 때
>
> 7. 징병검사·입영 또는 소집의 명령을 받고 정당한 사유 없이 이를 기피하거나 군복무를 위하여 휴직 중에 있는 자가 군복무 중 군무(軍務)를 이탈하였을 때
>
> 8. 해당 직급·직위에서 직무를 수행하는데 필요한 자격증의 효력이 없어지거나 면허가 취소되어 담당 직무를 수행할 수 없게 된 때

9. 고위공무원단에 속하는 공무원이 제70조의2에 따른 적격심사 결과 부적격 결정을 받은 때

② 임용권자는 제1항 제3호부터 제8호까지의 규정에 따라 면직시킬 경우에는 미리 관할 징계위원회의 의견을 들어야 한다. 다만, 제1항 제5호에 따라 면직시킬 경우에는 징계위원회의 동의를 받아야 한다.

③ 임용권자나 임용제청권자는 제1항 제3호에 따라 소속 공무원을 면직시킬 때에는 임용 형태, 업무 실적, 직무수행 능력, 징계처분 사실 등을 고려하여 면직 기준을 정하여야 한다.

④ 제3항에 따른 면직 기준을 정하거나 제1항 제3호에 따라 면직 대상자를 결정할 때에는 임용권자 또는 임용제청권자(임용권자나 임용제청권자가 분명하지 아니하면 중앙인사관장기관의 장을 말한다)별로 심사위원회를 구성하여 그 심사위원회의 심의·의결을 거쳐야 한다.

⑤ 제4항에 따른 심사위원회의 위원장은 임용권자 또는 임용제청권자가 되며, 위원은 면직 대상자보다 상위 계급자 또는 고위공무원단에 속하는 일반직공무원 중에서 위원장이 지명하는 5명 이상 7명 이내로 구성하되, 면직 대상자의 상위 계급자 또는 고위공무원단에 속하는 일반직공무원을 우선하여 지명하여야 한다. 다만, 상위 계급자 또는 고위공무원단에 속하는 일반직공무원이 부족하면 4명 이내로 구성할 수 있다.

⑥ 제1항 제4호에 따른 직권 면직일은 휴직 기간이 끝난 날 또는 휴직 사유가 소멸한 날로 한다.

### 지방공무원법 제62조 (직권면직)

① 임용권자는 공무원이 다음 각 호의 어느 하나에 해당할 때에는 직권으로 면직시킬 수 있다.

1. 다음 각 목의 **어느 하나**에 해당하는 경우로서 직위가 없어지거나 과원이 된 때

가. 지방자치단체를 폐지하거나 설치하거나 나누거나 합친 경우

나. 직제와 정원이 개정되거나 폐지된 경우

다. 예산이 감소된 경우

③ 임용권자는 제1항 제1호에 따라 **소속 공무원을 면직**시킬 때에는 임용형태, 업무실적, 직무수행능력, 징계처분 사실 등을 고려하여 면직 기준을 정하여야 한다.

④ 제3항의 면직 기준을 정하거나 제1항 제1호에 따라 면직 대상자를 결정할 때에는 **미리 해당 인사위원회의 의결**을 거쳐야 한다.

확인 문제

▶ 「지방공무원법」에 따르면, 임용권자는 직제와 정원이 개정되거나 폐지되어 과원이 됨에 따라 소속 공무원을 면직시킬 때에는 임용형태, 업무실적, 직무수행능력, 징계처분 사실 등을 고려하여 면직 기준을 정하여야 하며, 이 경우 미리 해당 인사위원회의 의결을 거쳐야 한다. *2019 지방직 7급*    O | X

정답 92 페이지

## I. 처분사유 설명서의 교부

공무원에 대하여 징계처분등을 할 때나 강임·휴직·직위해제 또는 면직처분을 할 때에는 그 처분권자 또는 처분제청권자는 처분사유를 적은 설명서를 교부(交付)하여야 한다. 다만, 본인의 의사에 따른 강임·휴직 또는 면직처분은 설명서를 교부하지 않아도 된다(국가공무원법 제75조). 공무원에 대한 불이익처분이 적법한 사유에 의한 것이라는 것을 설명하고, 해당 공무원이 이의가 있는 경우에는 권리구제 등을 위한 방법에 일환이다.

## II. 후임자 보충발령의 유예

본인의 의사에 반하여 파면 또는 해임이나 면직처분을 하면 그 처분을 한 날부터 40일 이내에는 후임자의 보충발령을 하지 못한다. 다만, 인력 관리상 후임자를 보충하여야 할 불가피한 사유가 있고, 소청심사위원회의 임시결정이 없는 경우에는 국회사무총장, 법원행정처장, 헌법재판소사무처장, 중앙선거관리위원회사무총장 또는 인사혁신처장과 협의를 거쳐 후임자의 보충발령을 할 수 있다(국가공무원법 제76조 제2항). 불이익처분을 받은 자가 후임자의 발령으로 인하여 입게 될 불이익을 방지하는 것으로 권리구제 등을 위한 방법에 일환이다.

## III. 소청심사(행정심판)

### 1. 의의

공무원법상의 소청심사는 징계처분 기타 그의 의사에 반하는 **불이익처분**을 받은 **공무원**이 그 처분에 불복이 있는 경우에 관할 소청심사위원회에 심사를 청구하는 행정심판을 의미한다.

### 2. 절차

### 1) 심사청구

국가공무원법 제75조에 따른 처분사유 설명서를 받은 공무원이 그 처분에 불복할 때에는 그 설명서를 받은 날부터, 공무원이 제75조에서 정한 처분 외에 본인의 의사에 반한 불리한 처분을 받았을 때에는 그 처분이 있은 것을 안 날부터 각각 30일 이내에 소청심사위원회에 이에 대한 심사를 청구할 수 있다. 이 경우 변호사를 대리인으로 선임할 수 있다(국가공무원법 제76조).

### 2) 심사

소청을 심사함에 있어서는 소청인 또는 대리인에게 진술의 기회를 부여하여야 하며, 진술의 기회를 부여하지 않은 결정은 절차상 하자가 있어서 당연무효이다. 일반적으로 절차상 하자는 취소사유에 불과하지만 소청심사절차의 하자는 당연무효에 해당한다.

### 3) 결정(소청결정)

소청심사위원회의 결정에는 각하·기각 및 인용(취소·변경·무효확인·의무이행)결정이 있다.

> **국가공무원법 제14조 (소청심사위원회의 결정)**
>
> ⑤ 소청심사위원회의 결정은 다음과 같이 구분한다.
>
> 1. 심사 청구가 이 법이나 다른 법률에 적합하지 아니한 것이면 그 청구를 각하(却下)한다.
>
> 2. 심사 청구가 이유 없다고 인정되면 그 청구를 기각(棄却)한다.
>
> 3. 처분의 취소 또는 변경을 구하는 심사 청구가 이유 있다고 인정되면 처분을 취소 또는 변경하거나 처분 행정청에 취소 또는 변경할 것을 명한다.
>
> 4. 처분의 효력 유무 또는 존재 여부에 대한 확인을 구하는 심사 청구가 이유 있다고 인정되면 처분의 효력 유무 또는 존재 여부를 확인한다.
>
> 5. 위법 또는 부당한 거부처분이나 부작위에 대하여 의무 이행을 구하는 심사 청구가 이유 있다고 인정되면 지체 없이 청구에 따른 처분을 하거나 이를 할 것을 명한다.
>
> ⑧ 소청심사위원회의 결정은 그 이유를 구체적으로 밝힌 결정서로 하여야 한다.

### 4) 효력

소청심사위원회의 취소명령 또는 변경명령 결정은 그에 따른 징계나 그 밖의 처분이 있을 때까지는 종전에 행한 징계처분 또는 제78조의2에 따른 징계부가금 부과처분에 영향을 미치지 아니한다(국가공무원법 제14조 제6항).

## Ⅳ. 행정소송

### 1. 일반 공무원

### 1) 필요적 소청전치주의(필요적 행정심판전치주의)

공무원에 대한 공무원법상 불이익처분에 대해서는 소청심사를 거친 다음에만 행정소송을 제기할 수 있다(행정권의 자기통제). 따라서 국가공무원법 제75조에 따른 처분, 그 밖에 본인의 의사에 반한 불리한 처분이나 부작위에 관한 행정소송은 소청심사위원회의 심사·결정을 거치지 아니하면 제기할 수 없다.

### 2) 원처분주의

행정소송은 (재결에 고유한 위법이 없는 한) 소청심사위원회의 소청결정(재결)이 아니라 본래의 불이익처분(원처분)에 대하여 제기하여야 한다.

## 2. 국공립학교 교원과 사립학교 교원

### [국공립학교 교원 VS 사립학교 교원]

|  | 국공립학교 교원 | 사립학교 교원 |
| --- | --- | --- |
| 징계 | 처분O | 처분X |
| 소청심사위원회의 결정 | 재결 | (원)처분O |
| 취소소송의 대상 | 원칙 : 징계<br>예외 : 소청심사위원회의 결정 | 소청심사위원외의 결정 |

## I. 공무원의 권리

## 1. 신분상의 권리

### 1) 신분보장권

**국가공무원법 제68조 (의사에 반한 신분 조치)**

공무원은 형의 선고, 징계처분 또는 이 법에서 정하는 사유에 따르지 아니하고는 본인의 의사에 반하여 휴직·강임 또는 면직을 당하지 아니한다. 다만, 1급 공무원과 제23조에 따라 배정된 직무등급이 가장 높은 등급의 직위에 임용된 고위공무원단에 속하는 공무원은 그러하지 아니하다.

### 2) 직위보유권

공무원은 일정한 직위를 보유할 권한을 갖는다. 따라서 공무원에 임명된 자에게는 일정한 직위가 부여되어야 한다.

### 3) 직무수행권

공무원은 자기가 담당하는 직무를 타인의 방해를 받지 않고 수행할 권리를 갖는다. 따라서 임용권자나 상급자도 공무원의 직무수행을 위법·부당하게 방해할 수는 없다.

### 4) 소청제기권

공무원은 위법·부당하게 신분상의 불이익을 입은 경우, 소청심사나 행정소송을 제기하여 권리구제를 받을 수 있다.

### 5) 고충심사청구권

공무원은 누구나 인사·조직·처우 등 각종 직무 조건과 그 밖에 신상 문제에 대하여 인사 상담이나 고충 심사를 청구할 수 있으며, 이를 이유로 불이익한 처분이나 대우를 받지 아니한다(국가공무원법 제76조의2).

### 6) 노동기본권

공무원도 이중적인 지위에 의해서 근로자에 해당한다고 판단하기 때문에, 헌법상 노동권을 가진다. 따라서 공무원도 헌법상 보장된 단결권·단체교섭권·단체행동권을 가진다.

## 2. 보수청구권

공무원 **보수란 봉급과 수당을 합산한 금액**을 말한다. 공무원의 보수청구권은 양도하거나 포기할 수 없으며, 보수에 대한 압류는 총금액의 2분의 1에 대하여만 가능하다. 공무원이 국가를 상대로 실질이 **보수**에 해당하는 금원의 지급을 구하려면 국가공무원법령 등 공무원의 보수에 관한 법률에 그 보수의 지급근거가 되는 명시적 규정이 존재하여야 하고, 나아가 해당 보수 항목이 국가예산에도 계상되어 있어야만 한다.
**계약직 공무원의 보수를 삭감**하는 것 역시 공무원 보수에 관한 것이므로 국가공무원법 또는 지방공무원법의 적용을 받는다.

> 판례 공무원이 국가를 상대로 실질이 보수에 해당하는 금원의 지급을 구하려면 공무원의 '근무조건 법정주의'에 따라 국가공무원법령 등 공무원의 보수에 관한 법률에 그 지급근거가 되는 명시적 규정이 존재하여야 하고, 나아가 해당 보수 항목이 국가예산에도 계상되어 있어야만 한다(대판 2018.2.28. 2017두64606).

확인 문제

▶ 공무원이 국가를 상대로 실질이 보수에 해당하는 금원의 지급을 구하려면 국가공무원법령 등 공무원의 보수에 관한 법률에 그 보수의 지급근거가 되는 명시적 규정이 있으면 족하고, 그 보수항목이 국가예산에 계상되어 있어야 하는 것은 아니다. *(2020 국가직 7급)*　　　O X

정답 92 페이지

### 3. 연금수급권

#### 1) 의의

연금이란 공무원이 소득일부를 일정기간 납부하여 퇴직·사망 등이 발생한 경우 지속적으로 지급받을 수 있게 설정된 급여를 의미한다. 연금 총액의 절반이 공무원의 봉급에서 매월 납부되는 기여금 등으로 조성된다는 점에서 **지급이 연기된 봉급으로서의 성격**을 가지며, 연금이 공무원이 퇴직하는 경우뿐만 아니라 사망·질병·부상이 발생한 경우에도 지급된다는 점에서 **사회보장적 성격**도 가진다.

#### 2) 종류

단기연금은 요양비, 요양 일시금, 재해 부조금 등이 있고 장기연금은 퇴직급여, 장해급여, 유족급여 등이 있다.

### 4. 실비변상

공무원은 직무를 수행하는데 사용된 비용에 대한 변상을 받을 권리를 갖는다(국가공무원법 제48조).

## Ⅱ. 공무원의 의무

### 1. 복종의무

공무원은 **직무를 수행**할 때 소속 상관의 **직무상 명령에 복종**하여야 한다(국가공무원법 제57조). 군인이 상관의 지시나 명령에 대하여 재판청구권을 행사하는 경우에 그것이 **위헌·위법인 지시와 명령을 시정하려는 데 목적**이 있을 뿐, 군 내부의 상명하복관계를 파괴하고 명령불복종 수단으로서 재판청구권의 외형만을 빌리거나 그 밖에 다른 **불순한 의도가 있지 않다면**, 군인의 **복종의무를 위반**하였다고 볼 수 **없다**.

> 판례 군인이 상관의 지시나 명령에 대하여 재판청구권을 행사하는 경우에 그것이 위법·위헌인 지시와 명령을 시정하려는 데 목적이 있을 뿐, 군 내부의 상명하복관계를 파괴하고 명령불복종 수단으로서 재판청구권의 외형만을 빌리거나 그 밖에 다른 불순한 의도가 있지 않다면, 정당한 기본권의 행사이므로 군인의 복종의무를 위반하였다고 볼 수 없다(대판 2018.3.22. 2012두26401).

확인 문제

▶ 군인이 상관의 지시나 명령에 대하여 재판청구권을 행사하는 경우에 그것이 위헌·위법인 지시와 명령을 시정하려는 데 목적이 있을 뿐, 군 내부의 상명하복관계를 파괴하고 명령불복종 수단으로서 재판청구권의 외형만을 빌리거나 그 밖에 다른 불순한 의도가 있지 않다면, 군인의 복종의무를 위반하였다고 볼 수 없다.

*(2020 지방직 7급)*                                                                    O X

정답 92 페이지

## 2. 청렴의무

공무원은 직무와 관련하여 직접적이든 간접적이든 사례·증여 또는 향응을 주거나 받을 수 없다. 공무원은 직무상의 관계가 있든 없든 그 소속 상관에게 증여하거나 소속 공무원으로부터 증여를 받아서는 아니 된다(국가공무원법 제61조).

## 3. 비밀엄수의무

공무원은 재직 중은 물론 퇴직 후에도 직무상 알게 된 비밀을 엄수하여야 한다(국가공무원법 제60조). '직무상 비밀'에는 법률상 비밀로 지정된 사항을 의미한다.

공무원이 비밀엄수의무를 위반한 경우 징계사유가 되며, 법령에서 비밀로 지정한 사항을 누설한 경우에는 형사처벌도 받게 된다. 「국가공무원법」상 **직무상 비밀**이라 함은 국가 공무의 민주적, 능률적 운영을 확보하여야 한다는 이념에 비추어 볼 때 당해 사실이 일반에 알려질 경우 그러한 **행정의 목적을 해할 우려가 있는지 여부를 기준으로 판단**하여야 하며, 구체적으로는 행정기관이 비밀이라고 형식적으로 정한 것에 따를 것이 아니라 **실질적**으로 비밀로서 보호할 가치가 있는지 등이 **객관적으로 검토**되어야 한다.

> **판례** 국가공무원법상 직무상 비밀이라 함은 국가 공무의 민주적, 능률적 운영을 확보하여야 한다는 이념에 비추어 볼 때 당해 사실이 일반에 알려질 경우 그러한 행정의 목적을 해할 우려가 있는지 여부를 기준으로 판단하여야 하며, 구체적으로는 행정기관이 비밀이라고 형식적으로 정한 것에 따를 것이 아니라 실질적으로 비밀로서 보호할 가치가 있는지, 즉 그것이 통상의 지식과 경험을 가진 다수인에게 알려지지 아니한 비밀성을 가졌는지, 또한 정부나 국민의 이익 또는 행정목적 달성을 위하여 비밀로서 보호할 필요성이 있는지 등이 객관적으로 검토되어야 한다(대판 1996.10.11. 94누7171).

---

**확인 문제**

▶ 「국가공무원법」상 직무상 비밀이라 함은 국가 공무의 민주적, 능률적 운영을 확보하여야 한다는 이념에 비추어 볼 때 당해 사실이 일반에 알려질 경우 그러한 행정의 목적을 해할 우려가 있는지 여부를 기준으로 판단하여야 하며, 구체적으로는 행정기관이 비밀이라고 형식적으로 정한 것에 따를 것이 아니라 실질적으로 비밀로서 보호할 가치가 있는지 등이 객관적으로 검토되어야 한다. 〈2018 서울시 7급〉　O X

▶ 공무원의 비밀엄수의무의 대상이 되는 직무상 비밀은 행정기관이 비밀이라고 형식적으로 정한 것을 의미한다. 〈2020 지방직 7급〉　O X

정답　92 페이지

## 4. 품위유지의무

「국가공무원법」상 품위유지의무는 공무원에게 직무와 관련된 부분은 물론 사적인 부분에 있어서도 건실한 생활을 할 것을 요구하며, 여기에서 '품위'라 함은 주권자인 국민의 수임자로서의 직책을 맡아 수행해 나가기에 손색이 없는 인품을 말한다. 공무원의 품위유지의무는 공무원이 직무의 내외를 불문하고, 국민의 수임자로서의 직책을 맡아 수행해 나가기에 손색이 없는 인품에 걸맞게 본인은 물론 공직사회에 대한 국민의 신뢰를 실추시킬 우려가 있는 행위를 하지 않아야 할 의무를 말한다. 공무원이 외부에 자신의 상사 등을 비판하는 의견을 발표하는 행위는 그것이 비록 행정조직의 개선과 발전에 도움이 되고, 궁극적으로 행정청의 권한행사의 적정화에 기여하는 면이 있다고 할지라도, 그러한 발표행위는 공무원으로서의 체면이나 위신을 손상시키는 행위에 해당한다.

또한 공무원이 되기 **전**의 **뇌물공여행위**가 추후 공무원으로서의 위신 또는 체면을 손상시켰다는 것을 사유로 한 **징계처분은 정당**하다.

> 판례　**뇌물을 공여한 행위**는 공립학교 교사로 임용되기 **전**이었더라도 그 때문에 임용후의 공립학교 교사로서의 체면과 위신이 크게 손상되었다고 하지 않을 수 없으므로 이를 **징계사유**로 삼은 것은 **정당**하다(대판 1990.5.22. 89누7368).

---

확인 문제

▶ 「국가공무원법」상 품위유지의무는 공무원에게 직무와 관련된 부분은 물론 사적인 부분에 있어서도 건실한 생활을 할 것을 요구하며, 여기에서 '품위'라 함은 주권자인 국민의 수임자로서의 직책을 맡아 수행해 나가기에 손색이 없는 인품을 말한다. *(2018 서울시 7급)*　　O　X

▶ 공무원의 품위유지의무는 공무원이 직무의 내외를 불문하고, 국민의 수임자로서의 직책을 맡아 수행해 나가기에 손색이 없는 인품에 걸맞게 본인은 물론 공직사회에 대한 국민의 신뢰를 실추시킬 우려가 있는 행위를 하지 않아야 할 의무를 말한다. *(2018 지방직 7급)*　　O　X

▶ 행정조직의 개선과 발전에 도움이 되고, 궁극적으로 행정청의 권한행사의 적정화에 기여하는 면이 있다면, 공무원이 외부에 자신의 상사 등을 비판하는 의견을 발표하는 행위는 공무원으로서의 체면이나 위신을 손상시키는 행위에 해당하지 아니한다. *(2018 지방직 7급)*　　O　X

정답　92 페이지

## 5. 성실의무

모든 공무원은 법령을 준수하며 성실히 직무를 수행하여야 한다(국가공무원법 제56조). 이처럼 **공무원의 성실의무**에 대해서는 국가공무원법상 **명시적인 규정**이 있으며, 국가공무원법상 공무원의 성실의무는 경우에 따라 근무시간 외에 근무지 밖에까지 미칠 수도 있다.

## 6. 직장이탈 금지의무

공무원은 소속 상관의 허가 또는 정당한 사유가 없으면 직장을 이탈하지 못한다(국가공무원법 제58조). 공무원의 법정연가일수의 범위 내에서의 연가신청에 대한 허가가 있기 전에 근무지를 이탈한 행위 역시 직장이탈 금지의무 위반에 해당한다.

> 판례 │ 공무원이 법정연가일수의 범위 내에서 연가신청을 하였고 그와 같은 연가신청에 대하여 행정기관의 장은 공무수행상 특별한 지장이 없는 한 이를 허가하여야 한다고 되어 있더라도 그 연가신청에 대한 허가도 있기 전에 근무지를 이탈한 행위는 지방공무원법 제50조 제1항에 위반되는 행위로서 징계사유가 된다(대판 1987.12.8. 87누657·658).

## 7. 집단행위 금지의무

실제 여럿이 모이는 형태로 의사표현을 하는 것은 아니지만 발표문에 서명날인을 하는 등의 수단으로 여럿이 가담한 행위임을 표명하는 경우는 「국가공무원법」이 금지하는 '**집단행위**'에 해당한다. 그러나 다수의 공무원이 **일반계약직 공무원에 대한 계약연장 거부결정에 대하여 비난**하면서 릴레이 1인 시위 등을 한 행위는 '공무 외의 일을 위한 **집단행위**'에 해당하지 **않는다**.

확인 문제

▶ 공무원의 성실의무는 경우에 따라 근무시간 외에 근무지 밖에까지 미칠 수도 있다. *(2018 지방직 7급)* ○ X

▶ 공무원의 법정연가일수의 범위 내에서의 연가신청에 대한 허가가 있기 전에 근무지를 이탈한 행위는 직장이탈 금지의무 위반에 해당한다. *(2020 지방직 7급)* ○ X

▶ 실제 여럿이 모이는 형태로 의사표현을 하는 것은 아니지만 발표문에 서명날인을 하는 등의 수단으로 여럿이 가담한 행위임을 표명하는 경우는 「국가공무원법」이 금지하는 '집단행위'에 해당한다. *(2018 지방직 7급)* ○ X

▶ 다수의 공무원이 일반계약직 공무원에 대한 계약연장 거부결정에 대하여 비난하면서 릴레이 1인 시위 등을 한 행위는 '공무 외의 일을 위한 집단행위'에 해당하지 않는다. *(2020 지방직 7급)* ○ X

정답 92 페이지

릴레이 1인 시위, 릴레이 언론기고, 릴레이 내부 전산망 게시는 모두 후행자가 선행자에 동조하여 동일한 형태의 행위를 각각 한 것에 불과하고, 여럿이 같은 시간에 한 장소에 모여 집단의 위세를 과시하는 방법으로 의사를 표현하거나 여럿이 단체를 결성하여 그 단체 명의로 의사를 표현하는 경우, 여럿이 가담한 행위임을 표명하는 경우 또는 정부활동의 능률을 저해하기 위한 집단적 태업행위에 해당한다거나 이에 준할 정도로 <u>행위의 집단성이 있다고 보기 어렵다</u>(대판 2017.4.13. 2014두8469).

## 8. 정치중립의무

### 국가공무원법 제65조 (정치 운동의 금지)

① <u>공무원은 정당이나 그 밖의 정치단체의 결성에 관여하거나 이에 가입할 수 없다.</u>

② 공무원은 선거에서 특정 정당 또는 특정인을 지지 또는 반대하기 위한 다음의 행위를 하여서는 아니 된다.

1. 투표를 하거나 하지 아니하도록 권유 운동을 하는 것

2. 서명 운동을 기도(企圖)·주재(主宰)하거나 권유하는 것

3. 문서나 도서를 공공시설 등에 게시하거나 게시하게 하는 것

4. 기부금을 모집 또는 모집하게 하거나, 공공자금을 이용 또는 이용하게 하는 것

5. 타인에게 정당이나 그 밖의 정치단체에 가입하게 하거나 가입하지 아니하도록 권유 운동을 하는 것

## 9. 직무명령의 적법성

공무원이 그 직무를 수행함에 즈음하여 하관은 소속상관의 적법한 명령에 복종할 의무는 있으나 그 명령이 대통령 선거를 앞두고 특정후보에 대하여 반대하는 여론을 조성할 목적으로 확인되지도 않은 허위의 사실을 담은 책자를 발간·배포하거나 기사를 게재하도록 하라는 것과 같이 <u>명백히 위법 내지 불법한 명령인 때에는 이는 벌써 직무상의 지시명령이라 할 수 없으므로 이에 따라야 할 의무가 없다.</u>

▶ 공무원이 그 직무를 수행함에 즈음하여 하관은 소속상관의 적법한 명령에 복종할 의무는 있으나 그 명령이 대통령 선거를 앞두고 특정후보에 대하여 반대하는 여론을 조성할 목적으로 확인되지도 않은 허위의 사실을 담은 책자를 발간·배포하거나 기사를 게재하도록 하라는 것과 같이 명백히 위법 내지 불법한 명령인 때에는 이는 벌써 직무상의 지시명령이라 할 수 없으므로 이에 따라야 할 의무가 없다. *(2018 서울시 7급)* ☐ O ☐ X

정답 92 페이지

## Ⅲ. 공무원의 책임

### 1. 공무원 징계

#### 1) 의의

징계란 공무원의 의무위반에 대하여 공무원관계의 질서를 유지하기 위해 국가 또는 지방자치단체가 사용자의 지위에서 가하는 제재이다. 징계권자이자 임용권자인 **지방자치단체장**은 소속 공무원의 구체적인 행위가 「지방공무원법」상 징계사유에 해당하는지 여부에 관하여 판단할 **재량**은 있지만, 징계사유에 해당하는 것이 **명백**하다면 관할 인사위원회에 징계를 요구할 의무가 있다.

> 판례  지방공무원의 징계와 관련된 규정을 종합해 보면, 징계권자이자 임용권자인 지방자치단체장은 소속 공무원의 구체적인 행위가 과연 지방공무원법 제69조 제1항에 규정된 징계사유에 해당하는지 여부에 관하여 판단할 재량은 있지만, 징계사유에 해당하는 것이 명백한 경우에는 관할 인사위원회에 징계를 요구할 의무가 있다(대판 2007.7.12. 2006도1390).

#### 2) 징계사유

> **국가공무원법 제78조 (징계사유)**
>
> ① 공무원이 다음 각 호의 어느 하나에 해당하면 징계 의결을 요구하여야 하고 그 징계 의결의 결과에 따라 징계처분을 하여야 한다.
>
> 1. 이 법 및 이 법에 따른 명령을 위반한 경우
>
> 2. 직무상의 의무(다른 법령에서 공무원의 신분으로 인하여 부과된 의무를 포함한다)를 위반하거나 직무를 태만히 한 때
>
> 3. 직무의 내외를 불문하고 그 체면 또는 위신을 손상하는 행위를 한 때

확인 문제

▶ 징계권자이자 임용권자인 지방자치단체장은 소속 공무원의 구체적인 행위가 「지방공무원법」상 징계사유에 해당하는지 여부에 관하여 판단할 재량은 있지만, 징계사유에 해당하는 것이 명백하다면 관할 인사위원회에 징계를 요구할 의무가 있다. (2020 국가직 7급)  ㅇ X

정답 92 페이지

## 3) 징계의 종류

> **국가공무원법 제79조 (징계의 종류)**
>
> 징계는 **파면·해임·강등·정직·감봉·견책(譴責)**으로 구분한다.
>
> **지방공무원법 제70조 (징계의 종류)**
>
> 징계는 **파면·해임·강등·정직·감봉 및 견책**으로 구분한다.

징계는 **파면·해임·강등·정직·감봉·견책**으로 구분한다(국가공무원법 제79조 및 지방공무원법 제70조). 공무원에 대한 징계는 공무원의 지위에 변동을 일으키는 행위로서 취소소송의 대상인 처분에 해당한다.

### ① 파면

공무원이 신분을 박탈하는 징계처분이다. 파면처분을 받은 자는 파면처분을 받은 후 5년이 경과하여야 공무원에 다시 임용된다. 또한 퇴직급여나 퇴직수당이 감액된다.

### ② 해임

공무원 본인을 강제로 퇴직시키는 것으로 해임될 경우 3년 동안 다시 임용될 수 없으며 파면과는 달리 연금법상의 불이익을 가지고 있지 않다. 판례는 교통법규 위반자로부터 1만원을 받은 경찰공무원을 해임한 것은 징계재량권의 일탈·남용은 아니라고 판시하였다.

### ③ 강등

직급을 1계급 아래로 내리는 징계처분이다. 공무원 신분은 보유하나 3개월간 직무에 종사하지 못하며, 그 기간 동안 보수 전액을 감한다.

---

확인 문제

▶ 「지방공무원법」상 징계의 종류에 해당하는 것만을 모두 고르면? *(2020 지방직 7급)*

| ㄱ. 강등 | ㄴ. 경고 | ㄷ. 견책 | ㄹ. 직권면직 |
| ㅁ. 불문경고 | ㅂ. 직위해제 | ㅅ. 자격정지 | |

① ㄱ, ㄷ      ② ㄱ, ㅅ

③ ㄴ, ㄹ, ㅂ      ④ ㄷ, ㅁ, ㅂ

정답 92 페이지

④ 정직

공무원의 신분은 보유하되 일정기간 직무에 종사하지 못하는 징계처분이며, 정직기간은 1개월 이상 3개월 이하의 기간으로 하고, 신분은 보유하나 보수는 전액을 감한다.

⑤ 감봉

1개월에서 3개월 이하의 기간에 보수의 3분의 1을 깎는 징계처분이다.

⑥ 견책

전과(前過)에 대해 훈계하고 회개하는 것으로 경위서를 제출하는 방법을 통해 이를 받는다.

⑦ 불문경고조치

불문경고조치는 공무원의 어떠한 과오에 대하여 법률상 규정된 징계처분을 하는 대신 이를 불문에 부치기로 하면서 경고하는 것으로 그치는 것을 의미한다.

### 4) 징계처분에 대한 구제

징계처분을 받은 자가 그 징계처분에 이의가 있는 때에는 소청심사위원회에 심사를 청구할 수 있다(국가공무원법 제76조 제1항). 소청심사위원회의 결정에 불복이 있는 경우에는 해당 징계처분(원처분)에 대해서 항고소송을 제기하여 취소 또는 무효확인을 구할 수 있다.

## 2. 공무원의 변상책임

### 1) 의의

변상책임이란 공무원이 그 직무를 집행함에 있어서 국가나 지방자치단체에 입힌 손해에 대하여 변상책임을 지는 것을 말한다. 공무원이 그 직무 외의 행위로 위법하게 국가나 지방자치단체 또는 일반인에게 손해를 입힌 때에 사법상 불법행위로서 부담하는 민사상 배상책임(민법 제750조)과 구분된다.

### 2) 국가배상법상 변상책임

공무원이 그 직무를 집행하는 과정에서 고의 또는 과실로 타인에게 손해를 가함에 따라 국가 또는 지방자치단체가 그 손해를 배상한 경우, 공무원에게 고의나 중과실이 있을 때에는 국가나 지방자치단체는 공무원에게 구상할 수 있다(국가배상법 제2조 제2항). 또한 영조물의 설치나 관리상의 하자로 인하여 타인에게 발생한 손해에 대해 국가나 지방자치단체가 배상을 한 경우, 공무원에게 그 원인에 대한 책임이 있을 때에는 국가는 그 공무원에게 구상할 수 있다(국가배상법 제5조 제2항).

## Ⅰ. 병역의 개념

병역이란 국가의 군복무 명령이 있는 경우, 군에 복무하여 행하는 직무를 의미한다.

## Ⅱ. 병역의 종류 및 내용

**병역법 제5조 (병역의 종류)**

① 병역은 다음 각 호와 같이 구분한다.

1. **현역** : 다음 각 목의 어느 하나에 해당하는 사람

가. **징집**이나 **지원**에 의하여 입영한 병(兵)

나. 이 법 또는 「군인사법」에 따라 현역으로 임용 또는 선발된 장교(將校)·준사관(準士官)·부사관(副士官) 및 군간부후보생

2. **예비역** : 다음 각 목의 어느 하나에 해당하는 사람

가. 현역을 마친 사람

나. 그 밖에 이 법에 따라 예비역에 편입된 사람

3. **보충역** : 다음 각 목의 어느 하나에 해당하는 사람

가. 병역판정검사 결과 현역 복무를 할 수 있다고 판정된 사람 중에서 병력수급(兵力需給) 사정에 의하여 현역병입영 대상자로 결정되지 아니한 사람

나. 다음의 어느 하나에 해당하는 사람으로 복무하고 있거나 그 복무를 마친 사람

1) 사회복무요원

2) 삭제

3) 예술·체육요원

4) 공중보건의사

5) 병역판정검사전담의사

6) 삭제

7) 공익법무관

8) 공중방역수의사

9) 전문연구요원

10) 산업기능요원

다. 그 밖에 이 법에 따라 보충역에 편입된 사람

4. **병역준비역** : 병역의무자로서 현역, 예비역, 보충역, 전시근로역 및 대체역이 아닌 사람

5. **전시근로역** : 다음 각 목의 어느 하나에 해당하는 사람

가. 병역판정검사 또는 신체검사 결과 현역 또는 보충역 복무는 할 수 없으나 전시근로소집에 의한 군사지원업무는 감당할 수 있다고 결정된 사람

나. 그 밖에 이 법에 따라 전시근로역에 편입된 사람

6. **대체역** : 병역의무자 중 「대한민국헌법」이 보장하는 양심의 자유를 이유로 현역, 보충역 또는 예비역의 복무를 대신하여 병역을 이행하고 있거나 이행할 의무가 있는 사람으로서 「대체역의 편입 및 복무 등에 관한 법률」에 따라 대체역에 편입된 사람

② 예비역에 편입된 사람은 예비역의 장교·준사관·부사관 또는 병으로, 보충역에 편입된 사람은 보충역의 장교·준사관·부사관 또는 병으로, 전시근로역에 편입된 사람은 전시근로역의 부사관 또는 병으로 구분한다.

③ 병역의무자는 각각 그 병역의 병적에 편입되며, 병적 관리에 필요한 사항은 대통령령으로 정한다.

**병역법 제33조의7 (예술 · 체육요원의 편입)**

① 병무청장은 다음 각 호의 어느 하나에 해당하는 사람 중 대통령령으로 정하는 예술·체육 분야의 특기를 가진 사람으로서 문화체육관광부장관이 추천한 사람을 **예술·체육요원으로 편입(특례)**할 수 있다. 이 경우 제1호부터 제3호까지에 해당하는 사람은 보충역에 편입한다.

1. 현역병입영 대상자

2. 현역병으로 복무(제21조 및 제25조에 따라 복무 중인 사람을 포함한다) 중인 사람

3. 승선근무예비역으로 복무 중인 사람

4. 사회복무요원 소집 대상인 보충역

5. 보충역으로 복무(사회복무요원, 공중보건의사, 병역판정검사전담의사, 공익법무관, 공중방역수의사, 전문연구요원 및 산업기능요원으로 복무하는 것을 말한다) 중인 사람

② 예술·체육요원의 편입에 필요한 사항은 대통령령으로 정한다.

병역의 징집은 **국가**에 의해서 이루어진다. 지방자치단체 등은 병역징집을 할 수 없다. 징집의무는 **병무청장(국방부 소속의 행정기관)의 처분**에 의해서 **확정**된다. 병무청장은 징집과 관련하여 처분권한은 있지만 (병무청장이 국방부장관은 아니므로) 부령제정권 등이 인정될 수는 없다. 현역입영대상자가 정당한 사유 없이 병역의무부과통지서인 **현역입영통지서의 수령을 거부**하고 입영기일부터 3일이 경과하여도 입영하지 않은 경우 통지서 수령거부에 대한 처벌만 인정될 뿐 **입영의 기피에 대한 처벌**은 인정되지 **않는다**. 왜냐하면 통지서 수령거부행위로 인하여 통지서가

송달되지 않았기 때문이다. 병역의무부과통지서인 현역입영통지서는 그 병역의무자에게 송달되어야 하며, 이러한 송달은 병역의무자의 현실적인 수령행위를 전제로 하고 있다고 보아야 하므로, 병역의무자가 현역입영통지의 내용을 이미 알고 있는 경우에도 여전히 **현역입영통지서의 송달은 필요**하다. 물론, 현역입영대상자로서는 현실적으로 입영을 하였다고 하더라도, 입영 이후의 법률관계에 영향을 미치고 있는 현역병입영통지처분 등을 한 관할지방병무청장을 상대로 위법을 주장하여 그 취소를 구할 소송상의 이익이 있다.

| 판례 | **현역병입영대상자**가 현역입영통지서를 거절한 경우, 이를 적법하게 수령한 것으로 볼 수 없어 입영하지 않았더라도 (정당한 사유 없이 병역의무부과통지서인 현역입영통지서의 수령을 거부하고 입영기일부터 3일이 경과하여도 입영하지 않은 경우) 통지서 수령거부에 대한 처벌만 인정될 뿐 병역법 제88조 제1항 제1호의 **입영기피**에 해당하지 **않는다**(대판 2009.6.25. 2009도3387). |
| --- | --- |

| 판례 | 병역의무부과통지서인 현역입영통지서는 그 병역의무자에게 이를 송달함이 원칙이고(병역법 제6조 제1항 참조), 이러한 송달은 병역의무자이 현실적인 수령행위를 전제로 하고 있다고 보아야 하므로, 병역의무자가 현역입영통지의 내용을 이미 알고 있는 경우에도 여전히 현역입영통지서의 송달은 필요하고, 다른 법령상의 사유가 없는 한 병역의무자로부터 근거리에 있는 책상 등에 일시 현역입영통지서를 둔 것만으로는 병역의무자의 현실적인 수령행위가 있었다고 단정할 수 없다(대판 2009.6.25. 2009도3387). |
| --- | --- |

| 판례 | 현역입영대상자로서는 현실적으로 입영을 하였다고 하더라도, 입영 이후의 법률관계에 영향을 미치고 있는 현역병입영통지처분 등을 한 관할지방병무청장을 상대로 위법을 주장하여 그 취소를 구할 소송상의 이익이 있다(대판 2003.12.26. 2003두1875). |
| --- | --- |

확인 문제

▶ 현역입영대상자인 피고인이 정당한 사유 없이 병역의무부과통지서인 현역입영통지서의 수령을 거부하고 입영기일부터 3일이 경과하여도 입영하지 않은 경우 통지서 수령거부에 대한 처벌만 인정될 뿐 입영의 기피에 대한 처벌은 인정되지 않는다. *(2020 군무원)*　　　 O X

▶ 병역의무부과통지서인 현역입영통지서는 그 병역의무자에게 이를 송달함이 원칙이고, 이러한 송달은 병역의무자의 현실적인 수령행위를 전제로 하고 있다고 보아야 하므로, 병역의무자가 현역입영통지의 내용을 이미 알고 있는 경우에도 여전히 현역입영통지서의 송달은 필요하다. *(2020 군무원)*　　　 O X

▶ 현역입영대상자로서는 현실적으로 입영을 하였다고 하더라도, 입영 이후의 법률관계에 영향을 미치고 있는 현역병입영통지처분 등을 한 관할지방병무청장을 상대로 위법을 주장하여 그 취소를 구할 소송상의 이익이 있다. *(2020 군무원)*　　　 O X

정답 92 페이지

Administrative Law

우선순위
행정법각론

# 제3편

확인문제 정답

## 제3편   확인문제 정답

- 빨간색 표시가 정답 입니다.

- [O] [X] 공무원임용결격사유가 있는지의 여부는 채용후보자 명부에 등록한 때의 법률을 기준으로 하여 판단하여야 한다. 〈2019 지방직 7급〉 65페이지

- [O] [X] 「공무원연금법」에 의한 퇴직연금 등은 임용결격자가 공무원으로 임용되어 사실상 근무하여 왔고 또 공무원연금제도가 공무원의 재직 중의 성실한 복무에 대한 공로보상적 성격과 사회보장적 기능을 가지고 있으므로, 적법한 공무원으로서의 신분을 취득하지 못한 자라고 하더라도 공무원연금법 소정의 퇴직연금을 청구할 수 있다고 할 것이다.
  〈2018 서울시 7급〉 66페이지

- [O] [X] 「국가공무원법」상 직위해제처분에 대해서는 처분의 사전통지 및 의견청취 등에 관한 「행정절차법」 규정이 적용된다. 〈2019 지방직 7급〉 68페이지

- [O] [X] 지방자치단체의 장이 소속 공무원을 다른 지방자치단체로 전출하는 것은 임명권자를 달리하는 지방자치단체로의 이동인 점에 비추어 이 경우에는 반드시 당해 공무원의 동의를 전제로 하므로, 당해 공무원의 동의 없는 전출명령은 무효이다. 〈2019 지방직 7급〉 69페이지

- [O] [X] 공무원법상 정년은 공무원의 정년퇴직 시 구비서류로 요구되는 가족관계기록사항에 관한 증명서 중 기본증명서에 기재된 실제의 생년월일이 아니라, 공무원 임용신청 당시의 공무원 인사기록카드에 기재된 생년월일을 기준으로 산정해야 한다. 〈2020 국가직 7급〉 72페이지

- [O] [X] 국가공무원이 금고 이상의 형의 집행유예를 선고받고 집행유예 기간의 경과로 형의 선고가 효력을 잃게 되었다면, 이미 발생한 그 공무원에 대한 당연퇴직의 효력은 소멸한다. 〈2020 국가직 7급〉 72페이지

- ㅇ X 「지방공무원법」에 따르면, 임용권자는 직제와 정원이 개정되거나 폐지되어 과원이 됨에 따라 소속 공무원을 면직시킬 때에는 임용형태, 업무실적, 직무수행능력, 징계처분 사실 등을 고려하여 면직 기준을 정하여야 하며, 이 경우 미리 해당 인사위원회의 의결을 거쳐야 한다. 〈2019 지방직 7급〉 74페이지

- ㅇ X 공무원이 국가를 상대로 실질이 보수에 해당하는 금원의 지급을 구하려면 국가공무원법령 등 공무원의 보수에 관한 법률에 그 보수의 지급근거가 되는 명시적 규정이 있으면 족하고, 그 보수항목이 국가예산에 계상되어 있어야 하는 것은 아니다. 〈2020 국가직 7급〉 78페이지

- ㅇ X 군인이 상관의 지시나 명령에 대하여 재판청구권을 행사하는 경우에 그것이 위헌·위법인 지시와 명령을 시정하려는 데 목적이 있을 뿐, 군 내부의 상명하복관계를 파괴하고 명령 불복종 수단으로서 재판청구권의 외형만을 빌리거나 그 밖에 다른 불순한 의도가 있지 않다면, 군인의 복종의무를 위반하였다고 볼 수 없다. 〈2020 지방직 7급〉 79페이지

- ㅇ X 「국가공무원법」상 직무상 비밀이라 함은 국가 공무의 민주적, 능률적 운영을 확보하여야 한다는 이념에 비추어 볼 때 당해 사실이 일반에 알려질 경우 그러한 행정의 목적을 해할 우려가 있는지 여부를 기준으로 판단하여야 하며, 구체적으로는 행정기관이 비밀이라고 형식적으로 정한 것에 따를 것이 아니라 실질적으로 비밀로서 보호할 가치가 있는지 등이 객관적으로 검토되어야 한다. 〈2018 서울시 7급〉 80페이지

- ㅇ X 공무원의 비밀엄수의무의 대상이 되는 직무상 비밀은 행정기관이 비밀이라고 형식적으로 정한 것을 의미한다. 〈2020 지방직 7급〉 80페이지

- ㅇ X 「국가공무원법」상 품위유지의무는 공무원에게 직무와 관련된 부분은 물론 사적인 부분에 있어서도 건실한 생활을 할 것을 요구하며, 여기에서 '품위'라 함은 주권자인 국민의 수임자로서의 직책을 맡아 수행해 나가기에 손색이 없는 인품을 말한다. 〈2018 서울시 7급〉 81페이지

- O X  공무원의 품위유지의무는 공무원이 직무의 내외를 불문하고, 국민의 수임자로서의 직책을 맡아 수행해 나가기에 손색이 없는 인품에 걸맞게 본인은 물론 공직사회에 대한 국민의 신뢰를 실추시킬 우려가 있는 행위를 하지 않아야 할 의무를 말한다.  *〈2018 지방직 7급〉*
  *81페이지*

- O X  행정조직의 개선과 발전에 도움이 되고, 궁극적으로 행정청의 권한행사의 적정화에 기여하는 면이 있다면, 공무원이 외부에 자신의 상사 등을 비판하는 의견을 발표하는 행위는 공무원으로서의 체면이나 위신을 손상시키는 행위에 해당하지 아니한다.
  *〈2018 지방직 7급〉 81페이지*

- O X  공무원의 성실의무는 경우에 따라 근무시간 외에 근무지 밖에까지 미칠 수도 있다.
  *〈2018 지방직 7급〉 82페이지*

- O X  공무원의 법정연가일수의 범위 내에서의 연가신청에 대한 허가가 있기 전에 근무지를 이탈한 행위는 직장이탈 금지의무 위반에 해당한다.  *〈2020 지방직 7급〉 82페이지*

- O X  실제 여럿이 모이는 형태로 의사표현을 하는 것은 아니지만 발표문에 서명날인을 하는 등의 수단으로 여럿이 가담한 행위임을 표명하는 경우는 「국가공무원법」이 금지하는 '집단행위'에 해당한다.  *〈2018 지방직 7급〉 82페이지*

- O X  다수의 공무원이 일반계약직 공무원에 대한 계약연장 거부결정에 대하여 비난하면서 릴레이 1인 시위 등을 한 행위는 '공무 외의 일을 위한 집단행위'에 해당하지 않는다.
  *〈2020 지방직 7급〉 82페이지*

- O X  공무원이 그 직무를 수행함에 즈음하여 하관은 소속상관의 적법한 명령에 복종할 의무는 있으나 그 명령이 대통령 선거를 앞두고 특정후보에 대하여 반대하는 여론을 조성할 목적으로 확인되지도 않은 허위의 사실을 담은 책자를 발간·배포하거나 기사를 게재하도록 하라는 것과 같이 명백히 위법 내지 불법한 명령인 때에는 이는 벌써 직무상의 지시명령이라 할 수 없으므로 이에 따라야 할 의무가 없다.  *〈2018 서울시 7급〉 83페이지*

- ○ X  징계권자이자 임용권자인 지방자치단체장은 소속 공무원의 구체적인 행위가 「지방공무원법」상 징계사유에 해당하는지 여부에 관하여 판단할 재량은 있지만, 징계사유에 해당하는 것이 명백하다면 관할 인사위원회에 징계를 요구할 의무가 있다. 〈2020 국가직 7급〉

  *84페이지*

- 정답 ①  「지방공무원법」상 징계의 종류에 해당하는 것만을 모두 고르면? 〈2020 지방직 7급〉 *85페이지*

  | ㄱ. 강등 | ㄴ. 경고 | ㄷ. 견책 | ㄹ. 직권면직 |
  | ㅁ. 불문경고 | ㅂ. 직위해제 | ㅅ. 자격정지 | |

  ① ㄱ, ㄷ  　　　　　　　② ㄱ, ㅅ
  ③ ㄴ, ㄹ, ㅂ  　　　　　④ ㄷ, ㅁ, ㅂ

- ○ X  현역입영대상자인 피고인이 정당한 사유 없이 병역의무부과통지서인 현역입영통지서의 수령을 거부하고 입영기일부터 3일이 경과하여도 입영하지 않은 경우 통지서 수령거부에 대한 처벌만 인정될 뿐 입영의 기피에 대한 처벌은 인정되지 않는다. 〈2020 군무원〉

  *89페이지*

- ○ X  병역의무부과통지서인 현역입영통지서는 그 병역의무자에게 이를 송달함이 원칙이고, 이러한 송달은 병역의무자의 현실적인 수령행위를 전제로 하고 있다고 보아야 하므로, 병역의무자가 현역입영통지의 내용을 이미 알고 있는 경우에도 여전히 현역입영통지서의 송달은 필요하다. 〈2020 군무원〉 *89페이지*

- ○ X  현역입영대상자로서는 현실적으로 입영을 하였다고 하더라도, 입영 이후의 법률관계에 영향을 미치고 있는 현역병입영통지처분 등을 한 관할지방병무청장을 상대로 위법을 주장하여 그 취소를 구할 소송상의 이익이 있다. 〈2020 군무원〉 *89페이지*

Administrative Law

우선순위
행정법각론

제4편  경찰행정법

## I. 경찰의 개념

### 1. 형식적 의미의 경찰

실정법상 보통경찰기관(경찰청장·지방경찰청장·경찰서장 등)의 권한에 속하는 작용을 언급한다.

### 2. 실질적 의미의 경찰

경찰행정법에서 대상이 되는 경찰의 개념이다. 공공의 안녕과 질서에 대한 위험을 방지하고 장해를 제거하는 모든 작용을 언급한다.

## II. 경찰의 종류

### 1. 행정경찰과 사법경찰

행정경찰은 공공의 안녕과 질서에 대한 위해를 방지하는 실질적 의미의 경찰을 의미하는 반면, 사법경찰은 범죄의 수사, 피의자의 체포 등을 목적으로 하는 (형사)사법작용을 의미한다.

### 2. 보안경찰과 협의의 행정경찰

행정경찰은 보안경찰과 협의의 행정경찰로 구분된다. 보안경찰은 보통경찰기관에 의하여 행하여지는 위해방지작용인 반면에 협의의 행정경찰은 일반행정기관에 의하여 행하여지는 위해방지작용을 말한다.

### 3. 국가경찰(중앙경찰)과 자치경찰(지방경찰)

국가경찰은 경찰기관이 국가기관인 경찰을 의미하며, 자치경찰은 경찰기관이 지방자치단체의 기관인 경찰을 의미한다. 우리나라에서는 소방사무를 제외하고는 경찰은 국가경찰이고, 원칙상 자치경찰은 없다. 다만, 「제주특별자치도 설치 및 국제자유도시 조성을 위한 특별법」에 의하여 제주도는 자치경찰이 있다.

# Ⅰ. 경찰작용과 법률유보의 원칙

**경찰작용**은 전형적인 **침익적 행정**이므로 법률유보의 원칙에 따라 반드시 법적 근거가 필요하다. 경찰작용에 대한 법적 근거를 두는 방식에는 식품위생법·공중위생관리법과 같은 특별경찰법을 통해 개별적 수권을 하는 방식, 형법·경찰관직무집행법을 통해 개별적 수권을 하는 방식, 일반적 수권조항을 통해 수권을 하는 방식이 있다. 예를 들어, 점유자들이 **적법한 행정대집행을 위력을 행사하여 방해**하는 경우 형법상 공무집행방해죄가 성립하므로, '경찰관직무집행법'상 위험발생 방지조치 또는 '형법'상 공무집행방해죄의 범행방지 내지 현행범체포의 차원에서 경찰의 도움을 받을 수도 있다.

일반조항은 개별조항에 대해서 보충적이므로 개별적 수권조항이 있는 경우 일반적 수권조항보다 우선하여 적용된다.

> **판례** 〈행정청이 행정대집행의 방법으로 건물철거의무의 이행을 실현할 수 있는 경우에는 건물철거 대집행 과정에서 부수적으로 건물의 점유자들에 대한 퇴거 조치를 할 수 있고, 점유자들이 적법한 행정대집행을 위력을 행사하여 방해하는 경우 형법상 공무집행방해죄가 성립하므로, 필요한 경우에는 '경찰관 직무집행법'에 근거한 위험발생 방지조치 또는 형법상 공무집행방해죄의 범행방지 내지 현행범체포의 차원에서 경찰의 도움을 받을 수도 있다(대판 2017.4.28. 2016다213916).

# Ⅱ. 현행법상 일반적 수권조항 유무

## 1. 의의

일반적 수권조항이란 경찰권 발동을 위한 개별적 수권규범이 규율하지 못하는 예외적인 위험발생 사태에 대비하여 마련된 일반적이고 포괄적인 내용의 수권조항이다.

---

**확인 문제**

▶ 「행정대집행법」상 적법한 행정대집행을 점유자들이 위력을 행사하여 방해하는 경우, 「행정대집행법」상의 근거가 없으므로 대집행을 하는 행정청은 경찰의 도움을 받을 수 없다. 〈2019 지방직 7급〉    O X

정답 128 페이지

## 2. 문제점

경찰관직무집행법 제2조 제7호에 의하면 경찰관은 공공의 안녕과 질서 유지라는 직무를 수행하게 된다. 이 규정을 일반적으로 공공의 안녕과 질서유지를 위해 필요한 상황에서 경찰권을 발동할 수 있게 권한을 부여하는 규정 즉, **일반적 수권조항에 해당한다고 볼 수 있는 지**가 문제된다. 해당규정을 일반적 수권조항이 아니라고 보는 경우에는 현행 법제상 이 규정 이외에 달리 일반적 수권조항으로 볼 만한 규정이 존재하지 않으므로, 개별적 수권조항에 근거하지 않고 발동된 경찰작용은 법률유보의 원칙 위반으로 위법하게 된다.

## 3. 판례

청원경찰이 **경찰관직무집행법 제2조 제7호에 근거**하여 무허가 주택개축을 단속한 것을 두고 적법한 공무집행에 속한다고 적시하였다. 따라서 판례는 긍정설의 입장이다.

---

### 제3장     경찰권의 행사

## I. 불심검문

**경찰관직무집행법 제3조 (불심검문)**

① 경찰관은 다음 각 호의 어느 하나에 해당하는 사람을 정지시켜 질문할 수 있다.

1. 수상한 행동이나 그 밖의 주위 사정을 합리적으로 판단하여 볼 때 어떠한 죄를 범하였거나 범하려 하고 있다고 의심할 만한 상당한 이유가 있는 사람

2. 이미 행하여진 범죄나 행하여지려고 하는 범죄행위에 관한 사실을 안다고 인정되는 사람

② 경찰관은 제1항에 따라 같은 항 각 호의 사람을 정지시킨 장소에서 질문을 하는 것이 그 사람에게 불리하거나 교통에 방해가 된다고 인정될 때에는 질문을 하기 위하여 가까운 경찰서·지구대·파출소 또는 출장소(지방해양경찰관서를 포함하며, 이하 "경찰관서"라 한다)로 동행할 것을 요구할 수 있다. 이 경우 동행을 요구받은 사람은 그 요구를 거절할 수 있다.

③ 경찰관은 제1항 각 호의 어느 하나에 해당하는 사람에게 질문을 할 때에 그 사람이 흉기를 가지고 있는지를 조사할 수 있다.

④ 경찰관은 제1항이나 제2항에 따라 질문을 하거나 동행을 요구할 경우 자신의 신분을 표시하는 증표를 제시하면서 소속과 성명을 밝히고 질문이나 동행의 목적과 이유를 설명하여야 하며, 동행을 요구하는 경우에는 동행 장소를 밝혀야 한다.

⑤ 경찰관은 제2항에 따라 동행한 사람의 가족이나 친지 등에게 동행한 경찰관의 신분, 동행 장소, 동행 목적과 이유를 알리거나 본인으로 하여금 즉시 연락할 수 있는 기회를 주어야 하며, 변호인의 도움을 받을 권리가 있음을 알려야 한다.

⑥ 경찰관은 제2항에 따라 동행한 사람을 6시간을 초과하여 경찰관서에 머물게 할 수 없다.

⑦ 제1항부터 제3항까지의 규정에 따라 질문을 받거나 동행을 요구받은 사람은 형사소송에 관한 법률에 따르지 아니하고는 신체를 구속당하지 아니하며, 그 의사에 반하여 답변을 강요당하지 아니한다.

## 1. 질문

목적달성에 필요한 최소한의 범위 내에서 사회통념상 용인될 수 있는 상당한 방법으로 대상자를 정지시켜 질문을 할 수 있고 질문에 수반하여 흉기의 소지 여부도 조사할 수 있다. 불심검문 대상자에 해당하는지 여부를 판단하는 때에는 당시의 구체적인 정황은 물론 사전에 얻은 정보나 전문적 지식 등에 기초하여 객관적·합리적으로 판단하여야 하나, 반드시 불심검문 대상자에게 「형사소송법」상 체포나 구속에 이를 정도의 혐의가 있어야 하는 것은 아니다. 또한 불심검문을 하게 된 경위, 불심검문 당시의 현장상황과 검문을 하는 경찰관들의 복장, 피고인이 공무원증 제시나 신분 확인을 요구하였는지 여부 등을 종합적으로 고려하여 검문하는 사람이 경찰관이고 검문하는 이유가 범죄행위에 관한 것임을 **피고인이 충분히 알고 있었다**고 보이는 경우에는 신분증을 제시하지 않았다고 하여 해당 불심검문이 위법한 공무집행이라고 할 수 없다.

확인 문제

▶ 경찰관이 불심검문을 하기 위해서는 불심검문 대상자에게 반드시 「형사소송법」상 체포나 구속에 이를 정도의 혐의가 있을 것이 요구되지는 않는다. *(2020 국가직 7급)*  ☐O ☐X

▶ 불심검문 대상자에 해당하는지 여부를 판단하는 때에는 당시의 구체적인 정황은 물론 사전에 얻은 정보나 전문적 지식 등에 기초하여 객관적·합리적으로 판단하여야 하나, 반드시 불심검문 대상자에게 「형사소송법」상 체포나 구속에 이를 정도의 혐의가 있을 것을 요한다고 할 수는 없다. *(2018 지방직 7급)*  ☐O ☐X

▶ 불심검문을 하는 경찰관이 신분증을 제시하지 않았다 하더라도 검문하는 사람이 경찰관이고 검문하는 이유가 범죄행위에 관한 것임을 상대방이 충분히 알고 있었다면 그 불심검문은 위법한 공무집행이라고 할 수 없다. *(2020 국가직 7급)*  ☐O ☐X

▶ 검문하는 사람이 경찰관이고 검문하는 이유가 범죄행위에 관한 것임을 상대방이 충분히 알고 있었다고 보이는 경우에도 신분증을 제시하지 않고 행한 경찰관의 불심검문은 위법한 공무집행이다. *(2019 지방직 7급)*  ☐O ☐X

▶ 경찰관이 신분증을 제시하지 않고 불심검문을 한 경우, 검문하는 사람이 경찰관이고 검문하는 이유가 범죄행위에 관한 것임을 피고인이 충분히 알고 있었다고 보이더라도 그 불심검문은 위법한 공무집행이라 할 수 있다. *(2018 지방직 7급)*  ☐O ☐X

정답  128 페이지

> 판례 **경찰관이 '불심검문 대상자' 해당 여부를 판단할 때**에는 불심검문 당시의 구체적 상황은 물론 사전에 얻은 정보나 전문적 지식 등에 기초하여 불심검문 대상자인지를 객관적·합리적인 기준에 따라 판단하여야 하나, 반드시 불심검문 대상자에게 「형사소송법」상 체포나 구속에 이를 정도의 혐의가 있을 것을 요한다고 할 수는 없다(대판 2014.2.27. 2011도13999).

> 판례 **불심검문**을 하게 된 경위, **불심검문** 당시의 현장상황과 검문을 하는 경찰관들의 복장, 피고인이 공무원증 제시나 신분 확인을 요구하였는지 여부 등을 종합적으로 고려하여, 검문하는 사람이 경찰관이고 검문하는 이유가 범죄행위에 관한 것임을 피고인이 충분히 알고 있었다고 보이는 경우에는 **신분증을 제시하지 않았다고 하여** 그 불심검문이 위법한 공무집행이라고 할 수 없다(대판 2014.12.11. 2014도7976).

## 2. 동행요구

경찰관직무집행법 제3조 제2항의 동행요구는 **임의동행의 요구**이다. 따라서 경찰관으로부터 임의동행 요구를 받은 상대방은 이를 **거절**할 수 있을 뿐만 아니라 임의동행 후 언제든지 경찰관서에서 **퇴거할 자유**가 있다. 상대방의 이러한 행위는 공무집행방해죄에 해당하지 않는다.

경찰관의 질문을 위한 동행요구가 형사소송법의 규율을 받는 수사로 이어지는 경우에도 그 **동행요구**는 피의자의 자발적인 의사에 의하여 동행이 이루어졌음이 **객관적인 사정**에 의하여 **명백하게 입증**된 경우에만 그 **적법성이 인정**된다.

> 판례 임의동행은 상대방의 동의 또는 승낙을 그 요건으로 하는 것이므로 경찰관으로부터 임의동행 요구를 받은 경우 상대방은 이를 거절할 수 있을 뿐만 아니라 임의동행 후 언제든지 경찰관서에서 퇴거할 자유가 있다(대판 1997.8.22. 97도1240).

확인 문제

▶ 경찰관으로부터 임의동행 요구를 받은 상대방은 이를 거절할 수 있을 뿐만 아니라 임의동행 후 언제든지 경찰관서에서 퇴거할 자유가 있다. *(2020 국가직 7급)*   O X

▶ 경찰관의 질문을 위한 동행요구가 「형사소송법」의 규율을 받는 수사로 이어지는 경우, 그 동행요구는 피의자의 자발적인 의사에 의하여 수사관서 등에의 동행이 이루어졌음이 객관적인 사정에 의하여 명백하게 입증된 경우에만 그 적법성이 인정된다. *(2019 지방직 7급)*   O X

정답  128 페이지

형사소송법 제199조 제1항은 "수사에 관하여 그 목적을 달성하기 위하여 필요한 조사를 할 수 있다. 다만, 강제처분은 이 법률에 특별한 규정이 있는 경우에 한하며, 필요한 최소한도의 범위 안에서만 하여야 한다."고 규정하여 임의수사의 원칙을 명시하고 있는바, 수사관이 수사과정에서 당사자의 동의를 받는 형식으로 피의자를 수사관서 등에 동행하는 것은, 상대방의 신체의 자유가 현실적으로 제한되어 실질적으로 체포와 유사한 상태에 놓이게 됨에도, 영장에 의하지 아니하고 그 밖에 강제성을 띤 동행을 억제할 방법도 없어서 제도적으로는 물론 현실적으로도 임의성이 보장되지 않을 뿐만 아니라, 아직 정식의 체포·구속단계 이전이라는 이유로 상대방에게 헌법 및 형사소송법이 체포·구속된 피의자에게 부여하는 각종의 권리보장 장치가 제공되지 않는 등 형사소송법의 원리에 반하는 결과를 초래할 가능성이 크므로, 수사관이 동행에 앞서 피의자에게 동행을 거부할 수 있음을 알려 주었거나 동행한 피의자가 언제든지 자유로이 동행과정에서 이탈 또는 동행장소로부터 퇴거할 수 있었음이 인정되는 등 오로지 피의자의 자발적인 의사에 의하여 수사관서 등에의 동행이 이루어졌음이 객관적인 사정에 의하여 명백하게 입증된 경우에 한하여, 그 적법성이 인정되는 것으로 봄이 상당하다. 형사소송법 제200조 제1항에 의하여 검사 또는 사법경찰관이 피의자에 대하여 임의적 출석을 요구할 수는 있겠으나, 그 경우에도 수사관이 단순히 출석을 요구함에 그치지 않고 일정 장소로의 동행을 요구하여 실행한다면 위에서 본 법리가 적용되어야 하고, 한편 행정경찰 목적의 경찰활동으로 행하여지는 경찰관직무집행법 제3조 제2항 소정의 질문을 위한 동행요구도 형사소송법의 규율을 받는 수사로 이어지는 경우에는 역시 위에서 본 법리가 적용되어야 한다(대판 2006.7.6. 2005도6810).

## 3. 질문과 동행요구의 절차

질문이나 동행요구를 할 때 경찰관은 자신의 신분을 표시하는 증표를 제시하면서 소속과 성명을 밝혀야 하고, 동행의 목적과 이유를 설명하여야 하며, 동행 장소가 어디인지 밝혀야 한다. 상대방이 동행요구에 응하여 경찰서로 동행을 하게 된 경우, 경찰관은 동행한 사람의 가족이나 친지 등에게 동행한 경찰관의 신분, 동행 장소, 동행 목적과 이유를 알리거나, 본인으로 하여금 즉시 연락할 수 있는 기회를 주어야 하며, 변호인의 도움을 받을 권리가 있음을 알려야 한다. 상대방이 동행요구에 응하여 경찰관서 등으로 동행을 하게 되었다 하더라도, 동행한 사람을 6시간을 초과하여 경찰관서에 머물게 할 수 없다.

## Ⅱ. 보호조치

**경찰관직무집행법 제4조 (보호조치 등)**

① 경찰관은 수상한 행동이나 그 밖의 주위 사정을 합리적으로 판단해 볼 때 다음 각 호의 어느 하나에 해당하는 것이 명백하고 응급구호가 필요하다고 믿을 만한 상당한 이유가 있는 사람(이하 "구호대상자"라 한다)을 발견하였을 때에는 보건의료기관이나 공공구호기관에 긴급구호를 요청하거나 경찰관서에 보호하는 등 적절한 조치를 할 수 있다.

1. 정신착란을 일으키거나 **술에 취하여** 자신 또는 다른 사람의 생명·신체·재산에 위해를 끼칠 우려가 있는 사람

2. 자살을 시도하는 사람

3. 미아, 병자, 부상자 등으로서 적당한 보호자가 없으며 응급구호가 필요하다고 인정되는 사람. 다만, 본인이 구호를 거절하는 경우는 제외한다.

## 1. 의의 및 법적 성질

보호조치란 자기 또는 타인의 생명·신체·재산에 위해를 가할 우려가 있는 자에 대해 그 위해를 방지하기 위하여 잠정적으로 신체의 자유를 제한하는 조치를 말한다. **보호조치**는 제4조 제1항이 '~ 적절한 조치를 할 수 있다.'라고 규정하고 있으므로 **재량행위**의 성격을 갖는다. 그러나 그 판단은 보호조치의 취지와 목적에 비추어 현저하게 불합리하여서는 아니 되며, 술에 취하여 응급구호가 필요한 자를 가족에게 인계할 수 있다면 특별한 사정이 없는 한 경찰관서에서 보호하는 것은 허용되지 않는다.

보호조치는 **강제보호(즉시강제)**와 **임의보호(비권력적 사실행위)**로 나눌 수 있다. 경찰관직무집행법 제4조 제1항 **제1호** 및 **제2호**는 본인의 의사와 관계없이 이루어진다는 점에서 **강제보호**에 해당하며, **제3호**는 본인의 거절 의사표시가 있는 경우에는 불가능하다는 점에서 **임의보호**에 해당한다. 따라서 술에 취한 상태로 인하여 자기 또는 타인의 생명·신체와 재산에 위해를 미칠 우려가 있는 피구호자에 대한 보호조치(**제1호**)는 경찰 행정상 **즉시강제**에 해당하므로, 그 조치가 불가피한 최소한도 내에서만 행사되도록 발동·행사 요건을 신중하고 엄격하게 해석하여야 한다.

---

확인 문제

▶ 경찰관의 보호조치의 발동에 관하여는 재량이 인정되므로 술에 취하여 응급구호가 필요한 자를 가족에게 인계할 수 있음에도 특별한 사정없이 경찰관서에 보호조치하는 것은 위법이라 할 수 없다. *(2020 국가직 7급)*  O X

▶ 술에 취한 상태로 인하여 자기 또는 타인의 생명·신체와 재산에 위해를 미칠 우려가 있는 피구호자에 대한 보호조치는 경찰 행정상 즉시강제에 해당하므로, 그 조치가 불가피한 최소한도 내에서만 행사되도록 발동·행사 요건을 신중하고 엄격하게 해석하여야 한다. *(2019 국가직 7급)*  O X

정답 128 페이지

> **판례** 경찰관직무집행법 제4조 제1항 제1호의 '술에 취한 상태'란 피구호자가 술에 만취하여 정상적인 판단능력이나 의사능력을 상실할 정도에 이른 것을 말하고, 이 사건 조항에 따른 보호조치를 필요로 하는 피구호자에 해당하는지는 구체적인 상황을 고려하여 경찰관 평균인을 기준으로 판단하되, 그 판단은 보호조치의 취지와 목적에 비추어 현저하게 불합리하여서는 아니 되며, 피구호자의 가족 등에게 피구호자를 인계할 수 있다면 특별한 사정이 없는 한 경찰관서에서 피구호자를 보호하는 것은 허용되지 않는다(대판 2012.12.13. 2012도11162).

> **판례** 경찰관직무집행법 제4조 제1항 제1호에서 규정하는 술에 취한 상태로 인하여 자기 또는 타인의 생명·신체와 재산에 위해를 미칠 우려가 있는 피구호자에 대한 보호조치는 경찰 행정상 즉시강제에 해당하므로, 그 조치가 불가피한 최소한도 내에서만 행사되도록 발동·행사 요건을 신중하고 엄격하게 해석하여야 한다(대판 2012.12.13. 2012도11162).

## 2. 긴급구호요청에 대한 거절금지

**경찰관직무집행법 제4조 (보호조치 등)**

② 제1항에 따라 긴급구호를 요청받은 보건의료기관이나 공공구호기관은 정당한 이유 없이 긴급구호를 거절할 수 없다.

## 3. 임시영치

**경찰관직무집행법 제4조 (보호조치 등)**

③ 경찰관은 제1항의 조치를 하는 경우에 구호대상자가 휴대하고 있는 무기·흉기 등 위험을 일으킬 수 있는 것으로 인정되는 물건을 경찰관서에 임시로 영치(領置)하여 놓을 수 있다.

## 4. 사후조치 및 보호기간

**경찰관직무집행법 제4조 (보호조치 등)**

④ 경찰관은 제1항의 조치를 하였을 때에는 지체 없이 구호대상자의 가족, 친지 또는 그 밖의 연고자에게 그 사실을 알려야 하며, 연고자가 발견되지 아니할 때에는 구호대상자를 적당한 공공보건의료기관이나 공공구호기관에 즉시 인계하여야 한다.
⑤ 경찰관은 제4항에 따라 구호대상자를 공공보건의료기관이나 공공구호기관에 인계하였을 때에는 즉시 그 사실을 소속 경찰서장이나 해양경찰서장에게 보고하여야 한다.

⑥ 제5항에 따라 보고를 받은 소속 경찰서장이나 해양경찰서장은 대통령령으로 정하는 바에 따라 구호대상자를 인계한 사실을 지체 없이 해당 공공보건의료기관 또는 공공구호기관의 장 및 그 감독행정청에 통보하여야 한다.

⑦ 제1항에 따라 구호대상자를 경찰관서에서 보호하는 기간은 24시간을 초과할 수 없고, 제3항에 따라 물건을 경찰관서에 임시로 영치하는 기간은 10일을 초과할 수 없다.

## Ⅲ. 위험발생 방지조치

**경찰관직무집행법 제5조 (위험 발생의 방지 등)**

① 경찰관은 사람의 생명 또는 신체에 위해를 끼치거나 재산에 중대한 손해를 끼칠 우려가 있는 천재(天災), 사변(事變), 인공구조물의 파손이나 붕괴, 교통사고, 위험물의 폭발, 위험한 동물 등의 출현, 극도의 혼잡, 그 밖의 위험한 사태가 있을 때에는 다음 각 호의 조치를 할 수 있다.

1. 그 장소에 모인 사람, 사물(事物)의 관리자, 그 밖의 관계인에게 필요한 **경고**를 하는 것

2. 매우 긴급한 경우에는 위해를 입을 우려가 있는 사람을 필요한 한도에서 억류하거나 피난시키는 것

3. 그 장소에 있는 사람, 사물의 관리자, 그 밖의 관계인에게 위해를 방지하기 위하여 필요하다고 인정되는 조치를 하게 하거나 직접 그 조치를 하는 것

② 경찰관서의 장은 대간첩 작전의 수행이나 소요(騷擾) 사태의 진압을 위하여 필요하다고 인정되는 상당한 이유가 있을 때에는 대간첩 작전지역이나 경찰관서·무기고 등 국가중요시설에 대한 접근 또는 통행을 제한하거나 금지할 수 있다.

③ 경찰관은 제1항의 조치를 하였을 때에는 지체 없이 그 사실을 소속 경찰관서의 장에게 보고하여야 한다.

④ 제2항의 조치를 하거나 제3항의 보고를 받은 경찰관서의 장은 관계 기관의 협조를 구하는 등 적절한 조치를 하여야 한다.

### 1. 의의

경찰관직무집행법상 위험발생의 방지조치는 경찰관의 재량행위에 해당하지만, 구체적인 사정에 따라 경찰관이 그 권한을 행사하여 필요한 조치를 취하지 아니하는 것이 **현저하게 불합리하다고 인정**되는 경우에는 그러한 권한의 불행사는 직무상의 의무를 위반한 것이 되어 **위법**하다.

## 2. 경고

**경고**란 위험이 존재한다는 사실을 알리고 이에 대비하도록 하는 **위험 관련 지도·권고**를 말한다. 경고는 대외적 구속력이 없으므로 비권력적 사실행위에 해당한다.

## 3. 억류 및 피난

억류란 위험한 장소로 가는 것을 통제하는 것을 말하며, 피난이란 위험한 장소로부터 떠나는 것을 강제하는 것을 의미한다. 억류·피난은 즉시강제에 해당하므로 당사자의 의사에 반하여 강제로 이루어질 수 있지만, 침익적 행정이므로 법적인 근거가 있어야 한다.

## Ⅳ. 범죄의 예방과 제지

**경찰관직무집행법 제6조 (범죄의 예방과 제지)**

경찰관은 범죄행위가 목전(目前)에 행하여지려고 하고 있다고 인정될 때에는 이를 **예방**하기 위하여 관계인에게 필요한 경고를 하고, 그 행위로 인하여 사람의 생명·신체에 위해를 끼치거나 재산에 중대한 손해를 끼칠 우려가 있는 긴급한 경우에는 그 행위를 **제지**할 수 있다.

경찰관직무집행법 제6조에 의한 **경찰관의 범죄예방을 위한 제지조치**는 경찰행정상 **즉시강제**이자 **권력적 사실행위**에 해당한다. 경찰관의 제지조치가 적법한지 여부는 **제지조치 당시의 구체적 상황**을 기초로 판단하여야 하고 **사후적**으로 순수한 객관적 기준에서 판단할 것은 **아니다**.

> **판례** 경찰관의 제지 조치가 적법한지 여부는 **제지 조치 당시의 구체적 상황**을 기초로 판단하여야 하고 **사후적**으로 순수한 객관적 기준에서 판단할 것은 **아니다**(대판 2013.6.13. 2012도9937).

---

**확인 문제**

▶ 「경찰관 직무집행법」에 의거한 경찰관의 범죄예방을 위한 제지조치는 경찰행정상 즉시강제이자 권력적 사실행위에 해당한다. 〈2018 지방직 7급〉  ⃞O ⃞X

▶ 「경찰관 직무집행법」상 범죄행위 예방을 위한 경찰관의 제지 조치가 적법한지 여부는 제지 조치 당시의 구체적 상황을 기초로 판단하여야 할 뿐만 아니라 사후적으로 순수한 객관적 기준에 의해서도 판단되어야 한다. 〈2019 지방직 7급〉  ⃞O ⃞X

# V. 위험 방지를 위한 출입

**경찰관직무집행법 제7조 (위험 방지를 위한 출입)**

① 경찰관은 제5조 제1항·제2항 및 제6조에 따른 위험한 사태가 발생하여 사람의 생명·신체 또는 재산에 대한 위해가 임박한 때에 그 위해를 방지하거나 피해자를 구조하기 위하여 부득이하다고 인정하면 합리적으로 판단하여 필요한 한도에서 다른 사람의 토지·건물·배 또는 차에 출입할 수 있다.

② 흥행장(興行場), 여관, 음식점, 역, 그 밖에 많은 사람이 출입하는 장소의 관리자나 그에 준하는 관계인은 경찰관이 범죄나 사람의 생명·신체·재산에 대한 위해를 예방하기 위하여 해당 장소의 영업시간이나 해당 장소가 일반인에게 공개된 시간에 그 장소에 출입하겠다고 요구하면 정당한 이유 없이 그 요구를 거절할 수 없다.

③ 경찰관은 대간첩 작전 수행에 필요할 때에는 작전지역에서 제2항에 따른 장소를 검색할 수 있다.

④ 경찰관은 제1항부터 제3항까지의 규정에 따라 필요한 장소에 출입할 때에는 그 신분을 표시하는 증표를 제시하여야 하며, 함부로 관계인이 하는 정당한 업무를 방해해서는 아니 된다.

# VI. 경찰장비의 사용

**경찰관직무집행법 제10조 (경찰장비의 사용 등)**

① 경찰관은 직무수행 중 경찰장비를 사용할 수 있다. 다만, 사람의 생명이나 신체에 위해를 끼칠 수 있는 경찰장비(이하 이 조에서 "위해성 경찰장비"라 한다)를 사용할 때에는 필요한 안전교육과 안전검사를 받은 후 사용하여야 한다.

② 제1항 본문에서 **"경찰장비"**란 무기, 경찰장구(警察裝具), 최루제(催淚劑)와 그 발사장치, 살수차, 감식기구(鑑識機具), 해안 감시기구, 통신기기, 차량·선박·항공기 등 경찰이 직무를 수행할 때 필요한 장치와 기구를 말한다.

③ 경찰관은 경찰장비를 함부로 개조하거나 경찰장비에 임의의 장비를 부착하여 일반적인 사용법과 달리 사용함으로써 다른 사람의 생명·신체에 위해를 끼쳐서는 아니 된다.

④ 위해성 경찰장비는 필요한 최소한도에서 사용하여야 한다.

⑤ 경찰청장은 위해성 경찰장비를 새로 도입하려는 경우에는 대통령령으로 정하는 바에 따라 안전성 검사를 실시하여 그 안전성 검사의 결과보고서를 국회 소관 상임위원회에 제출하여야 한다. 이 경우 안전성 검사에는 외부 전문가를 참여시켜야 한다.

⑥ 위해성 경찰장비의 종류 및 그 사용기준, 안전교육·안전검사의 기준 등은 대통령령으로 정한다.

**경찰관직무집행법 제10조의2 (경찰장구의 사용)**

① 경찰관은 다음 각 호의 직무를 수행하기 위하여 필요하다고 인정되는 상당한 이유가 있을 때에는 그 사태를 합리적으로 판단하여 필요한 한도에서 **경찰장구**를 사용할 수 있다.

1. 현행범이나 사형·무기 또는 장기 3년 이상의 징역이나 금고에 해당하는 죄를 범한 범인의 체포 또는 도주 방지

2. 자신이나 다른 사람의 생명·신체의 방어 및 보호

3. 공무집행에 대한 항거 제지

② 제1항에서 "경찰장구"란 경찰관이 휴대하여 범인 검거와 범죄 진압 등의 직무 수행에 사용하는 수갑, 포승(捕繩), 경찰봉, 방패 등을 말한다.

**경찰관직무집행법 제10조의3 (분사기 등의 사용)**

경찰관은 다음 각 호의 직무를 수행하기 위하여 부득이한 경우에는 현장책임자가 판단하여 필요한 최소한의 범위에서 분사기(「총포·도검·화약류 등의 안전관리에 관한 법률」에 따른 분사기를 말하며, 그에 사용하는 최루 등의 작용제를 포함한다. 이하 같다) 또는 최루탄을 사용할 수 있다.

1. 범인의 체포 또는 범인의 도주 방지

2. 불법집회·시위로 인한 자신이나 다른 사람의 생명·신체와 재산 및 공공시설 안전에 대한 현저한 위해의 발생 억제

**경찰관직무집행법 제10조의4 (무기의 사용)**

① 경찰관은 범인의 체포, 범인의 도주 방지, 자신이나 다른 사람의 생명·신체의 방어 및 보호, 공무집행에 대한 항거의 제지를 위하여 필요하다고 인정되는 상당한 이유가 있을 때에는 그 사태를 합리적으로 판단하여 필요한 한도에서 무기를 사용할 수 있다. 다만, 다음 각 호의 어느 하나에 해당할 때를 제외하고는 사람에게 위해를 끼쳐서는 아니 된다.

1. 「형법」에 규정된 정당방위와 긴급피난에 해당할 때

2. 다음 각 목의 어느 하나에 해당하는 때에 그 행위를 방지하거나 그 행위자를 체포하기 위하여 무기를 사용하지 아니하고는 다른 수단이 없다고 인정되는 상당한 이유가 있을 때

가. 사형·무기 또는 장기 3년 이상의 징역이나 금고에 해당하는 죄를 범하거나 범하였다고 의심할 만한 충분한 이유가 있는 사람이 경찰관의 직무집행에 항거하거나 도주하려고 할 때

나. 체포·구속영장과 압수·수색영장을 집행하는 과정에서 경찰관의 직무집행에 항거하거나 도주하려고 할 때

다. 제3자가 가목 또는 나목에 해당하는 사람을 도주시키려고 경찰관에게 항거할 때

라. 범인이나 소요를 일으킨 사람이 무기·흉기 등 위험한 물건을 지니고 경찰관으로부터 3회 이상 물건을 버리라는 명령이나 항복하라는 명령을 받고도 따르지 아니하면서 계속 항거할 때

3. 대간첩 작전 수행 과정에서 무장간첩이 항복하라는 경찰관의 명령을 받고도 따르지 아니할 때

② 제1항에서 "무기"란 사람의 생명이나 신체에 위해를 끼칠 수 있도록 제작된 권총·소총·도검 등을 말한다.

③ 대간첩·대테러 작전 등 국가안전에 관련되는 작전을 수행할 때에는 개인화기(個人火器) 외에 공용화기(共用火器)를 사용할 수 있다.

**경찰관직무집행법 제11조 (사용기록의 보관)**

제10조 제2항에 따른 살수차, 제10조의3에 따른 분사기, 최루탄 또는 제10조의4에 따른 무기를 사용하는 경우 그 책임자는 사용 일시·장소·대상, 현장책임자, 종류, 수량 등을 기록하여 보관하여야 한다.

경찰관은 **공무집행에 대한 항거 제지** 등 직무를 수행하기 위하여 필요하다고 인정되는 상당한 이유가 있을 때에는 그 사태를 합리적으로 판단하여 **필요한 한도**에서 경찰장구와 경찰무기로 수갑과 포승, 권총 등을 사용할 수 있다. 경찰관의 무기 사용이 법률에 정한 요건을 충족하는지 여부를 판단함에 있어서 (사람에게 위해를 가할 **위험성이 큰**) 권총의 사용에 있어서는 그 **요건을 더욱 엄격하게 판단**하여야 한다.

확인 문제

▶ 경찰관은 공무집행에 대한 항거 제지의 직무를 수행하기 위하여 필요하다고 인정되는 상당한 이유가 있을 때에는 그 사태를 합리적으로 판단하여 필요한 한도에서 경찰장구와 경찰무기로 수갑과 포승, 권총 등을 사용할 수 있다. *(2019 국가직 7급)*  O X

▶ 경찰관의 무기 사용이 법률에 정한 요건을 충족하는지 여부를 판단함에 있어, 사람에게 위해를 가할 위험성이 큰 권총의 사용에 있어서는 그 요건을 더욱 엄격하게 판단하여야 한다. *(2018 국가직 7급)*  O X

▶ 경찰관이 살수차, 분사기, 최루탄 또는 무기를 사용하는 경우 그 책임자는 사용 일시·장소·대상, 현장책임자, 종류, 수량 등을 기록하여 보관하여야 한다. *(2019 국가직 7급)*  O X

정답 128 페이지

# Ⅶ. 주차위반에 대한 조치

**도로교통법 제35조 (주차위반에 대한 조치)**

③ **경찰서장**이나 시장 등은 제2항에 따라 주차위반 차를 관할 경찰서나 경찰서장 또는 시장 등이 지정하는 곳으로 **이동**시킨 경우에는 선량한 관리자로서의 주의의무를 다하여 **보관**하여야 하며, 그 사실을 차의 사용자(소유자 또는 소유자로부터 차의 관리에 관한 위탁을 받은 사람을 말한다. 이하 같다)나 운전자에게 신속히 알리는 등 반환에 필요한 조치를 하여야 한다.

⑥ 제2항부터 제5항까지의 규정에 따른 주차위반 차의 <u>이동·보관·공고·매각 또는 폐차 등에 들어간 비용은 그 차의 사용자가 부담한다.</u> 이 경우 <u>그 비용의 징수에 관하여는 「행정대집행법」 제5조 및 제6조를 적용한다.</u>

**도로교통법 제36조 (차의 견인 및 보관업무 등의 대행)**

① **경찰서장**이나 시장 등은 <u>제35조에 따라 견인하도록 한 차의 견인·보관 및 반환 업무의 전부 또는 일부를 그에 필요한 인력·시설·장비 등 자격요건을 갖춘 법인·단체 또는 개인(이하 "법인 등"이라 한다)으로 하여금 대행하게 할 수 있다.</u>

경찰서장이 주차위반 차를 이동하거나 보관한 경우에 이에 들어간 비용은 **그 차의 사용자가 부담**하며, 그 비용 징수는 「행정대집행법」이 정한 바에 따른다. 또한 경찰서장은 **주차위반 차의 견인·보관 업무**의 전부 또는 일부를 일정한 자격요건을 갖춘 법인·단체 또는 개인으로 하여금 **대행**하게 할 수 있다.

---

확인 문제

▶ 경찰서장이 주차위반 차를 이동하거나 보관한 경우에 이에 들어간 비용은 그 차의 사용자가 부담하며, 그 비용 징수는 「행정대집행법」이 정한 바에 따른다. *(2020 지방직 7급)* ○ X

▶ 경찰서장은 주차위반 차의 견인·보관 업무의 전부 또는 일부를 일정한 자격요건을 갖춘 법인·단체 또는 개인으로 하여금 대행하게 할 수 있다. *(2020 지방직 7급)* ○ X

정답 128 페이지

## 제4장 경찰작용의 한계

### Ⅰ. 법적인 한계

경찰권은 침익적 행정권이므로 법적인 근거가 있어야 발동할 수 있고, 근거 법령에서 정한 절차를 준수하여야 한다.

### Ⅱ. 조리상 한계

#### 1. 소극목적의 원칙

경찰작용은 공공의 안녕과 질서유지라는 소극 목적을 위해서만 발동될 수 있고, 복지증진 등의 적극적 목적을 위하여 발동될 수 없다.

#### 2. 공공의 원칙

경찰권은 공공의 안녕과 질서의 유지를 위하여만 발동될 수 있고, 그와 직접적인 관계가 없는 개인의 생활 활동에 대하여는 원칙적으로 관여할 수 없다.

##### 1) 사생활 불가침

경찰은 개인의 사생활이나 행동에 간섭할 수 없다. 다만, 사생활이더라도 공공의 안녕과 질서에 위해를 주는 경우에는 경찰권발동의 대상이 된다. 예로는 마약투여, 청소년 음주, 전염병환자에 대한 격리조치 등이 있다.

##### 2) 사주소 불가침

사주소란 개인의 주거용 거주지뿐만 아니라 회사, 사무소, 연구실 등의 비주거용 거주지도 포함한다. 경찰은 원칙적으로 사주소에 진입할 수 없지만, 공공의 안녕이나 질서에 위해를 가하는 경우에는 법이 정한 한도 내에서 경찰권이 발동될 수 있다. 예를 들어, 주변에 과도하게 불편을 주는 소음을 발생시키는 거주지 내 행위가 있다면 사주소(거주지)에 진입하여 통제할 수 있다.

##### 3) 사적관계 불가침

경찰은 민사관계에 개입할 수 없는 것이 원칙이다. 다만, 경찰의 도움 없이는 개인이 사적인 권리를 실현할 수 없거나 실현 자체가 어려운 경우에는 사적관계에 관여할 수 있다.

## 3. 비례의 원칙(최소침해의 원칙)

경찰관직무집행법에 규정된 경찰관의 직권은 그 직무 수행에 필요한 **최소한도**에서 행사되어야 하며 남용되어서는 안 된다(경찰관직무집행법 제1조 제2항). 직무 수행은 국민에게 침익(침해)을 최소한도로 주는 수준에서 공익적 목적을 잘 달성할 수 있게 이루어져야 한다. 비례의 원칙 중 하나라도 위반하게 되면 위법하게 되므로, 경찰관은 직무 수행에 있어서 신중해야 한다.

## 4. 평등의 원칙

경찰권 발동에 있어서 국민의 성별·종교·사회적 신분·인종 등을 이유로 불합리한 차별을 하여서는 안 된다.

## 5. 경찰책임의 원칙

### 1) 의의

국가 공동체의 모든 구성원(**국민**)은 자신의 **행위**나 자신이 지배하는 **물건**으로 인하여 공공의 안녕이나 질서에 대한 위해가 발생하지 않도록 하여야 할 **경찰상의 의무**가 있으며, 그 의무를 위반한 자는 위협의 발생·제거에 책임이 있는 자(**경찰책임자**)라고 한다. 경찰권은 이러한 책임이 있는 자(경찰책임자)에 대해서 발동할 수 있다.

### 2) 주체(경찰책임자)

#### ① 자연인과 사법인

경찰책임은 주로 국가 공동체의 구성원인 **국민**이 지게 된다. 이 국민에는 자연인뿐만 아니라 사법인도 포함되며 권리능력 없는 사단도 포함된다고 본다. 또한, 고의나 과실이 없었다 하더라도 **공공의 안녕이나 질서에 대한 위해가 발생하게 하였다면** 경찰책임을 부담한다. 따라서 행위능력이나 의사능력 없는 자연인도 경찰책임자가 될 수 있다. 다만, 이들에 대한 경찰권의 발동으로 인한 의무부과처분은 법정대리인에게 송달된다.

#### ② 행정기관과 공법인

행정기관이나 공법인도 국가 공동체의 구성원이므로 공공의 안녕과 질서에 대한 위해를 방지할 의무가 있다. 따라서 경찰책임을 부담한다.

### 3) 종류

**① 행위책임**

**㉠ 의의**

공공의 안녕이나 질서에 대한 위해가 특정인의 **행위**에 의하여 발생한 경우 그 행위자가 부담하는 경찰책임을 의미한다. 행위책임에서의 '행위'는 작위뿐만 아니라 부작위도 포함된다. **행위책임**은 행위자에게 의사능력이나 행위능력이 있었는지, 고의나 과실이 있었는지 여부를 따지지 않는 **객관적 책임**이다. 보호자나 감독자에게도 행위책임이 인정된다.

**㉡ 성질**

행위책임이 인정되기 위해서는 행위와 위해 발생 사이에 인과관계가 있어야 한다. 판례는 인과관계를 검토함에 있어서 직접원인설의 입장이다. 경찰권의 발동이 당사자에게 침익적 행정임이 분명하므로 인과관계를 폭넓게 인정할 수는 없고 공공의 안녕과 질서에 대한 위해를 직접 발생시키는 행위만이 경찰책임의 대상이라는 것이다. 다만, 직접원인자의 행위를 의도적으로 발생시킨 자는 간접적인 원인자이지만 경찰책임을 부담한다.

**② 상태책임**

**㉠ 의의**

공공의 안녕이나 질서에 대한 위해가 해당 **물건의 상태**로부터 발생한 경우 물건의 소유자 또는 관리자와 같은 물건에 대하여 지배력을 행사할 수 있는 자는 상태책임자로서 경찰권 발동의 대상이 된다. 사실상 지배력을 행사할 수 있는 자(관리인, 점유자 등)가 1차 상태책임을 부담하고 소유권자가 2차 상태책임을 부담하는 것이 일반적이다. 다만, 절도처럼 사실상 지배력을 미치고 있는 자(점유자 등)가 소유자의 의사와 상관없이 지배력을 행사하고 있는 경우에는 소유권자는 2차적 상태책임을 부담하지 않는다.

**㉡ 성질**

상태책임은 행위책임과 달리 개인의 행위에 의하여 위험이 야기되는 것이 아니라 **물건의 상태** 그 자체가 위험의 사유가 된다. 따라서 자연재해 등 불가항력적인 요소에 의한 **물건의 상태변화**로 공공의 안녕이나 질서에 위해가 발생한 경우에 상태책임을 물을 수 있을지가 논의된다.

## 4) 경합

다수의 행위책임자가 경합 또는 다수의 상태책임자가 경합 또는 다수의 행위책임자와 상태책임자가 경합하는 경우에 누구를 상대로 경찰권을 발동하여야 하는지가 문제될 수 있다. 경찰은 효과적인 위해방지의 관점·책임자의 이행능력·비용의 부담 등을 종합적으로 고려하여 합목적적인 관점에서 재량권을 행사하여 경찰권을 발동할 대상자를 선택하여야 한다.

## 5) 승계

경찰책임자가 사망하거나 물건을 양도한 경우, 경찰책임이 상속인이나 양수인에게 승계되는지가 문제가 되는데 이를 경찰책임의 승계 논의라고 한다.

### ① 행위책임

다수설, 판례에 의하면 **행위책임**은 특정인의 행위를 전제로 하는 **인적책임**에 해당하므로 원칙적으로 경찰책임이 양수인에게 승계되지는 않는다고 본다.

### ② 상태책임

다수설, 판례에 의하면 **상태책임**은 특정 물건의 상태를 전제로 하는 **물적책임**에 해당하므로 (물건을 대상으로 하기 때문에) 물건이 이전되면 경찰책임도 승계된다고 본다. 물론, 경찰책임이 승계된다 하더라도 경찰권 발동이 침익적 행정이기 때문에 책임승계자에 대해 경찰권 발동에 대한 법적 근거가 구체적으로 명시되어 있어야 한다.

## 6) 제3자(경찰비책임자)에 대한 경찰권 발동

### ① 의의

경찰권은 원칙적으로 경찰책임자에게 발동되어야 한다. 다만, 법령에 근거가 있으면 제3자(경찰비책임자)에게도 경찰권이 발동될 수 있다.

### ② 요건

경찰책임자가 아닌 제3자에게 경찰권을 발동하기 위해서는 급박한 위험으로 경찰권 발동이 불가피하고, 경찰책임자에 대해 경찰권을 발동할 수 없거나 발동해도 위해를 제거하기 어려우며, 경찰기관 스스로 위해를 제거할 수 없어 제3자(경찰비책임자)의 조력이 필요하고, 경찰비책임자가 경찰권 발동으로 인하여 현저한 위험에 직면하거나 또는 불이익을 받지 않는 한도 내에서만 경찰비책임자에 대한 경찰권 발동이 인정된다.

③ 경찰비책임자에 대한 손실보상

**경찰관직무집행법 제11조의2 (손실보상)**

① 국가는 경찰관의 적법한 직무집행으로 인하여 다음 각 호의 어느 하나에 해당하는 손실을 입은 자에 대하여 정당한 보상을 하여야 한다.

1. 손실발생의 원인에 대하여 책임이 없는 자가 생명·신체 또는 재산상의 손실을 입은 경우(손실발생의 원인에 대하여 책임이 없는 자가 경찰관의 직무집행에 자발적으로 협조하거나 물건을 제공하여 생명·신체 또는 재산상의 손실을 입은 경우를 포함한다)

2. 손실발생의 원인에 대하여 책임이 있는 자가 **자신의 책임에 상응하는 정도를 초과**하는 생명·신체 또는 재산상의 **손실**을 입은 경우

② 제1항에 따른 보상을 청구할 수 있는 권리는 **손실이 있음을 안 날부터 3년, 손실이 발생한 날부터 5년간** 행사하지 아니하면 시효의 완성으로 소멸한다.

경찰관의 적법한 직무집행으로 인하여, 손실발생의 원인에 대하여 책임이 없는 자가 생명·신체 또는 재산상의 손실을 입은 경우뿐만 아니라 손실발생의 원인에 대하여 책임이 있는 자가 **자신의 책임에 상응하는 정도를 초과**하는 생명·신체 또는 재산상의 **손실**을 입은 경우에도 **국가**는 그 자에 대하여 **정당한 보상**을 하여야 한다.

확인 문제

▶ 경찰관의 적법한 직무집행으로 인하여 손실발생의 원인에 대하여 책임이 있는 자가 자신의 책임에 상응하는 정도를 초과하는 재산상의 손실을 입은 경우, 국가는 그 자에 대하여 정당한 보상을 하여야 한다. 〈2018 지방직 7급〉  ｜O｜X｜

▶ 국가는 경찰관의 적법한 직무집행으로 인하여 손실발생의 원인에 대하여 책임이 있는 자가 자신의 책임에 상응하는 정도의 재산상의 손실을 입은 경우 그 손실을 입은 자에게 정당한 보상을 하여야 한다. 〈2019 국가직 7급〉  ｜O｜X｜

▶ 경찰관의 적법한 직무집행으로 인하여, 손실발생의 원인에 대하여 책임이 없는 자가 생명·신체 또는 재산상의 손실을 입은 경우 국가는 정당한 보상을 하여야 하되, 손실보상의 청구는 손실이 발생한 날부터 3년간 행사하지 않으면 소멸한다. 〈2020 지방직 7급〉  ｜O｜X｜

정답 128 페이지

**경찰관직무집행법 제11조의3 (범인검거 등 공로자 보상)**

① **경찰청장, 시·도경찰청장 또는 경찰서장**은 다음 각 호의 어느 하나에 해당하는 사람에게 **보상금을 지급**할 수 있다.

1. 범인 또는 범인의 소재를 신고하여 검거하게 한 사람

2. 범인을 검거하여 경찰공무원에게 인도한 사람

3. 테러범죄의 예방활동에 현저한 공로가 있는 사람

4. 그 밖에 제1호부터 제3호까지의 규정에 준하는 사람으로서 대통령령으로 정하는 사람

② 경찰청장, 시·도경찰청장 및 경찰서장은 제1항에 따른 **보상금 지급의 심사**를 위하여 대통령령으로 정하는 바에 따라 각각 **보상금심사위원회를 설치·운영**하여야 한다.

③ 제2항에 따른 보상금심사위원회는 위원장 1명을 포함한 5명 이내의 위원으로 구성한다.

④ 제2항에 따른 보상금심사위원회의 위원은 소속 경찰공무원 중에서 경찰청장, 시·도경찰청장 또는 경찰서장이 임명한다.

⑤ 경찰청장, 시·도경찰청장 또는 경찰서장은 제2항에 따른 보상금심사위원회의 심사·의결에 따라 보상금을 지급하고, 거짓 또는 부정한 방법으로 보상금을 받은 사람에 대하여는 해당 보상금을 환수한다.

⑥ 경찰청장, 시·도경찰청장 또는 경찰서장은 제5항에 따라 보상금을 반환하여야 할 사람이 대통령령으로 정한 기한까지 그 금액을 납부하지 아니한 때에는 국세 체납처분의 예에 따라 징수할 수 있다.

⑦ 제1항에 따른 보상 대상, 보상금의 지급 기준 및 절차, 제2항 및 제3항에 따른 보상금심사위원회의 구성 및 심사사항, 제5항 및 제6항에 따른 환수절차, 그 밖에 보상금 지급에 관하여 필요한 사항은 대통령령으로 정한다.

**경찰청장, 시·도경찰청장 또는 경찰서장**은 범인 또는 범인의 소재를 신고하여 검거하게 한 사람, 범인을 검거하여 경찰공무원에게 인도한 사람, 테러범죄의 예방활동에 현저한 공로가 있는 사람 등에게 **보상금심사위원회의 심사·의결**에 따라 **보상금을 지급**할 수 있다.

확인 문제

▶ 경찰서장은 범인을 검거하여 경찰공무원에게 인도한 사람에게 보상금심사위원회의 심사·의결에 따라 보상금을 지급할 수 있다. *(2020 지방직 7급)*　　O X

정답　128 페이지

## 제6장    경찰관직무집행법 조문

## 제1조 (목적)

① 이 법은 국민의 자유와 권리 및 모든 개인이 가지는 불가침의 기본적 인권을 보호하고 사회공공의 질서를 유지하기 위한 경찰관(경찰공무원만 해당한다. 이하 같다)의 직무 수행에 필요한 사항을 규정함을 목적으로 한다.

② 이 법에 규정된 경찰관의 직권은 그 직무 수행에 필요한 최소한도에서 행사되어야 하며 남용되어서는 아니 된다.

## 제2조 (직무의 범위)

1. 국민의 생명·신체 및 재산의 보호

2. 범죄의 예방·진압 및 수사

2의2. 범죄피해자 보호

3. 경비, 주요 인사(人士) 경호 및 대간첩·대테러 작전 수행

4. 공공안녕에 대한 위험의 예방과 대응을 위한 정보의 수집·작성 및 배포

5. 교통 단속과 교통 위해(危害)의 방지

6. 외국 정부기관 및 국제기구와의 국제협력

7. 그 밖에 공공의 안녕과 질서 유지

## 제3조 (불심검문)

① 경찰관은 다음 각 호의 어느 하나에 해당하는 사람을 정지시켜 질문할 수 있다.

1. 수상한 행동이나 그 밖의 주위 사정을 합리적으로 판단하여 볼 때 어떠한 죄를 범하였거나 범하려 하고 있다고 의심할 만한 상당한 이유가 있는 사람

2. 이미 행하여진 범죄나 행하여지려고 하는 범죄행위에 관한 사실을 안다고 인정되는 사람

② 경찰관은 제1항에 따라 같은 항 각 호의 사람을 정지시킨 장소에서 질문을 하는 것이 그 사람에게 불리하거나 교통에 방해가 된다고 인정될 때에는 질문을 하기 위하여 가까운 경찰서·지구대·파출소 또는 출장소(지방해양경찰관서를 포함하며, 이하 "경찰관서"라 한다)로 동행할 것을 요구할 수 있다. 이 경우 동행을 요구받은 사람은 그 요구를 거절할 수 있다.

③ 경찰관은 제1항 각 호의 어느 하나에 해당하는 사람에게 질문을 할 때에 그 사람이 흉기를 가지고 있는지를 조사할 수 있다.

④ 경찰관은 제1항이나 제2항에 따라 질문을 하거나 동행을 요구할 경우 자신의 신분을 표시하는 증표를 제시하면서 소속과 성명을 밝히고 질문이나 동행의 목적과 이유를 설명하여야 하며, 동행을 요구하는 경우에는 동행 장소를 밝혀야 한다.

⑤ 경찰관은 제2항에 따라 동행한 사람의 가족이나 친지 등에게 동행한 경찰관의 신분, 동행 장소, 동행 목적과 이유를 알리거나 본인으로 하여금 즉시 연락할 수 있는 기회를 주어야 하며, 변호인의 도움을 받을 권리가 있음을 알려야 한다.

⑥ 경찰관은 제2항에 따라 동행한 사람을 6시간을 초과하여 경찰관서에 머물게 할 수 없다.

⑦ 제1항부터 제3항까지의 규정에 따라 질문을 받거나 동행을 요구받은 사람은 형사소송에 관한 법률에 따르지 아니하고는 신체를 구속당하지 아니하며, 그 의사에 반하여 답변을 강요당하지 아니한다.

## 제4조 (보호조치 등)

① 경찰관은 수상한 행동이나 그 밖의 주위 사정을 합리적으로 판단해 볼 때 다음 각 호의 어느 하나에 해당하는 것이 명백하고 응급구호가 필요하다고 믿을 만한 상당한 이유가 있는 사람(이하 "구호대상자"라 한다)을 발견하였을 때에는 보건의료기관이나 공공구호기관에 긴급구호를 요청하거나 경찰관서에 보호하는 등 적절한 조치를 할 수 있다.

1. 정신착란을 일으키거나 **술에 취하여** 자신 또는 다른 사람의 생명·신체·재산에 위해를 끼칠 우려가 있는 사람

2. 자살을 시도하는 사람

3. 미아, 병자, 부상자 등으로서 적당한 보호자가 없으며 응급구호가 필요하다고 인정되는 사람. 다만, 본인이 구호를 거절하는 경우는 제외한다.

② 제1항에 따라 긴급구호를 요청받은 보건의료기관이나 공공구호기관은 정당한 이유 없이 긴급구호를 거절할 수 없다.

③ 경찰관은 제1항의 조치를 하는 경우에 구호대상자가 휴대하고 있는 무기·흉기 등 위험을 일으킬 수 있는 것으로 인정되는 물건을 경찰관서에 임시로 영치(領置)하여 놓을 수 있다.

④ 경찰관은 제1항의 조치를 하였을 때에는 지체 없이 구호대상자의 가족, 친지 또는 그 밖의 연고자에게 그 사실을 알려야 하며, 연고자가 발견되지 아니할 때에는 구호대상자를 적당한 공공보건의료기관이나 공공구호기관에 즉시 인계하여야 한다.

⑤ 경찰관은 제4항에 따라 구호대상자를 공공보건의료기관이나 공공구호기관에 인계하였을 때에는 즉시 그 사실을 소속 경찰서장이나 해양경찰서장에게 보고하여야 한다.

⑥ 제5항에 따라 보고를 받은 소속 경찰서장이나 해양경찰서장은 대통령령으로 정하는 바에 따라 구호대상자를 인계한 사실을 지체 없이 해당 공공보건의료기관 또는 공공구호기관의 장 및 그 감독행정청에 통보하여야 한다.

⑦ 제1항에 따라 구호대상자를 경찰관서에서 보호하는 기간은 24시간을 초과할 수 없고, 제3항에 따라 물건을 경찰관서에 임시로 영치하는 기간은 10일을 초과할 수 없다.

## 제5조 (위험 발생의 방지 등)

① 경찰관은 사람의 생명 또는 신체에 위해를 끼치거나 재산에 중대한 손해를 끼칠 우려가 있는 천재(天災), 사변(事變), 인공구조물의 파손이나 붕괴, 교통사고, 위험물의 폭발, 위험한 동물 등의 출현, 극도의 혼잡, 그 밖의 위험한 사태가 있을 때에는 다음 각 호의 조치를 할 수 있다.

1. 그 장소에 모인 사람, 사물(事物)의 관리자, 그 밖의 관계인에게 필요한 경고를 하는 것

2. 매우 긴급한 경우에는 위해를 입을 우려가 있는 사람을 필요한 한도에서 억류하거나 피난시키는 것

3. 그 장소에 있는 사람, 사물의 관리자, 그 밖의 관계인에게 위해를 방지하기 위하여 필요하다고 인정되는 조치를 하게 하거나 직접 그 조치를 하는 것

② 경찰관서의 장은 대간첩 작전의 수행이나 소요(騷擾) 사태의 진압을 위하여 필요하다고 인정되는 상당한 이유가 있을 때에는 대간첩 작전지역이나 경찰관서·무기고 등 국가중요시설에 대한 접근 또는 통행을 제한하거나 금지할 수 있다.

③ 경찰관은 제1항의 조치를 하였을 때에는 지체 없이 그 사실을 소속 경찰관서의 장에게 보고하여야 한다.

④ 제2항의 조치를 하거나 제3항의 보고를 받은 경찰관서의 장은 관계 기관의 협조를 구하는 등 적절한 조치를 하여야 한다.

## 제6조 (범죄의 예방과 제지)

경찰관은 범죄행위가 목전(目前)에 행하여지려고 하고 있다고 인정될 때에는 이를 **예방**하기 위하여 관계인에게 필요한 경고를 하고, 그 행위로 인하여 사람의 생명·신체에 위해를 끼치거나 재산에 중대한 손해를 끼칠 우려가 있는 긴급한 경우에는 그 행위를 **제지**할 수 있다.

## 제7조 (위험 방지를 위한 출입)

① 경찰관은 제5조 제1항·제2항 및 제6조에 따른 위험한 사태가 발생하여 사람의 생명·신체 또는 재산에 대한 위해가 임박한 때에 그 위해를 방지하거나 피해자를 구조하기 위하여 부득이하다고 인정하면 합리적으로 판단하여 필요한 한도에서 다른 사람의 토지·건물·배 또는 차에 출입할 수 있다.

② 흥행장(興行場), 여관, 음식점, 역, 그 밖에 많은 사람이 출입하는 장소의 관리자나 그에 준하는 관계인은 경찰관이 범죄나 사람의 생명·신체·재산에 대한 위해를 예방하기 위하여 해당 장소의 영업시간이나 해당 장소가 일반인에게 공개된 시간에 그 장소에 출입하겠다고 요구하면 정당한 이유 없이 그 요구를 거절할 수 없다.

③ 경찰관은 대간첩 작전 수행에 필요할 때에는 작전지역에서 제2항에 따른 장소를 검색할 수 있다.

④ 경찰관은 제1항부터 제3항까지의 규정에 따라 필요한 장소에 출입할 때에는 그 신분을 표시하는 증표를 제시하여야 하며, 함부로 관계인이 하는 정당한 업무를 방해해서는 아니 된다.

## 제8조 (사실의 확인 등)

① 경찰관서의 장은 직무 수행에 필요하다고 인정되는 상당한 이유가 있을 때에는 국가기관이나 공사(公私) 단체 등에 직무 수행에 관련된 사실을 조회할 수 있다. 다만, 긴급한 경우에는 소속 경찰관으로 하여금 현장에 나가 해당 기관 또는 단체의 장의 협조를 받아 그 사실을 확인하게 할 수 있다.

② 경찰관은 다음 각 호의 직무를 수행하기 위하여 필요하면 관계인에게 출석하여야 하는 사유·일시 및 장소를 명확히 적은 출석 요구서를 보내 경찰관서에 출석할 것을 요구할 수 있다.

1. 미아를 인수할 보호자 확인

2. 유실물을 인수할 권리자 확인

3. 사고로 인한 사상자(死傷者) 확인

4. 행정처분을 위한 교통사고 조사에 필요한 사실 확인

## 제8조의2 (정보의 수집 등)

① 경찰관은 범죄·재난·공공갈등 등 공공안녕에 대한 위험의 예방과 대응을 위한 정보의 수집·작성·배포와 이에 수반되는 사실의 확인을 할 수 있다.

② 제1항에 따른 정보의 구체적인 범위와 처리 기준, 정보의 수집·작성·배포에 수반되는 사실의 확인 절차와 한계는 대통령령으로 정한다.

## 제8조의3 (국제협력)

경찰청장 또는 해양경찰청장은 이 법에 따른 경찰관의 직무수행을 위하여 외국 정부기관, 국제 기구 등과 자료 교환, 국제협력 활동 등을 할 수 있다.

## 제9조 (유치장)

법률에서 정한 절차에 따라 체포·구속된 사람 또는 신체의 자유를 제한하는 판결이나 처분을 받은 사람을 수용하기 위하여 경찰서와 해양경찰서에 유치장을 둔다.

## 제10조 (경찰장비의 사용 등)

① 경찰관은 직무수행 중 경찰장비를 사용할 수 있다. 다만, 사람의 생명이나 신체에 위해를 끼칠 수 있는 경찰장비(이하 이 조에서 "위해성 경찰장비"라 한다)를 사용할 때에는 필요한 안전교육과 안전검사를 받은 후 사용하여야 한다.
② 제1항 본문에서 **"경찰장비"**란 무기, 경찰장구(警察裝具), 최루제(催淚劑)와 그 발사장치, 살수차, 감식기구(鑑識機具), 해안 감시기구, 통신기기, 차량·선박·항공기 등 경찰이 직무를 수행할 때 필요한 장치와 기구를 말한다.
③ 경찰관은 경찰장비를 함부로 개조하거나 경찰장비에 임의의 장비를 부착하여 일반적인 사용법과 달리 사용함으로써 다른 사람의 생명·신체에 위해를 끼쳐서는 아니 된다.
④ 위해성 경찰장비는 필요한 최소한도에서 사용하여야 한다.
⑤ 경찰청장은 위해성 경찰장비를 새로 도입하려는 경우에는 대통령령으로 정하는 바에 따라 안전성 검사를 실시하여 그 안전성 검사의 결과보고서를 국회 소관 상임위원회에 제출하여야 한다. 이 경우 안전성 검사에는 외부 전문가를 참여시켜야 한다.
⑥ 위해성 경찰장비의 종류 및 그 사용기준, 안전교육·안전검사의 기준 등은 대통령령으로 정한다.

## 제10조의2 (경찰장구의 사용)

① 경찰관은 다음 각 호의 직무를 수행하기 위하여 필요하다고 인정되는 상당한 이유가 있을 때에는 그 사태를 합리적으로 판단하여 필요한 한도에서 **경찰장구**를 사용할 수 있다.

1. 현행범이나 사형·무기 또는 장기 3년 이상의 징역이나 금고에 해당하는 죄를 범한 범인의 체포 또는 도주 방지

2. 자신이나 다른 사람의 생명·신체의 방어 및 보호

3. 공무집행에 대한 항거 제지

② 제1항에서 "경찰장구"란 경찰관이 휴대하여 범인 검거와 범죄 진압 등의 직무 수행에 사용하는 수갑, 포승(捕繩), 경찰봉, 방패 등을 말한다.

## 제10조의3 (분사기 등의 사용)

경찰관은 다음 각 호의 직무를 수행하기 위하여 부득이한 경우에는 현장책임자가 판단하여 필요한 최소한의 범위에서 분사기(「총포·도검·화약류 등의 안전관리에 관한 법률」에 따른 분사기를 말하며, 그에 사용하는 최루 등의 작용제를 포함한다. 이하 같다) 또는 최루탄을 사용할 수 있다.

1. 범인의 체포 또는 범인의 도주 방지

2. 불법집회·시위로 인한 자신이나 다른 사람의 생명·신체와 재산 및 공공시설 안전에 대한 현저한 위해의 발생 억제

## 제10조의4 (무기의 사용)

① 경찰관은 범인의 체포, 범인의 도주 방지, 자신이나 다른 사람의 생명·신체의 방어 및 보호, 공무집행에 대한 항거의 제지를 위하여 필요하다고 인정되는 상당한 이유가 있을 때에는 그 사태를 합리적으로 판단하여 필요한 한도에서 무기를 사용할 수 있다. 다만, 다음 각 호의 어느 하나에 해당할 때를 제외하고는 사람에게 위해를 끼쳐서는 아니 된다.

1. 「형법」에 규정된 정당방위와 긴급피난에 해당할 때

2. 다음 각 목의 어느 하나에 해당하는 때에 그 행위를 방지하거나 그 행위자를 체포하기 위하여 무기를 사용하지 아니하고는 다른 수단이 없다고 인정되는 상당한 이유가 있을 때

가. 사형·무기 또는 장기 3년 이상의 징역이나 금고에 해당하는 죄를 범하거나 범하였다고 의심할 만한 충분한 이유가 있는 사람이 경찰관의 직무집행에 항거하거나 도주하려고 할 때

나. 체포·구속영장과 압수·수색영장을 집행하는 과정에서 경찰관의 직무집행에 항거하거나 도주하려고 할 때

다. 제3자가 가목 또는 나목에 해당하는 사람을 도주시키려고 경찰관에게 항거할 때

라. 범인이나 소요를 일으킨 사람이 무기·흉기 등 위험한 물건을 지니고 경찰관으로부터 3회 이상 물건을 버리라는 명령이나 항복하라는 명령을 받고도 따르지 아니하면서 계속 항거할 때

3. 대간첩 작전 수행 과정에서 무장간첩이 항복하라는 경찰관의 명령을 받고도 따르지 아니할 때

② 제1항에서 **"무기"**란 사람의 생명이나 신체에 위해를 끼칠 수 있도록 제작된 권총·소총·도검 등을 말한다.

③ 대간첩·대테러 작전 등 국가안전에 관련되는 작전을 수행할 때에는 개인화기(個人火器) 외에 공용화기(共用火器)를 사용할 수 있다.

## 제11조 (사용기록의 보관)

제10조 제2항에 따른 살수차, 제10조의3에 따른 분사기, 최루탄 또는 제10조의4에 따른 무기를 사용하는 경우 그 책임자는 사용 일시·장소·대상, 현장책임자, 종류, 수량 등을 기록하여 보관하여야 한다.

## 제11조의2 (손실보상)

① 국가는 경찰관의 적법한 직무집행으로 인하여 다음 각 호의 어느 하나에 해당하는 손실을 입은 자에 대하여 정당한 보상을 하여야 한다.

1. 손실발생의 원인에 대하여 책임이 없는 자가 생명·신체 또는 재산상의 손실을 입은 경우(손실발생의 원인에 대하여 책임이 없는 자가 경찰관의 직무집행에 자발적으로 협조하거나 물건을 제공하여 생명·신체 또는 재산상의 손실을 입은 경우를 포함한다)

2. 손실발생의 원인에 대하여 책임이 있는 자가 **자신의 책임에 상응하는 정도를 초과**하는 생명·신체 또는 재산상의 **손실**을 입은 경우

② 제1항에 따른 보상을 청구할 수 있는 권리는 **손실이 있음을 안 날**부터 3년, **손실이 발생한 날**부터 5년간 행사하지 아니하면 시효의 완성으로 소멸한다.

③ 제1항에 따른 손실보상신청 사건을 심의하기 위하여 손실보상심의위원회를 둔다.

④ 경찰청장 또는 시·도경찰청장은 제3항의 손실보상심의위원회의 심의·의결에 따라 보상금을 지급하고, 거짓 또는 부정한 방법으로 보상금을 받은 사람에 대하여는 해당 보상금을 환수하여야 한다.

⑤ 보상금이 지급된 경우 손실보상심의위원회는 대통령령으로 정하는 바에 따라 국가경찰위원회에 심사자료와 결과를 보고하여야 한다. 이 경우 국가경찰위원회는 손실보상의 적법성 및 적정성 확인을 위하여 필요한 자료의 제출을 요구할 수 있다.

⑥ 경찰청장 또는 시·도경찰청장은 제4항에 따라 보상금을 반환하여야 할 사람이 대통령령으로 정한 기한까지 그 금액을 납부하지 아니한 때에는 국세 체납처분의 예에 따라 징수할 수 있다.

⑦ 제1항에 따른 손실보상의 기준, 보상금액, 지급 절차 및 방법, 제3항에 따른 손실보상심의위원회의 구성 및 운영, 제4항 및 제6항에 따른 환수절차, 그 밖에 손실보상에 관하여 필요한 사항은 대통령령으로 정한다.

## 제11조의3 (범인검거 등 공로자 보상)

① **경찰청장, 시·도경찰청장 또는 경찰서장**은 다음 각 호의 어느 하나에 해당하는 사람에게 **보상금을 지급**할 수 있다.

1. 범인 또는 범인의 소재를 신고하여 검거하게 한 사람

2. 범인을 검거하여 경찰공무원에게 인도한 사람

3. 테러범죄의 예방활동에 현저한 공로가 있는 사람

4. 그 밖에 제1호부터 제3호까지의 규정에 준하는 사람으로서 대통령령으로 정하는 사람

② 경찰청장, 시·도경찰청장 및 경찰서장은 제1항에 따른 **보상금 지급의 심사**를 위하여 대통령령으로 정하는 바에 따라 각각 **보상금심사위원회를 설치·운영**하여야 한다.

③ 제2항에 따른 보상금심사위원회는 위원장 1명을 포함한 5명 이내의 위원으로 구성한다.

④ 제2항에 따른 보상금심사위원회의 위원은 소속 경찰공무원 중에서 경찰청장, 시·도경찰청장 또는 경찰서장이 임명한다.

⑤ 경찰청장, 시·도경찰청장 또는 경찰서장은 제2항에 따른 보상금심사위원회의 심사·의결에 따라 보상금을 지급하고, 거짓 또는 부정한 방법으로 보상금을 받은 사람에 대하여는 해당 보상금을 환수한다.

⑥ 경찰청장, 시·도경찰청장 또는 경찰서장은 제5항에 따라 보상금을 반환하여야 할 사람이 대통령령으로 정한 기한까지 그 금액을 납부하지 아니한 때에는 국세 체납처분의 예에 따라 징수할 수 있다.

⑦ 제1항에 따른 보상 대상, 보상금의 지급 기준 및 절차, 제2항 및 제3항에 따른 보상금심사위원회의 구성 및 심사사항, 제5항 및 제6항에 따른 환수절차, 그 밖에 보상금 지급에 관하여 필요한 사항은 대통령령으로 정한다.

## 제12조 (벌칙)

이 법에 규정된 경찰관의 의무를 위반하거나 직권을 남용하여 다른 사람에게 해를 끼친 사람은 1년 이하의 징역이나 금고에 처한다.

Administrative Law

우선순위
행정법각론

제4편

확인문제 정답

- 빨간색 표시가  정답  입니다.

- O **X** 「행정대집행법」상 적법한 행정대집행을 점유자들이 위력을 행사하여 방해하는 경우, 「행정대집행법」상의 근거가 없으므로 대집행을 하는 행정청은 경찰의 도움을 받을 수 없다. 〈2019 지방직 7급〉 99페이지

- **O** X 경찰관이 불심검문을 하기 위해서는 불심검문 대상자에게 반드시 「형사소송법」상 체포나 구속에 이를 정도의 혐의가 있을 것이 요구되지는 않는다. 〈2020 국가직 7급〉 101페이지

- **O** X 불심검문 대상자에 해당하는지 여부를 판단하는 때에는 당시의 구체적인 정황은 물론 사전에 얻은 정보나 전문적 지식 등에 기초하여 객관적·합리적으로 판단하여야 하나, 반드시 불심검문 대상자에게 「형사소송법」상 체포나 구속에 이를 정도의 혐의가 있을 것을 요한다고 할 수는 없다. 〈2018 지방직 7급〉 101페이지

- **O** X 불심검문을 하는 경찰관이 신분증을 제시하지 않았다 하더라도 검문하는 사람이 경찰관이고 검문하는 이유가 범죄행위에 관한 것임을 상대방이 충분히 알고 있었다면 그 불심검문은 위법한 공무집행이라고 할 수 없다. 〈2020 국가직 7급〉 101페이지

- O **X** 검문하는 사람이 경찰관이고 검문하는 이유가 범죄행위에 관한 것임을 상대방이 충분히 알고 있었다고 보이는 경우에도 신분증을 제시하지 않고 행한 경찰관의 불심검문은 위법한 공무집행이다. 〈2019 지방직 7급〉 101페이지

- O **X** 경찰관이 신분증을 제시하지 않고 불심검문을 한 경우, 검문하는 사람이 경찰관이고 검문하는 이유가 범죄행위에 관한 것임을 피고인이 충분히 알고 있었다고 보이더라도 그 불심검문은 위법한 공무집행이라 할 수 있다. 〈2018 지방직 7급〉 101페이지

- **O** X 경찰관으로부터 임의동행 요구를 받은 상대방은 이를 거절할 수 있을 뿐만 아니라 임의동행 후 언제든지 경찰관서에서 퇴거할 자유가 있다. 〈2020 국가직 7급〉 102페이지

- O X 경찰관의 질문을 위한 동행요구가 「형사소송법」의 규율을 받는 수사로 이어지는 경우, 그 동행요구는 피의자의 자발적인 의사에 의하여 수사관서 등에의 동행이 이루어졌음이 객관적인 사정에 의하여 명백하게 입증된 경우에만 그 적법성이 인정된다. 〈2019 지방직 7급〉 102페이지

- O X 경찰관의 보호조치의 발동에 관하여는 재량이 인정되므로 술에 취하여 응급구호가 필요한 자를 가족에게 인계할 수 있음에도 특별한 사정없이 경찰관서에 보호조치하는 것은 위법이라 할 수 없다. 〈2020 국가직 7급〉 104페이지

- O X 술에 취한 상태로 인하여 자기 또는 타인의 생명·신체와 재산에 위해를 미칠 우려가 있는 피구호자에 대한 보호조치는 경찰 행정상 즉시강제에 해당하므로, 그 조치가 불가피한 최소한도 내에서만 행사되도록 발동·행사 요건을 신중하고 엄격하게 해석하여야 한다. 〈2019 국가직 7급〉 104페이지

- O X 「경찰관 직무집행법」에 의거한 경찰관의 범죄예방을 위한 제지조치는 경찰행정상 즉시강제이자 권력적 사실행위에 해당한다. 〈2018 지방직 7급〉 107페이지

- O X 「경찰관 직무집행법」상 범죄행위 예방을 위한 경찰관의 제지 조치가 적법한지 여부는 제지 조치 당시의 구체적 상황을 기초로 판단하여야 할 뿐만 아니라 사후적으로 순수한 객관적 기준에 의해서도 판단되어야 한다. 〈2019 지방직 7급〉 107페이지

- O X 경찰관은 공무집행에 대한 항거 제지의 직무를 수행하기 위하여 필요하다고 인정되는 상당한 이유가 있을 때에는 그 사태를 합리적으로 판단하여 필요한 한도에서 경찰장구와 경찰무기로 수갑과 포승, 권총 등을 사용할 수 있다. 〈2019 국가직 7급〉 110페이지

- O X 경찰관의 무기 사용이 법률에 정한 요건을 충족하는지 여부를 판단함에 있어, 사람에게 위해를 가할 위험성이 큰 권총의 사용에 있어서는 그 요건을 더욱 엄격하게 판단하여야 한다. 〈2018 국가직 7급〉 110페이지

- O X 경찰관이 살수차, 분사기, 최루탄 또는 무기를 사용하는 경우 그 책임자는 사용 일시·장소·대상, 현장책임자, 종류, 수량 등을 기록하여 보관하여야 한다. 〈2019 국가직 7급〉 110페이지

- ○ X  경찰서장이 주차위반 차를 이동하거나 보관한 경우에 이에 들어간 비용은 그 차의 사용자가 부담하며, 그 비용 징수는 「행정대집행법」이 정한 바에 따른다. 〈2020 지방직 7급〉 111페이지

- ○ X  경찰서장은 주차위반 차의 견인·보관 업무의 전부 또는 일부를 일정한 자격요건을 갖춘 법인·단체 또는 개인으로 하여금 대행하게 할 수 있다. 〈2020 지방직 7급〉 111페이지

- ○ X  경찰관의 적법한 직무집행으로 인하여 손실발생의 원인에 대하여 책임이 있는 자가 자신의 책임에 상응하는 정도를 초과하는 재산상의 손실을 입은 경우, 국가는 그 자에 대하여 정당한 보상을 하여야 한다. 〈2018 지방직 7급〉 116페이지

- ○ X  국가는 경찰관의 적법한 직무집행으로 인하여 손실발생의 원인에 대하여 책임이 있는 자가 자신의 책임에 상응하는 정도의 재산상의 손실을 입은 경우 그 손실을 입은 자에게 정당한 보상을 하여야 한다. 〈2019 국가직 7급〉 116페이지

- ○ X  경찰관의 적법한 직무집행으로 인하여, 손실발생의 원인에 대하여 책임이 없는 자가 생명·신체 또는 재산상의 손실을 입은 경우 국가는 정당한 보상을 하여야 하되, 손실보상의 청구는 손실이 발생한 날부터 3년간 행사하지 않으면 소멸한다. 〈2020 지방직 7급〉 116페이지

- ○ X  경찰서장은 범인을 검거하여 경찰공무원에게 인도한 사람에게 보상금심사위원회의 심사·의결에 따라 보상금을 지급할 수 있다. 〈2020 지방직 7급〉 117페이지

우선순위
행정법각론

제5편   공물법

제1장 　**공물법**

## Ⅰ. 개설

### 1. 의의

**공물**은 행정주체가 직접적으로 **공적 목적을 달성**하기 위하여 제공한 **유체물**을 의미한다. 공물에는 인공공물(도로·수도·하수도 등), 자연공물(하천·호수 등), 동산(관용자동차·관용컴퓨터·경찰견 등), 부동산(국·공립공원 등)이 있다. 공물은 민법 제758조의 공작물(건물·교량·터널 등)보다 넓은 개념이며, 직접 **공적 목적**에 공용되는 유체물이라는 점에서 직접 공적 목적에 공용되지 않는 일반재산과는 원칙적으로 구별된다.

**기획재정부장관**은 공물 등 **국유재산사무를 총괄**하지만, **중앙관서의 장**은 국가재정법 제4조에 따라 설치된 **특별회계** 및 국가재정법 제5조에 따라 **설치된 기금**에 속하는 **국유재산을 관리·처분**할 권한을 갖는다(국유재산법 제2조 및 제8조).

### 2. 분류

#### 1) 공적 목적에 따른 분류

**강학상 공물**은 **공공용물, 공용물, 보존공물**로 구분되고, 실정법상 행정재산은 **공공용재산, 공용재산, 기업용재산, 보존재산**으로 구분된다. 공공용재산은 공공용물로, 공공재산과 기업용재산은 공용물로, 보존재산은 보존공물로 대응된다.

| 강학상 공물 | |
|---|---|
| 공공용물 | 일반공중(일반 국민)의 사용에 제공된 공물<br>(도로·공원·광장·하천·운하·항만·교량·온천·공유수면·지하도·공중화장실 등) |
| 공용물 | 행정주체의 사용에 제공된 공물 (관공서 청사 및 집기와 비품·관용차·등대·전투기 등) |
| (공적) 보존공물 | 물건의 보존을 목적으로 하는 공물 (천연기념물·국보와 같은 문화재 등) |

확인 문제

▶ 「국유재산법」에 따르면, 기획재정부장관은 국유재산에 관한 사무의 총괄청으로서 「국가재정법」 제4조에 따라 설치된 특별회계 및 같은 법 제5조에 따라 설치된 기금에 속하는 국유재산을 관리·처분할 권한을 갖는다.
*〈2019 지방직 7급〉*
　　　　　　　　　　　　　　　　　　　　　　　　　　　O X

정답　152 페이지

## 2) 성립과정에 따른 분류

공물은 성립과정에 따라 자연공물과 인공공물로 구분된다. '**자연공물**'이란 하천이나 강처럼 **인위적인 가공 없이** 자연상태 그대로 공적 목적에 쓰일 수 있는 공물을 말하고, '**인공공물**'이란 도로나 공원처럼 공적 목적에 제공되기 위하여 행정주체에 의해 **인위적으로 가공**된 공물을 말한다.

## Ⅱ. 공물의 성립과 소멸

### 1. 공물의 성립

#### 1) 개설

특정한 물건이 공물로서의 성질을 취득하게 되는 것을 두고 '공물의 성립'이라 한다. 공물의 성립요건은 공공용물, 공용물, 보존공물에 따라서 다르다.

#### 2) 공공용물의 성립

① 인공 공공용물의 경우

| | |
|---|---|
| **형체** | 인공 공공용물이 성립하기 위해서는 우선 인공을 가하여 일반공중의 사용에 제공될 수 있는 형체를 갖춘 물건이 확보되어야 한다. |
| **의사(행위)** | 1. 인공 공공용물이 성립하기 위해서는 공용지정(공용개시행위)이 있어야 한다. 공용지정(공용개시행위)이란 해당 물건이 특정한 공적 목적에 제공된다는 것을 선언하는 공법상 행위를 말한다.<br>2. 공용지정(공용개시행위)은 주로 행정행위로 이루어지지만, 법률의 규정에 의해서도 가능하다.<br>3. 행정행위에 의한 공용지정(공용개시행위)에 하자가 있는 경우 하자가 중대·명백한 경우에는 무효가 되고, 그렇지 않는 경우 취소사유에 불과하다.<br>4. 행정재산으로 실제로 사용하는 경우에도 묵시적으로 공용지정(공용개시행위)가 있다고 보아야 한다. |
| **권한** | 공용지정(공용개시행위)을 하기 위해서는 행정주체가 그 물건에 대한 정당한 권한을 갖고 있어야 한다. |

도로, 공원 등은 (형체의 확보 및 정당한 권한을 전제로) **법령에 의하여 지정**되거나 **행정처분으로써 공공용으로 사용하기로 결정**한 경우, 또는 **행정재산으로 실제로 사용**하는 경우의 **어느 하나에 해당**하면 행정재산(인공 공공용물)이 된다.

그러나 토지에 대하여 도로로서의 도시계획시설결정 및 지적승인만 있었을 뿐 그 도시계획사업이 실시되었거나 그 토지가 자연공로로 이용된 적이 없는 경우에는 도시계획결정 및 지적승인의 고시만으로는 아직 **공용개시행위**가 있었다고 할 수 **없어** 그 토지가 행정재산(인공 공공용물)이 되었다고 할 수 없다. 또한 토지의 지목이 도로이고 국유재산대장에 등재되어 있다는 사정만으로는 **공용개시행위**가 있었다고 할 수 **없으므로** 바로 그 토지가 도로로서 행정재산(인공 공공용물)에 해당한다고 할 수는 없다.

> **판례** 도로, 공원과 같은 **인공적 공공용 재산**은 법령에 의하여 지정되거나 행정처분으로써 공공용으로 사용하기로 결정한 경우, 또는 행정재산으로 실제로 사용하는 경우의 **어느 하나에 해당**하면 행정재산이 되는 것이다 (대판 2014.11.27. 2014두10769).

> **판례** 도로는 도로로서의 형태를 갖추어야 하고, 도로법에 따른 노선의 지정 또는 인정의 공고 및 도로구역의 결정·고시가 있는 때부터 또는 도시계획법 소정의 절차를 거쳐 도로를 설치하였을 때부터 공공용물로서 공용개시행위가 있는 것이며, 토지에 대하여 도로로서의 도시계획시설결정 및 지적승인만 있었을 뿐 그 도시계획사업이 실시되었거나 그 토지가 자연공로로 이용된 적이 없는 경우에는 도시계획결정 및 지적승인의 고시만으로는 아직 공용개시행위가 있었다고 할 수 없어 그 토지가 행정재산이 되었다고 할 수 없다 (대판 2000.4.25. 2000다348).

> **판례** 국유재산법상의 행정재산이란 국가가 소유하는 재산으로서 직접 공용, 공공용, 또는 기업용으로 사용하거나 사용하기로 결정한 재산을 말하는 것이고(국유재산법 제4조 제2항 참조), 그 중 도로와 같은 인공적 공공용 재산은 법령에 의하여 지정되거나 행정처분으로써 공공용으로 사용하기로 결정한 경우, 또는 행정재산으로 실제로 사용하는 경우의 어느 하나에 해당하여야 비로소 행정재산이 되는 것인데, 특히 도로는 도로로서의 형태를 갖추고, 도로법에 따른 노선의 지정 또는 인정의 공고 및 도로구역 결정·고시를 한 때 또는 도시계획법 또는 도시재개발법 소정의 절차를 거쳐 도로를 설치하였을 때에 공공용물로서 공용개시행위가 있다고 할 것이므로, 토지의 지목이 도로이고 국유재산대장에 등재되어 있다는 사정만으로 바로 그 토지가 도로로서 행정재산에 해당한다고 할 수는 없다(대판 2009.10.15. 2009다41533).

**확인 문제**

▶ 도로와 같은 인공적 공공용 재산은 법령에 의하여 지정되거나 행정처분으로 공공용으로 사용하기로 결정한 경우에만 행정재산이 되는 것이고 행정재산으로 실제 사용하는 것만으로 행정재산이 되는 것은 아니다. *(2019 지방직 7급)*  O X

▶ 어떠한 토지에 대하여 도로로서의 도시계획시설결정 및 지적승인이 있었다면, 그 도시계획사업이 실시되었거나 그 토지가 자연공로로 이용된 적이 없다 하여도 도시계획결정 및 지적승인의 고시에 의해 그 토지는 행정재산이 된다. *(2020 국가직 7급)*  O X

▶ 토지의 지목이 도로이고 국유재산대장에 등재되어 있다는 사정만으로 바로 토지가 도로로서 행정재산에 해당한다. *(2020 지방직 7급)*  O X

정답 152 페이지

② 자연 공공용물의 경우

자연 공공용물은 자연적 상태에서 공물로서의 형체만 갖추고 있다면, 별도의 공용지정(공용개시행위)이 없다 하더라도 공물이 된다. 예를 들어, **국유 하천부지**는 자연의 상태 그대로 공공용에 제공될 수 있는 실체를 갖추고 있는 이른바 **자연공물**로서, 별도의 공용개시행위가 없더라도 행정재산이 된다.

> 판례   국유 하천부지는 자연의 상태 그대로 공공용에 제공될 수 있는 실체를 갖추고 있는 이른바 **자연공물**로서 **별도의 공용개시행위가 없더라도 행정재산**이 되고 그 후 본래의 용도에 공여되지 않는 상태에 놓여 있더라도 국유재산법령에 의한 용도폐지를 하지 않은 이상 당연히 잡종재산으로 된다고는 할 수 없다(대판 2007.6.1. 2005도7523).

③ 공용물의 성립

| 형체 | 공용물로 성립하기 위해서는 형체를 갖춘 물건이 확보되어야 한다. |
|---|---|
| 의사(행위) | 공용물은 일반의 사용에 제공되는 것이 아니기 때문에 행정주체가 형체를 갖춘 물건을 사용하면 된다. 별도의 공용지정(공용개시행위)은 필요하지 않다. |
| 권한 | 행정주체가 그 물건에 대한 정당한 권한을 갖고 있어야 한다. |

④ 보존공물의 성립

| 형체 | 보존공물이 성립하기 위해서는 형체를 갖춘 물건이 확보되어야 한다. |
|---|---|
| 의사(행위) | 보존공물이 성립하기 위해서는 공용지정(공용개시행위)이 필요하다. |
| 권한 | 행정주체가 그 물건에 대한 정당한 권한을 갖고 있지 않아도 된다. 보존공물은 공공용물이나 공용물과 같이 물건의 사용이 아니라 물건 자체의 보존에 목적이 있으므로 그 물건에 대한 권한(권리)이 누구에게 있는지는 중요하지 않다. |

확인 문제

▶ 국유 하천부지는 자연의 상태 그대로 공공용에 제공될 수 있는 실체를 갖추고 있는 이른바 자연공물로서, 별도의 공용개시행위가 없더라도 행정재산이 된다. 〈2020 지방직 7급〉   O X

정답   152 페이지

## 2. 예정공물

장래에 특정 물건을 공적 목적에 제공할 것임을 언급하는 의사표시를 공물의 예정이라고 하며, 공물의 예정이 있는 경우 예정된 물건을 예정공물이라 한다. 즉 공용지정(공용개시행위)은 있었으나 아직 형체가 확보되지 않아서 현실적으로 공용은 되고 있지 않는 물건을 예정공물이라 한다. 도로예정지, 청사예정지, 하천예정지, 공원예정지 등 예정이라는 표현이 들어가는 물건 등이 대표적 예이다. 예정공물은 일정한 기간 안에 공물이 될 가능성이 매우 높기 때문에 공물에 준하는 법적 취급을 받는다(공물에 준하는 법적 취급을 받기 위해서 현실적으로 공물을 예정한다.)

## 3. 공물의 소멸

### 1) 개설

공물이 공물 자체의 성질을 상실하게 되는 것을 '공물의 소멸'이라 한다. 공물이 소멸하게 되면, 그 물건은 공적인 영역에서 벗어나 대체로 다시 사법의 적용을 받게 되는데, 사법의 적용을 받는 물건을 '사물'이라 한다. **공적 목적에의 제공을 폐지시키는 법적 행위**를 '**공용폐지**'라 하는데, 공용폐지는 공물의 주된 소멸사유가 된다. 공용폐지의 의사표시는 **묵시적**인 방법으로도 가능하나 **행정재산이 본래의 용도에 제공되지 않는 상태에 있다는 사정만**으로는 묵시적인 공용폐지의 의사표시가 있다고 볼 수 **없다**. 또한 공용폐지의 의사표시는 적법한 것이어야 하므로, **관재당국이 착오로 행정재산을 사인의 재산과 교환**하였다 하더라도 그러한 사정만으로 그 행정재산에 대한 적법한 공용폐지의 의사표시가 있다고 볼 수 **없다**(따라서 해당 행정재산의 교환·매매는 무효이다). 그러나 학교장이 **학교 밖에 위치한 관사를 용도폐지한 후 국가로 귀속시키라는 지시를 어기고 사친회 이사회의 의결을 거쳐 개인에게 매각**하였고, 그 후 오랫동안 국가가 이 매각절차상의 문제 등을 제기하지도 않았다면 이 **용도폐지 자체**는 국가의 지시에 의한 것으로 **유효**하다.

▶ 관재당국이 착오로 행정재산을 사인의 재산과 교환하였다 하더라도 그러한 사정만으로 그 행정재산에 대한 적법한 공용폐지의 의사표시가 있다고 볼 수 없다. *(2020 국가직 7급)*  ☐O☐ ☐X☐

▶ 학교장이, 학교 밖에 위치한 관사를 용도폐지한 후 국가로 귀속시키라는 지시를 어기고 사친회 이사회의 의결을 거쳐 개인에게 매각하였고, 그 후 오랫동안 국가가 이 매각절차상의 문제 등을 제기하지도 않았다면 이 용도폐지 자체는 국가의 지시에 의한 것으로 유효하다. *(2020 지방직 7급)*  ☐O☐ ☐X☐

정답 152 페이지

> **판례** 공용폐지의 의사표시는 묵시적인 방법으로도 가능하나 행정재산이 본래의 용도에 제공되지 않는 상태에 있다는 사정만으로는 묵시적인 공용폐지의 의사표시가 있다고 볼 수 없으며, 또한 공용폐지의 의사표시는 적법한 것이어야 하는바, **행정재산은 공용폐지가 되지 아니한 상태에서는 사법상 거래의 대상이 될 수 없으므로** 관재당국이 착오로 행정재산을 다른 재산과 교환하였다 하여 그러한 사정만으로 적법한 공용폐지의 의사표시가 있다고 볼 수도 없다(대판 1998.11.10. 98다42974).

> **판례** 학교 교장이 학교 밖에 위치한 관사를 용도폐지한 후 재무부로 귀속시키라는 국가의 지시를 어기고 사친회 이사회의 의결을 거쳐 개인에게 매각한 경우, 이와 같이 교장이 국가의 지시대로 위 부동산을 용도폐지한 다음 비록 재무부에 귀속시키지 않고 바로 매각하였다고 하더라도 위 용도폐지 자체는 국가의 지시에 의한 것으로 유효하다고 아니할 수 없고, 그 후 오랫동안 국가가 위 매각절차상의 문제를 제기하지도 않고, 위 부동산이 관사 등 공공의 용도에 전혀 사용된 바가 없다면, 이로써 위 부동산은 적어도 묵시적으로 공용폐지 되어 시효취득의 대상이 되었다고 봄이 상당하다(대판 1999.7.23. 99다15924).

## 2) 공공용물의 소멸

판례는 공공용물의 경우 형체의 소멸만으로는 공물로서의 성질을 상실하지 않고 **공용폐지까지 있어야 비로소 공물로서의 성질을 상실한다**고 본다. 예를 들어, 자연공물인 공유수면의 일부가 사실상 매립되어 대지화되었다고 하더라도 **국가가 공유수면으로서의 공용폐지를 하지 아니하는 이상** 법률상으로는 여전히 공유수면으로서의 성질을 보유하고 있다고 적시하였다.

> **판례** **공유수면**은 소위 **자연공물**로서 그 자체가 직접 공공의 사용에 제공되는 것이므로 공유수면의 일부가 사실상 매립되어 대지화되었다고 하더라도 국가가 공유수면으로서의 공용폐지를 하지 아니하는 이상 법률상으로는 여전히 공유수면으로서의 성질을 보유하고 있다(대판 2013.6.3. 2012두2764).

## 3) 공용물의 소멸

판례는 공용물의 경우에도 형체의 소멸만으로는 공물로서의 성질을 상실하지 않고 **공용폐지까지 있어야 비로소 공물로서의 성질을 상실한다**고 본다. 다만, 다수설은 공용물의 형체적 요소가 소멸하거나 행정주체의 사실상 사용 폐지만 있더라도 별도의 공용폐지 없이 공용물이 소멸한다고 본다.

---

확인 문제

▶ 공유수면의 일부가 사실상 매립되어 대지화되었다고 하더라도 국가가 공유수면으로서의 공용폐지를 하지 아니하는 이상 법률상으로는 여전히 공유수면으로서의 성질을 보유하고 있다. 〈2020 지방직 7급〉  O X

정답 152 페이지

## 4) 보존공물의 소멸

판례는 보존공물의 경우에도 형체적 요소의 소멸만으로는 공물로서의 성질을 상실하지 않고, 지정해제사유(공용폐지사유)에 그친다고 본다. 따라서 행정주체의 **지정해제(공용폐지)**의 의사표시가 있어야만 **공물로서의 성질을 상실**한다.

## Ⅲ. 공물의 법적 제한

### 1. 시효취득의 제한

국유재산법과 공유재산 및 물품관리법은 **행정재산**에 대한 **시효취득을 부정**한다고 적시하고 있고 (국유재산법 제7조 제2항 및 공유재산 및 물품관리법 제6조 제2항), 판례도 국·공유재산의 경우에는 행정재산에 대한 시효취득은 인정하지 않고 있으므로, 일반재산에 대해서만 시효취득이 가능하다. 따라서 국·공유재산에 대한 **취득시효가 완성**되기 위해서는 그 국·공유재산이 **취득시효기간 동안 계속하여 시효취득의 대상이 될 수 있는 일반재산**이어야 한다.

> **판례** 구「지방재정법」상 공유재산에 대한 취득시효가 완성되기 위하여는 그 공유재산이 취득시효기간 동안 계속하여 시효취득의 대상이 될 수 있는 **잡종재산(일반재산)**이어야 하고, 이러한 점에 대한 증명책임은 시효취득을 주장하는 자에게 있다(대판 2009.12.10. 2006다19177).

> **판례** 국가 또는 공공단체의 소유재산으로써 그 **행정목적**을 위하여 공용되어 있는 **부동산**은 공용폐지처분이 없는 한 취득시효완성으로 인한 소유권취득의 대상이 될 수 없다(대판 1974.2.12. 73다557).

### 2. 공용수용의 대상 제한

**토지보상법 제19조 (토지 등의 수용 또는 사용)**

① 사업시행자는 공익사업의 수행을 위하여 필요하면 이 법에서 정하는 바에 따라 토지 등을 수용하거나 사용할 수 있다.
② 공익사업에 수용되거나 사용되고 있는 토지 등은 특별히 필요한 경우가 아니면 다른 공익사업을 위하여 수용하거나 사용할 수 없다.

확인 문제

▶ 「지방재정법」상 공유재산에 대한 취득시효가 완성되기 위하여는 그 공유재산이 취득시효기간 동안 계속하여 시효취득의 대상이 될 수 있는 일반재산이어야 한다. *(2020 국가직 7급)* ｜ O ｜ X ｜

정답 152 페이지

공물이 공용수용의 대상이 될 수 있는지가 논의된다. 판례는 **공물**은 이미 공적인 제공을 하고 있는 중이므로 원칙적으로 **공용수용(공적으로 쓰기 위해서 박탈하는 것)의 대상이 되지 못하는 것**이지만, (특별히 필요한 경우) 현재의 용도보다 중요한 공익사업에 제공할 필요가 있는 예외적인 경우에는 공용수용의 대상이 될 수 있다고 본다.

## Ⅳ. 공물관리와 공물경찰

### 1. 공물관리

#### 1) 의의

**공물관리**란 공물관리자가 공물을 훼손 없이 유지하고 공적 목적에 온전히 제공함으로써 **공물 본래의 목적을 달성하기 위해서 행하는 일체의 작용**을 의미한다. 이러한 공물관리작용은 권력적으로도 행해질 수 있지만 비권력적으로도 행해질 수도 있다. 공물의 범위 결정, 공물의 유지·수선·보존, 사용료와 변상금의 부과 및 징수 등이 공물의 관리에 해당한다.

#### 2) 공물관리권

##### ① 의의

공물관리권은 공물관리자가 공물관리를 행하는 권한을 의미한다. 공물관리자의 공물관리권은 특정한 사항에 관한 개개별의 권한이기 보다는 해당 공물을 종합적으로 관리할 수 있는 포괄적 권능(권한)이기 때문에, 이에 터잡아 공물관리청이 구체적으로 공물관리를 하는 것은 공물관리권의 구체적인 행사라고 이해하면 된다. 즉 공물관리권은 공물관리자에게 있고, 이러한 공물관리권을 행사하는 생물학적인 담당자는 공물관리청이 된다.

##### ② 공물관리주체(공물관리자)와 공물관리청

공물관리에 의해 발생하는 권리와 의무가 궁극적으로 귀속되는 주체를 공물관리주체(공물관리자)라 하고, 공물관리권을 가지고 실제로 공물을 관리하는 생물학적인 기관을 공물관리청이라 한다. 국유 행정재산의 경우 공물관리주체는 국가가 되고, 실제로 공물을 관리하는 공물관리청은 해당 법령 등에서 적시하고 있다. 공유 행정재산의 경우 공물관리주체는 지방자치단체가 되고, 실제로 공물을 관리하는 공물관리청은 지방자치단체장이 된다.

국가배상법상 공공의 영조물은 강학상 공물이므로 이런 공물의 설치나 관리상의 하자로 인하여 발생하게 된 국가배상법 제5조의 손해배상의무는 (권리·의무가 궁극적으로 귀속되게 되는)공물관리주체(공물관리자)가 지게 되며, 관리비용 역시 공물관리주체(공물관리자)가 부담하는 것이 원칙이다.

### ③ 성질

공물관리권의 법적 성질에 대해서는 공물관리권은 공물에 대한 소유권의 권능이라고 이해하는 '소유권설'과 소유권과는 관계없이 공물관리자가 공물의 목적을 온전히 달성하기 위하여 가지는 물건에 대한 권리 즉 물권적 지배권이라고 보는 '물권적 지배권설'이 있다. 판례는 공물관리권에 대하여 공물관리자가 공물의 목적을 온전히 달성하기 위하여 가지는 물건에 대한 권리로 이해하고 있으므로 물권적 지배권설의 입장이다.

## 2. 공물경찰

**공물경찰**이란 공물과 관련하여 발생되는 (사회공공의 안녕과 질서에 대한) **위해를 예방 및 제거하기 위하여 행하는 경찰행정작용**을 말한다.

## 3. 공물관리와 공물경찰

공물관리는 공물이 공물로서의 본래의 기능을 온전히 달성하기 위한 목적으로 행해지는 작용인 반면, 공물경찰은 공물에서의 사회공공의 안녕과 질서에 대한 위해를 예방 및 제거하기 위한 목적으로 행해지는 작용이라는 점에서 구별이 된다. 예를 들면, 도로공사를 위한 도로통행의 금지나 제한은 공물관리작용에 해당하지만, 교통사고를 예방하기 위한 도로통행의 금지나 제한은 공물경찰작용에 해당한다.

## 4. 공물관리작용과 공물경찰작용

공물관리와 공물경찰은 상호 독립적인 것이다. 그러나 현실적으로는 동일한 공물에 대하여 양자가 경합하여 행사되는 경우가 많다. 예들 들면, 도로법 제77조에 따르면 통행이 위험하다고 인정되는 경우에는 구역을 정하여 도로의 통행을 금지하거나 제한할 수 있다고 규정하고 있고, 도로교통법 제6조 제1항에 따르면 도로에서의 위험을 방지하기 위하여 필요하다고 인정되는 경우에는 구간을 정하여 보행자나 차마(車馬)의 통행을 금지하거나 제한할 수 있다고 규정하고 있기 때문에, 도로통행이 위험하다고 판단되는 경우에는 양쪽의 발동요건을 모두 충족하게 된다. 이러한 경우 양 작용은 별개의 작용으로서 서로 독립된 효력을 갖기 때문에 상호권한을 존중하여 모순되지 않도록 하여야 한다.

## 5. (공물관리권의 행사로서) 변상금 부과·징수

### 1) 변상금의 의의

변상금이란 국유재산이나 공유재산을 무단으로 점유한 자(국유·공유재산 무단점유자)에 대하여 제재적 의미에서 부과하는 금전을 말한다(국유재산 무단점유자에 대한 **변상금 부과·징수**). 사용허가나 대부계약 없이 국유재산을 사용·수익하는 경우나, 사용허가나 대부계약 기간이 끝난 후 다시 사용하거나 대부계약 없이 국유재산을 계속 사용·수익하는 경우 등을 무단점유라 한다.

**공유재산 및 물품 관리법 제81조 (변상금의 징수)**

① 지방자치단체의 장은 사용·수익허가나 대부계약 없이 공유재산 또는 물품을 사용·수익하거나 점유(사용·수익허가나 대부계약 기간이 끝난 후 다시 사용·수익허가나 대부계약 없이 공유재산 또는 물품을 계속 사용·수익하거나 점유하는 경우를 포함하며, 이하 "무단점유"라 한다)를 한 자에 대하여 대통령령으로 정하는 바에 따라 공유재산 또는 물품에 대한 사용료 또는 대부료의 100분의 120에 해당하는 금액(이하 "변상금"이라 한다)을 징수한다. 다만, 다음 각 호의 어느 하나에 해당하는 경우에는 변상금을 징수하지 아니한다.

1. 등기부나 그 밖의 공부(公簿)상의 명의인을 정당한 소유자로 믿고 상당한 대가를 지급하고 권리를 취득한 자(취득자의 상속인과 그 포괄승계인을 포함한다)의 재산이 취득 후에 공유재산 또는 물품으로 판명되어 지방자치단체에 귀속된 경우

2. 국가나 지방자치단체가 재해대책 등 불가피한 사유로 일정 기간 공유재산 또는 물품을 점유하게 하거나 사용·수익하게 한 경우

**국유재산법 제72조 (변상금의 징수)**

① 중앙관서의 장 등은 무단점유자에 대하여 대통령령으로 정하는 바에 따라 그 재산에 대한 사용료나 대부료의 100분의 120에 상당하는 변상금을 징수한다. 다만, 다음 각 호의 어느 하나에 해당하는 경우에는 변상금을 징수하지 아니한다.

1. 등기사항증명서나 그 밖의 공부(公簿)상의 명의인을 정당한 소유자로 믿고 적절한 대가를 지급하고 권리를 취득한 자(취득자의 상속인이나 승계인을 포함한다)의 재산이 취득 후에 국유재산으로 밝혀져 국가에 귀속된 경우

2. 국가나 지방자치단체가 재해대책 등 불가피한 사유로 일정 기간 국유재산을 점유하게 하거나 사용·수익하게 한 경우

> ② 제1항의 변상금은 무단점유를 하게 된 경위(經緯), 무단점유지의 용도 및 해당 무단점유자의 경제적 사정 등을 고려하여 대통령령으로 정하는 바에 따라 5년의 범위에서 징수를 미루거나 나누어 내게 할 수 있다.

국유재산법과 공유재산 및 물품관리법은 무단점유의 대상이 된 재산에 대한 사용료나 대부료의 100분의 120에 상당하는 금액을 변상금으로 부과하게 하고 있다. 이와 같이 할증된 금액의 변상금을 부과·징수하는 목적은 국유재산의 사용·수익으로 인한 이익의 환수를 넘어, 징벌적 의미를 부여하여 국유재산의 효율적인 보존·관리라는 공익을 실현하는 데 있다. 공물관리주체는 공물관리권 행사의 일환으로서 무단점유자에 대해 변상금을 부과하고 징수할 수 있는 권한을 갖게 된다. 예를 들어, 도로의 관리청은 **도로부지에 대한 소유권을 취득하였는지 여부와 관계없이** 도로를 무단점용하는 자에 대하여 「도로법」에 따라 **변상금을 부과**할 수 있다.

> 판례  도로법의 제반 규정에 비추어 보면, 같은 법 제80조의2의 규정에 의한 변상금 부과권한은 적정한 도로관리를 위하여 도로의 관리청에게 부여된 권한이라 할 것이지 도로부지의 소유권에 기한 권한이라고 할 수 없으므로, 도로의 관리청은 도로부지에 대한 소유권을 취득하였는지 여부와는 관계없이 도로를 무단점용하는 자에 대하여 변상금을 부과할 수 있다(대판 2005.11.25. 2003두7194).

## 2) 변상금 부과·징수의 처분성

변상금 부과·징수는 행정처분에 해당한다. 변상금은 납부하여야 할 대부료나 사용료 상당액 이외에 별도로 **징벌**적 의미에서 국가측이 일방적으로 그 2할 상당액을 추가하여 징수하는 금액일 뿐더러 그 체납 시에는 국세징수법에 의하여 **강제징수** 하도록 하고 있는 점 등에 비추어 보면, 변상금 부과·징수는 공법관계로서 행정청의 우월적 지위가 담보되어서 행하는 공권력으로 볼 수 있기 때문이다. 판례는 변상금을 징수할 것인지 여부는 처분청의 재량을 허용하지 않는 기속행위이며, 변상금 연체료 부과처분 또한 기속행위에 해당한다고 본다.

---

확인 문제

▶ 도로의 관리청은 도로부지에 대한 소유권을 취득하였는지 여부와 관계없이 도로를 무단점용하는 자에 대하여 「도로법」에 따라 변상금을 부과할 수 있다. *(2020 국가직 7급)*  ☐ O ☐ X

정답  152 페이지

## V. 공물의 사용관계

### 1. 의의

공물의 사용관계란 공물의 사용에 관하여 공물주체와 사용자 간에 발생하는 법률관계를 의미한다.

### 2. 종류

공물은 그 사용방법을 기준으로 하여 일반사용과 특별사용으로 구분된다. 일반사용이란 공물을 본래의 목적에 따라 **일반공중(일반 국민)이 사용**하는 것을 말하고, 특별사용이란 공물을 일반사용의 범위를 넘어서는 방법으로 **특정인이 사용**하는 것을 말한다. 일반사용은 단순 일반사용과 고양된 일반사용으로 구분되고, 특별사용은 허가사용, 특허사용, 관습법에 의한 특별사용, 행정재산의 목적 외 사용으로 구분된다.

### 3. 공물의 일반사용

#### 1) 의의

**공물의 일반사용**은 행정청의 허락을 받지 않고 해당공물의 본래의 목적에 따라 공물을 자유롭게 사용하는 것을 말한다. 공물인 도로를 통행하거나, 공물인 공원을 산책하는 것이 해당된다. **공물의 일반사용**은 행정청의 허락없이 사용할 수 있기 때문에 자유사용이라고 하고, 공물의 본래의 목적에 따라 사용하는 것이기 때문에 보통사용이라고도 한다. 또한 타인의 공동사용을 방해하지 않는 한도 내에서만 사용 가능하므로 공동사용이라고도 한다.

> **판례** 지하연결통로의 용도와 기능이 주로 일반시민의 교통편익을 위한 것이고 **이에 곁들여** 특정건물에 출입하는 사람들의 통행로로도 이용되고 있는 정도라면, 지하연결통로는 도로의 일반사용을 위한 것이고 건물 소유자의 특별사용을 위한 것이라고 보기 어려우므로 이를 설치·사용하는 행위를 도로의 점용이라고 볼 수 없다(대판 1992.12.22. 92누1223).
> → 서울시 지하철 2호선 을지로입구 정거장과 원고 소유의 신축사옥 사이에 지하연결통로가 설치된 도로를 원고가 특별사용함으로써 점용하고 있다고 한 원심판결을 위법이 있다는 이유로 파기한 판례

**확인 문제**

▶ 지하연결통로의 주된 용도와 기능이 일반시민의 교통편익을 위한 것이지만 부수적으로 이에 곁들여 특정 회사의 이익을 위하여도 사용되고 있는 이상, 지하연결통로는 특별사용에 제공된 것으로 그 설치·사용행위는 도로의 점용이라고 보아야 한다. *(2019 국가직 7급)* ☐ O ☐ X

정답 152 페이지

## 2) 법적 성질

### ① 개인적 공권 여부

개인적 공권에 해당하여 법률상 보호해야 하는 권리로 보는 것이 다수설·판례의 입장이다.

### ② 범위

다수설은 **일반공중(일반 국민)**이 **일반사용권**에 근거해서는 새로운 도로의 공용지정을 통해 일반 사용을 창설·확대하여 줄 것을 요구하거나, (공물주체가 기존도로를 폐지하려고 하는 경우) 기존 도로에 대한 일반사용의 존속을 요구할 수는 없다고 본다. 즉, 현존하는 공공용물을 공용목적의 범위 내에서 제한을 받지 않고 사용할 수 있을 뿐이라고 본다. 이러한 일반공중(일반 국민)의 공권 은 행정청에 대해 작위나 부작위 등을 요구할 수 있는 적극적인 청구권이 아니라 자신의 정당한 공물사용을 어렵게 하는 행정기관이나 제3자의 방해를 배제할 수 있는 소극적·방어적 권리라고 보는 것이다. 따라서 공물의 일반사용으로서 그 공물의 유지·계속에 관한 청구권은 원칙적으로 인정되지 않는다. 판례는 공공용물에 관한 적법한 개발행위로 인하여 일반사용이 종전에 비하여 **제한**을 받게 되었다 하더라도 이에 대하여 손실보상을 청구할 수는 **없다**고 본다. 따라서 공물의 일반사용자가 원고적격이 인정되기 위해서는 공용폐지등에 의해 개인의 중요하고 구체적인 이 익이 직접 침해되었거나 그 침해가 예상되어야 한다. 예를 들어, 일반적인 시민생활에 있어 도로 를 이용**만** 하는 사람은 그 용도폐지를 다툴 법률상의 이익이 없다.

> **판례** 공공용물에 관하여 적법한 개발행위 등이 이루어짐으로 말미암아 이에 대한 일정범위의 사람들의 일반사 용이 종전에 비하여 제한받게 되었다 하더라도 특별한 사정이 없는 한 그로 인한 불이익은 손실보상의 대 상이 되는 특별한 손실에 해당한다고 할 수 없다(대판 2002.2.26. 99다35300).

**확인 문제**

▶ 지하연결통로 인근에서 공공목적의 개발행위로 지하연결통로를 일반사용하는 사람들이 지하연결통로를 이 용하는 데 불편을 겪는 등 사용을 제한받았다면, 특별한 사정이 없는 한 그로 인한 불이익에 대하여 손실보 상이 인정된다. *(2019 국가직 7급)*  O X

▶ 공물의 일반사용자가 원고적격이 인정되기 위해서는 공용폐지행위 등에 의해 개인의 중요하고 구체적인 이 익이 직접 침해되었거나 그 침해가 예상되어야 한다. *(2018 서울시 7급)*  O X

▶ 공물관리주체가 지하연결통로에 대하여 공용폐지를 하는 경우, 일반적인 시민생활에서 지하연결통로를 이 용만 하는 사람에게는 그 용도폐지를 다툴 법률상의 이익이 인정되지 않는다. *(2019 국가직 7급)*  O X

정답 152 페이지

> **판례** 일반적으로 도로는 국가나 지방자치단체가 직접 공중의 통행에 제공하는 것으로서 일반국민은 이를 자유로이 이용할 수 있는 것이기는 하나, 그렇다고 하여 그 이용관계로부터 당연히 그 도로에 관하여 특정한 권리나 법령에 의하여 보호되는 이익이 개인에게 부여되는 것이라고까지는 말할 수 없으므로, 일반적인 시민생활에 있어 도로를 이용**만** 하는 사람은 그 용도폐지를 다툴 법률상의 이익이 있다고 말할 수 없다(대판 1992.9.22, 91누13212).

### 3) 일반사용의 내용과 한계

일반사용의 내용과 한계는 당해 공물의 공용목적 및 관계법규(법령 및 자치법규) 등에 의해 정해진다. 공물주체는 관리규칙 등으로 일반사용의 범위를 한정할 수 있으나, 이용자의 사용 자유의 본질적인 부분을 침해할 수는 없다. 일반공중의 이용에 제공되는 공공용물에 대하여 특허 또는 허가를 받지 않고 하는 또다른 일반사용은 다른 개인의 자유이용과 국가 또는 지방자치단체 등의 공공목적을 위한 개발·관리·보존행위를 방해하지 않는 범위 내에서**만** 허용될 수 있다.

### 4) 인접주민의 고양된(밀접한) 일반사용

#### ① 의의

**공물에 인접하여 거주하고 있거나 공물과 인접하여 토지·건물 등을 소유하고 있는 자**는 다른 일반인들의 일반사용의 정도를 넘어서 공물을 사용할 권리가 있다고 보는데, 이를 **인접주민의 고양된 일반사용**이라고 한다. 공물과 인접하여 있는 주민에게는 일반인들의 일반사용의 범위를 넘어서 공물을 사용할 필요성이 인정되기 때문이다. 이러한 인접주민의 고양된 일반사용도 일반사용의 일종이기 때문에 행정청의 허락을 요건으로 하지는 않는다. 예를 들어, 도로변에 있는 점포 주인이 그 도로에서 물건을 차량에 싣거나 내리는 행위, 도로에 돌출하여 간판이나 광고판을 설치하는 행위, 도로변 토지소유자가 건물의 신축이나 증축을 위하여 도로에 일시적으로 건축자재를 쌓아두는 행위 등이다.

#### ② 법적 근거 및 성격

인접주민의 고양된 일반사용은 헌법상 자유권(재산권)에서 도출되는 권리인데, 일반 공중의 일반사용과 마찬가지로 개인적 공권의 성격을 갖는다. 따라서 인접주민은 행정청에 의하여 자신의 고양된 일반사용권이 침해된 경우에는 공법상의 방해배제청구권을 행사할 수 있고, 국가배상의 요건을 갖추는 경우 국가배상청구권을 행사할 수 있다. 또한 인접주민의 고양된 일반사용권이 제3자에 의하여 침해된 경우에는 민사상의 방해배제청구권과 민사상 손해배상청구권을 행사할 수 있다.

③ 한계

인접주민의 고양된 일반사용은 자신의 토지나 건물 등의 적절한 이용을 위하여 필수불가결한 범위로 한정된다. 또 일반공중의 사용과도 조화를 이루어야 한다. 또한 구체적으로 공물을 사용하지 **않고** 있는 이상 그 공물의 인접주민이라는 사정**만**으로는 공물에 대한 고양된 일반사용권이 인정될 수 **없다**.

> 판례  특정인에게 어느 범위에서 이른바 고양된 일반사용권으로서의 권리가 인정될 수 있는지의 여부는 당해 공물의 목적과 효용, 일반사용관계, 고양된 일반사용권을 주장하는 사람의 법률상의 지위와 당해 공물의 사용관계의 인접성, 특수성 등을 종합적으로 고려하여 판단하여야 한다. 따라서 구체적으로 공물을 사용하지 않고 있는 이상 그 공물의 인접주민이라는 사정**만**으로는 공물에 대한 고양된 일반사용권이 인정될 수 없다(대판 2006.12.22. 2004다68311·68328).

### 5) 사용료

공물의 일반사용에 대해 사용료를 받을 수 없는 것은 아니지만, 대부분의 경우 **무상**이 원칙이다.

## 4. 공물의 특별사용

### 1) 개설

공물의 일반사용이 타인의 공동사용을 방해하는 등의 범위를 넘어서는 정도로 공물을 사용하기 위해서는 행정청의 허락을 받아야 한다. 행정청의 허락에 근거한 공물 사용을 **공물의 특별사용**이라 하며, 이는 다시 공물의 허가사용과 특허사용으로 구분된다.

### 2) 공물의 허가사용

① 의의

경찰권이나 공물 관리권에 의하여 일반적으로 금지되어 있는 공물의 사용이 특정한 경우에 허가됨으로써 생기는 사용 관계이다.

확인 문제

▶ 지하연결통로의 인접주민은 그 통로를 사용하지 않고 있는 경우에도 그 통로에 대해 고양된 일반사용권이 인정되므로, 다른 개인에 의하여 지하연결통로의 사용권을 침해당한 경우에 「민법」상 방해배제청구권이나 손해배상청구권이 인정된다. *(2019 국가직 7급)*  O X

정답  152 페이지

② 법적 성질

허가 사용은 공물사용에 대한 일반적 금지에 대한 해제이므로 소극적 성격을 갖는다. 허가사용은 공물의 본래 목적의 사용을 방해하지 않는 한도 내에서의 일시적 사용으로 제한되므로 반사적 이익으로 보는 것이 판례의 입장이다.

③ 사용료

공물의 허가사용에는 사용료의 부과·징수나 각종 의무 또는 부담이 과해지는 것이 보통이다. 예를 들어, 도로통행료, 하천사용료, 점용료 등이 있다.

## 3) 공물의 특허사용

① 의의

공물관리권에 의하여 특정인에 대해 일반인에게 허용되지 않는 특별한 사용권을 설정해 주는 것을 공물사용권의 특허라고 한다. 그리고 이 특허에 의한 공물의 사용을 공물의 특허사용이라 한다. 예를 들어, 「공유수면 관리 및 매립에 관한 법률」상 공유수면에 대한 점용·사용허가에 의하여 부여되는 특별사용권은 행정주체에 대하여 공공용물의 배타적, 독점적인 사용을 청구할 수 있는 권리에 해당한다.

> 판례  **공유수면의 점용·사용**은 공유수면에 대하여 일반사용과는 별도로 특정부분을 유형적, 고정적으로 사용하는 이른바 특별사용을 뜻하는 것으로, 공유수면에 대한 점용·사용허가는 그러한 특별사용권을 설정해 주는 행정행위로서 강학상 특허이며, 재량행위로 볼 수 있다. 점용·사용허가에 의하여 부여되는 특별사용권은 행정주체에 대하여 공공용물의 배타적, 독점적인 사용을 청구할 수 있는 권리로서 공법상의 채권에 해당한다(헌재 2013.9.26. 2012헌바16).

② 법적 성질

공물사용권의 특허는 특정인에게 특별한 경우에 한하여 특별히 해주는 것으로 원칙적으로 재량행위이다. 다만, 예외적으로 법규정에 따라 기속행위에 해당하는 경우도 있다. 이러한 공물사용권은 일종의 재산권으로서 처분청의 허가를 받아 양도할 수 있음이 원칙이다. 판례는 기부채납 받은 국유재산의 사용허가도 일반 사용·수익허가와 동일하게 **특허**로 본다.

확인 문제

▶ 「공유수면 관리 및 매립에 관한 법률」상 공유수면에 대한 점용·사용허가에 의하여 부여되는 특별사용권은 행정주체에 대하여 공공용물의 배타적, 독점적 사용을 청구할 수 있는 권리에 해당한다. *(2019 지방직 7급)*

O X

▶ 판례는 기부채납 받은 국유재산의 사용허가도 일반 사용·수익허가와 동일하게 특허로 본다. *(2018 서울시 7급)*

O X

정답 152 페이지

③ 사용료

공물사용권의 특허는 특정인에게 일정한 내용의 공물사용권을 설정하여 주는 것이므로, 공물주체는 공물사용자로부터 그 사용의 대가로서 일시적 또는 정기적으로 사용료 또는 점용료를 부과·징수하는 것이 일반적이다. 공물의 특허사용에 대한 사용료 또는 점용료 부과·징수는 항고소송의 대상이 되는 행정처분에 해당한다. 판례에 의하면, 국유재산의 관리청이 (국유재산을 사용하는 자가) 국유재산에 대하여 점용·사용허가를 받지 아니한 채 이를 점유·사용하고 있다고 보면서도 국유재산을 사용하는 자에 대하여「국유재산법」에 따른 국유재산 사용료를 부과한 것은 위법하다고 본다.

> 판례 국유재산에 대한 사용료 또는 점용료를 부과하기 위해서는, 국유재산의 점용·사용을 허가하였거나 그에 관한 협의 또는 승인이 있었던 경우라야 한다. 국유재산에 관한 점용·사용허가를 받지 않고 이를 점유·사용하고 있다고 보면서도 사용료 부과처분을 한 것은 적법하지 아니하다(대판 2017.4.27. 2017두31248).

④ 일반사용과 병존가능성

특허사용은 기본적으로 독점적·배타적 사용이기는 하나 공물을 완전히 독점적·배타적으로 사용할 수는 없다. 경우에 따라 공물의 일반사용을 위해 오히려 특허사용이 제한되는 경우도 있다. 이 경우에는 일반사용과 특허사용이 동시에 병존하는 것이 된다. 예를 들어, 영업을 위해 차도와 인도 사이의 경계턱을 없애고 건물 앞 인도 부분에 차량 진출입통로를 개설한 경우, 인도 부분이 일반 공중의 통행에 공용되고 있다고 하더라도 도로의 특별사용에 해당한다.

**4) 관습법에 의한 특별사용**

관습법상 공물의 특별사용이란 관습법에 의해 공물을 특별사용하는 것이 정당화됨에 따라 사용하는 특별사용을 의미한다. 하천용수권, 관개용수권, 입어권 등이 특별사용의 예이다. 관습법상의 사용이 인정되는 공물은 일반사용에 제공된 공물에 한정되지 않는다. 즉, 특별사용(허가사용이나 특허사용)에 제공된 공물에 대해서도 (해당 특별사용을 하는 특정인의 사용권을 침해하지 않는 범위 내에서는) 관습법상 공물의 특별사용권이 성립될 수 있다.

확인 문제

▶ 국유재산의 관리청은 국유재산에 대하여 점용·사용허가를 받지 아니한 채 국유재산을 사용한 자에 대하여「국유재산법」에 따른 국유재산 사용료를 부과할 수 있다. (2020 국가직 7급)  O X

정답 152 페이지

## 5) 행정재산의 목적 외 사용 (행정재산의 사용·수익 허가)

### ① 의의

행정재산은 본래의 목적대로 사용하여야 하지만, 예외적으로 그 용도 또는 목적에 장애가 되지 않는 범위 내에서는 다른 목적으로 사용하도록 사용 또는 수익을 허가할 수 있다. 이러한 허가에 따른 사용관계를 행정재산의 목적 외 사용이라 한다.

### ② 행정재산의 목적 외 사용의 법적 성질

행정재산을 본래 목적 이외의 목적으로 사용할 수 있도록 허가해주는 행위는 강학상 허가에 해당하므로 행정행위이다.

### ③ 허가기간

행정재산의 사용·수익 허가기간은 **5년** 이내로 한다(국유재산법 제35조 제1항). 다만, 행정재산으로 할 목적으로 기부를 받은 재산에 대하여 기부자나 그 상속인, 그 밖의 포괄승계인에게 사용허가하는 경우 사용료 총액이 기부 받은 재산의 가격에 이를 때까지 사용·수익을 허가할 수 있다(국유재산법 제35조 제1항).

### ④ 허가의 취소 및 철회

**국유재산법 제36조 (사용허가의 취소와 철회)**

① 중앙관서의 장은 행정재산의 사용허가를 받은 자가 **다음 각 호의 어느 하나에 해당하면 그 허가를 취소하거나 철회**할 수 있다.

1. 거짓 진술을 하거나 부실한 증명서류를 제시하거나 그 밖에 부정한 방법으로 사용허가를 받은 경우

2. 사용허가 받은 재산을 제30조 제2항을 위반하여 다른 사람에게 사용·수익하게 한 경우

3. 해당 재산의 보존을 게을리하였거나 그 사용목적을 위배한 경우

4. 납부기한까지 사용료를 납부하지 아니하거나 제32조제2항 후단에 따른 보증금 예치나 이행보증조치를 하지 아니한 경우

5. 중앙관서의 장의 승인 없이 사용허가를 받은 재산의 원래 상태를 변경한 경우

② 중앙관서의 장은 사용허가한 행정재산을 국가나 지방자치단체가 직접 공용이나 공공용으로 사용하기 위하여 필요하게 된 경우에는 그 허가를 철회할 수 있다.

③ 제2항의 경우에 그 철회로 인하여 해당 사용허가를 받은 자에게 손실이 발생하면 그 재산을 사용할 기관은 대통령령으로 정하는 바에 따라 보상한다.

⑤ 변상금의 징수

**국유재산법 제72조 (변상금의 징수)**

① 중앙관서의 장 등은 무단점유자에 대하여 대통령령으로 정하는 바에 따라 그 재산에 대한 사용료나 대부료의 100분의 120에 상당하는 변상금을 징수한다.

## 6) 쟁송

공물의 특허사용권은 법률상 이익에 해당하므로 행정청에 의해서 침해된 경우에는 행정소송 및 국가배상청구소송 등을 제기할 수 있다. 그러나 제3자인 사인에 의하여 침해된 경우에는 민사상 손해배상 또는 방해배제 또는 원상회복청구를 할 수 있다.

우선순위
행정법각론

# 제5편

확인문제 정답

• 빨간색 표시가  정답  입니다.

• ☐O ☐X  「국유재산법」에 따르면, 기획재정부장관은 국유재산에 관한 사무의 총괄청으로서 「국가재정법」 제4조에 따라 설치된 특별회계 및 같은 법 제5조에 따라 설치된 기금에 속하는 국유재산을 관리·처분할 권한을 갖는다. 〈2019 지방직 7급〉 132페이지

• ☐O ☐X  도로와 같은 인공적 공공용 재산은 법령에 의하여 지정되거나 행정처분으로 공공용으로 사용하기로 결정한 경우에만 행정재산이 되는 것이고 행정재산으로 실제 사용하는 것만으로 행정재산이 되는 것은 아니다. 〈2019 지방직 7급〉 134페이지

• ☐O ☐X  어떠한 토지에 대하여 도로로서의 도시계획시설결정 및 지적승인이 있었다면, 그 도시계획사업이 실시되었거나 그 토지가 자연공로로 이용된 적이 없다 하여도 도시계획결정 및 지적승인의 고시에 의해 그 토지는 행정재산이 된다. 〈2020 국가직 7급〉 134페이지

• ☐O ☐X  토지의 지목이 도로이고 국유재산대장에 등재되어 있다는 사정만으로 바로 토지가 도로로서 행정재산에 해당한다. 〈2020 지방직 7급〉 134페이지

• ☐O ☐X  국유 하천부지는 자연의 상태 그대로 공공용에 제공될 수 있는 실체를 갖추고 있는 이른바 자연공물로서, 별도의 공용개시행위가 없더라도 행정재산이 된다. 〈2020 지방직 7급〉 135페이지

• ☐O ☐X  관재당국이 착오로 행정재산을 사인의 재산과 교환하였다 하더라도 그러한 사정만으로 그 행정재산에 대한 적법한 공용폐지의 의사표시가 있다고 볼 수 없다. 〈2020 국가직 7급〉 136페이지

• ☐O ☐X  학교장이, 학교 밖에 위치한 관사를 용도폐지한 후 국가로 귀속시키라는 지시를 어기고 사친회 이사회의 의결을 거쳐 개인에게 매각하였고, 그 후 오랫동안 국가가 이 매각절차상의 문제 등을 제기하지도 않았다면 이 용도폐지 자체는 국가의 지시에 의한 것으로 유효하다. 〈2020 지방직 7급〉 136페이지

- O X 공유수면의 일부가 사실상 매립되어 대지화되었다고 하더라도 국가가 공유수면으로서의 공용폐지를 하지 아니하는 이상 법률상으로는 여전히 공유수면으로서의 성질을 보유하고 있다. 〈2020 지방직 7급〉 137페이지

- O X 「지방재정법」상 공유재산에 대한 취득시효가 완성되기 위하여는 그 공유재산이 취득시효기간 동안 계속하여 시효취득의 대상이 될 수 있는 일반재산이어야 한다. 〈2020 국가직 7급〉 138페이지

- O X 도로의 관리청은 도로부지에 대한 소유권을 취득하였는지 여부와 관계없이 도로를 무단점용하는 자에 대하여 「도로법」에 따라 변상금을 부과할 수 있다. 〈2020 국가직 7급〉 142페이지

- O X 지하연결통로의 주된 용도와 기능이 일반시민의 교통편익을 위한 것이지만 부수적으로 이에 곁들여 특정 회사의 이익을 위하여도 사용되고 있는 이상, 지하연결통로는 특별사용에 제공된 것으로 그 설치·사용행위는 도로의 점용이라고 보아야 한다. 〈2019 국가직 7급〉 143페이지

- O X 지하연결통로 인근에서 공공목적의 개발행위로 지하연결통로를 일반사용하는 사람들이 지하연결통로를 이용하는 데 불편을 겪는 등 사용을 제한받았다면, 특별한 사정이 없는 한 그로 인한 불이익에 대하여 손실보상이 인정된다. 〈2019 국가직 7급〉 144페이지

- O X 공물의 일반사용자가 원고적격이 인정되기 위해서는 공용폐지행위 등에 의해 개인의 중요하고 구체적인 이익이 직접 침해되었거나 그 침해가 예상되어야 한다. 〈2018 서울시 7급〉 144페이지

- O X 공물관리주체가 지하연결통로에 대하여 공용폐지를 하는 경우, 일반적인 시민생활에서 지하연결통로를 이용만 하는 사람에게는 그 용도폐지를 다툴 법률상의 이익이 인정되지 않는다. 〈2019 국가직 7급〉 144페이지

- O X 지하연결통로의 인접주민은 그 통로를 사용하지 않고 있는 경우에도 그 통로에 대해 고양된 일반사용권이 인정되므로, 다른 개인에 의하여 지하연결통로의 사용권을 침해당한 경우에 「민법」상 방해배제청구권이나 손해배상청구권이 인정된다. 〈2019 국가직 7급〉 146페이지

· O X 「공유수면 관리 및 매립에 관한 법률」상 공유수면에 대한 점용·사용허가에 의하여 부여
되는 특별사용권은 행정주체에 대하여 공공용물의 배타적, 독점적인 사용을 청구할 수
있는 권리에 해당한다. 〈2019 지방직 7급〉 147페이지

· O X 판례는 기부채납 받은 국유재산의 사용허가도 일반 사용·수익허가와 동일하게 특허로
본다. 〈2018 서울시 7급〉 147페이지

· O X 국유재산의 관리청은 국유재산에 대하여 점용·사용허가를 받지 아니한 채 국유재
산을 사용한 자에 대하여 「국유재산법」에 따른 국유재산 사용료를 부과할 수 있다.
〈2020 국가직 7급〉 148페이지

우선순위
행정법각론

제6편    공용부담법

## Ⅰ. 공용부담의 의의

공용부담이란 특정한 공익사업의 목적을 달성하기 위한 행정수단으로서 법률에 의하여 개인에게 강제적으로 부과하는 공법상 인적 · 물적부담을 의미한다.

## Ⅱ. 공용부담의 종류

### 1. 인적 공용부담

#### 1) 개념

인적 공용부담은 특정한 공익사업 기타의 복리행정상의 수요에 따라 당해 행정주체 등이 법률에 의거하여 특정인에게 공법상의 작위나 부작위 또는 급부 등의 의무를 부과하는 공용부담을 말한다. 이로 인하여 형성되는 법률관계는 공법상 채권·채무관계의 성질을 갖는다.

#### 2) 종류

① 부담금

특정한 공익사업과 특별한 관계에 있는 자에게 부과하는 금전급부의무이다.

② 부역·현품

노역 또는 물품의 급부의무를 이행하거나 아니면 이에 갈음하여 금전급부의무를 행하면 되는 급부의무이다.

③ 노역·물품

노역부담은 비상재해의 복구, 기타 목전에 급박한 필요가 있는 경우에 한하여 예외적으로 인정한다. 물품부담 역시 필요한 물품의 사용이 급박할 때 예외적으로 인정한다.

④ 시설부담

공사, 기타 일정한 시설을 할 공법상의 의무를 부과하는 것이다.

⑤ 부작위부담

특정한 공익사업을 위해 사인에게 일정한 부작위의무를 부과하는 것이다.

## 2. 물적 공용부담

### 1) 개념

물적 공용부담이란 인적 공용부담에 상대되는 개념으로 특정한 재산권에 대하여 일정한 침해·제한을 가하는 공용부담으로 공용제한·공용사용·공용수용·공용환지·공용환권 등의 방식이 있다. 물적 공용부담은 재산권과 관련하여 직접 물권적 변동을 발생시킨다.

### 2) 종류

① 공용제한

공적인 필요에 의해서 국민의 재산권(토지 등)에 물권적 제한을 설정하는 것이다.

② 공용사용

공적인 필요에 의해서 국민의 재산권(토지 등)을 일시적으로 사용하는 것이다.

③ 공용수용

공적인 필요에 의해서 국민의 재산권(토지 등)을 박탈(영구적으로 사용)하는 것이다.

④ 공용환지

**토지의 이용가치**를 높이기 위해서 토지의 소유권 등을 강제적으로 교환하거나 분할하는 것이다.

⑤ 공용환권

**도시공간의 효용가치**를 높이기 위해서 토지 및 건축물의 소유권 등을 강제적으로 교환하거나 분할하는 것이다.

---

제 2 장 **부담금**

---

## Ⅰ. 의의

종전의 부담금은 국가 또는 공공단체가 "특정한 공익사업"에 충당하기 위해 사업에 드는 경비의 전부 또는 일부를 해당 공익사업과 특별한 관계에 있는 자에게 부담시키는 공법상의 금전급부의무를 의미한다(협의의 부담금). 그러나 최근에는 특정한 사업보다 더 넓은 의미의 공익사업을 위해 공용부담이 행해지고 그 부담이 특정한 개인이나 특정한 재산권에 한정된다고 보기 어려운 경우도 많아졌기 때문에 부담금의 개념도 확대되고 있다(광의의 부담금).

## Ⅱ. 부담금관리기본법

부담금의 설치·관리 및 운용에 관한 기본적인 사항을 규정함으로써 부담금 운용의 공정성 및 투명성을 확보하여 국민의 불편을 최소화하고 기업의 경제활동을 촉진할 목적으로 제정한 법률이다.

## Ⅲ. 부담금과 조세의 차이

조세는 일반적으로 국가 또는 지방자치단체가 그 경비에 충당하기 위하여 국민으로부터 무상으로 강제적으로 징수하는 재화(財貨)라고 할 수 있다. 부담금은 공익사업 추진을 위한 재원을 마련한다는 점에서 조세와 그 성격이 유사하다. 그러나 통상적으로 조세와 부담금은 다음과 같은 점에서 서로 구분된다.

첫째, 부담금은 특정한 공익사업의 경비에 충당하기 위한 것인데 비하여 조세는 국가 또는 지방자치단체의 일반수입을 목적으로 한다. 둘째, 부담금은 당해 사업과 특별한 관계가 있는 자에게 부과하는 데 반해, 조세는 특정사업과 관계없이 일반국민 또는 주민에게 부과한다. 셋째, 부담금은 사업소요 경비, 사업과의 관계 등을 기준으로 하여 부과하는 반면, 조세는 담세능력을 기준으로 하여 부과한다. 다만, 조세 중에서 목적세는 특정한 사업의 경비에 충당하기 위한 경비라는 점에서 부담금과 성질이 같으나, 부담금과 같이 그 사업과 밀접한 관계가 있는 자에게만 부과되는 것이 아니라 사업과 관련이 없는 일반개인에 대하여 그 납세능력에 따라 부과되는 점이 다르다고 할 수 있다.

## 제 3 장 　공용제한

## Ⅰ. 공용제한의 의의

### 1. 개념

공용제한이란 특정한 공익사업의 목적을 위하여 특정한 재산권에 과하여지는 공법상의 제한을 말한다. 물적 공용부담의 일종이다. 재산권의 이전과 함께 그 제한의 효과도 당연히 이전된다.

공용제한의 대상이 되는 재산권의 목적인 재산은 토지 등의 부동산인 경우도 있고 동산인 경우도 있다. 또 무체재산권이 대상이 되는 경우도 있다. 공용제한은 특정한 공익사업을 위한 공법상의 제한이라는 점에서 사법상의 제한과는 구별되며, 재정목적·경찰목적·군사목적을 위한 다른 공법상의 제한과도 구별된다. 공용제한은 반드시 법률의 근거를 요하며 법률이 정하는 바에 따라 그 손실을 보상해야 한다(헌법 제23조 제3항).

## 2. 종류

① 계획제한

행정계획에 따른 목적을 달성하기 위해 재산권 행사에 가해지는 제한을 말한다. 예 개발제한구역에서의 일정한 건축의 제한

② 보전제한

무질서한 개발을 막아 자연, 자원 문화재 등을 보호하기 위한 공익목적을 위하여 가해지는 제한을 말한다. 예 국보나 향교재산 같은 문화재보전제한, 농지보전제한

③ 사업제한

공익사업을 원활하고 안전하게 수행하기 위하여 사업지, 사업인접지역, 사업예정지 등에서 그 공익사업과 관계가 있기는 하지만 직접 수용되거나 사용되지 않는 물건이나 재산에 가해지는 공법상의 제한을 말한다. 예 토지의 형질변경 금지, 공작물 제거

④ 공물제한

사유재산인 토지나 물건이 공공목적에 제공되고 있기 때문에 그 목적에 필요한 한도 내에서 그 소유권에 가하여지는 공법상의 제한을 말한다. 예 사유토지가 도로 부지로 사용됨에 따라 그 토지에 대한 사권의 행사가 제한되는 것

⑤ 사용제한(공용사용)

특정한 공익사업을 수행하는 과정에서 그 사업자가 타인의 소유에 속하는 토지, 기타 물건의 재산권에 대해서 공법상 사용권을 설정하고, 그 사용기간 중에 그를 방해하는 권리행사를 금지하는 제한을 말한다.

## II. 개발제한구역지정

**개발제한구역의 지정 및 관리에 관한 특별조치법 제3조 (개발제한구역의 지정 등)**

① 국토교통부장관은 도시의 무질서한 확산을 방지하고 도시 주변의 자연환경을 보전하여 도시민의 건전한 생활환경을 확보하기 위하여 도시의 개발을 제한할 필요가 있거나 국방부장관의 요청으로 보안상 도시의 개발을 제한할 필요가 있다고 인정되면 개발제한구역의 지정 및 해제를 도시·군 관리 계획으로 결정할 수 있다.

**개발제한구역의 지정 및 관리에 관한 특별조치법 제12조 (개발제한구역에서의 행위제한)**

① 개발제한구역에서는 건축물의 건축 및 용도변경, 공작물의 설치, 토지의 형질변경, 죽목(竹木)의 벌채, 토지의 분할, 물건을 쌓아놓는 행위 또는「국토의 계획 및 이용에 관한 법률」제2조 제11호에 따른 도시·군계획사업(이하 "도시·군계획사업"이라 한다)의 시행을 할 수 없다.

## 제4장　공용수용

## I. 공용수용의 의의

공용수용이란 공적인 필요에 의해서 국민의 재산권을 박탈하는 것을 의미한다. 공용수용은 공용부담 중 물적 공용부담으로 분류된다. 도로·철도·항만·주택 건설 등의 공익사업을 하기 위해서는 국민의 재산권(토지 등)이 필요한 경우가 많다. 따라서 적법한 공권력의 행사로 공적인 필요에 의해서 타인의 재산권을 합법적으로 취득하기 위해서 발전된 제도가 공용수용제도이다. 수용기관에 관하여 **국가** 등의 공적 기관이 직접 수용의 주체가 되는 것이든 (그러한 공적 기관의 최종적인 허부판단과 승인결정하에) **민간기업**이 수용의 주체가 되는 것이든, 공공필요에 대한 판단과 수용의 범위에 있어서 본질적인 차이가 있는 것은 아니다.

확인 문제

▶ 국가 등의 공적 기관이 직접 수용의 주체가 되는 것이든 그러한 공적 기관의 최종적인 허부판단과 승인결정하에 민간기업이 수용의 주체가 되는 것이든, 양자 사이에 공공필요에 대한 판단과 수용의 범위에 있어서 본질적인 차이가 있는 것은 아니다. *(2020 국가직 7급)*  ｜O｜X｜

정답 186 페이지

> **판례** 헌법 제23조 제3항은 정당한 보상을 전제로 하여 재산권의 수용 등에 관한 가능성을 규정하고 있지만, 재산권 수용의 주체를 한정하지 않고 있다. 위 헌법조항의 핵심은 당해 수용이 공공필요에 부합하는가, 정당한 보상이 지급되고 있는가 여부 등에 있는 것이지, 그 수용의 주체가 국가인지 민간기업인지 여부에 달려 있다고 볼 수 없다. 또한 국가 등의 공적 기관이 직접 수용의 주체가 되는 것이든 그러한 공적 기관의 최종적인 허부판단과 승인결정하에 민간기업이 수용의 주체가 되는 것이든, 양자 사이에 공공필요에 대한 판단과 수용의 범위에 있어서 본질적인 차이를 가져올 것으로 보이지 않는다. 따라서 위 수용 등의 주체를 국가 등의 공적 기관에 한정하여 해석할 이유가 없다(헌재 2009.9.24. 2007헌바114).

## Ⅱ. 공용수용의 절차

### 1. 사업인정

#### 1) 의의

사업인정이란 특정사업이 공용수용을 할 수 있도록 「토지보상법」이 예정하고 있는 공익사업에 해당함을 인정하는 국가의 행위이며, 보통 절차의 첫 단계에 해당하는 행위이다. 이는 특정한 재산의 수용권을 설정하여 주는 행위이며, 사업인정권은 국토교통부장관이 행사한다.

#### 2) 성질

사업인정은 그 후 일정절차를 거칠 것을 조건으로 하여 일정한 내용의 수용권을 설정해 주는 행정처분의 성격을 가지며, 사업인정처분이라 함은 공익사업을 토지 등을 수용 또는 사용할 사업으로 결정하는 것으로서 단순한 확인행위가 아니라 **형성행위**이다. 사업인정기관은 어떠한 사업이 외형상 토지 등을 수용 또는 사용할 수 있는 사업에 해당한다 하더라도, 사업시행자에게 해당 공익사업을 수행할 의사와 능력이 **없다면** 사업인정을 거부할 수 있다.

> **판례** 해당 사업이 외형상 토지 등을 수용 또는 사용할 수 있는 사업에 해당한다고 하더라도 사업인정기관으로서는 해당 공익사업을 수행하여 공익을 실현할 의사나 능력이 없는 자에게 타인의 재산권을 공권력적·강제적으로 박탈할 수 있는 수용권을 설정하여 줄 수는 없으므로, 사업시행자에게 해당 공익사업을 수행할 의사와 능력이 있어야 한다는 것도 사업인정의 한 요건이라고 보아야 한다(대판 2011.1.27. 2009두1051).

---

확인 문제

▶ 사업인정기관은 어떠한 사업이 외형상 토지 등을 수용 또는 사용할 수 있는 사업에 해당한다 하더라도, 사업시행자에게 해당 공익사업을 수행할 의사와 능력이 없다면 사업인정을 거부할 수 있다. *(2020 국가직 7급)*

O X

정답 186 페이지

### 3) 사업인정의 고시

국토교통부장관은 사업인정을 하였을 때에는 지체 없이 그 뜻(인정)을 사업시행자, 토지소유자, 관계인 및 관계 시·도지사에 통지하고 사업시행자의 성명이나 명칭, 사업의 종류, 사업지역 및 수용하거나 사용할 토지의 세목을 관보에 고시하여야 한다. 고시는 사업인정의 효력발생요건이며, 사업인정은 고시한 날부터 그 효력이 발생한다.

### 4) 사업인정의 효과

사업인정의 고시로 사업시행자에게 수용권이 설정된다. 헌법재판소는 민간기업도 일정한 조건 하에서는 공용수용권을 행사할 수 있다는 입장이다.

사업인정의 고시에 토지세목이 포함되므로 사업인정이 고시되면 수용의 목적물이 확정된다(사업인정의 기본적 효과). 사업인정의 고시가 있은 후에는 새로운 권리를 취득한 자는 기존 권리를 승계한 자를 제외하고는 피수용자로서의 권리가 인정되지 않는다.

사업인정고시가 된 후에는 누구든지 고시된 토지에 대하여 사업에 지장을 줄 우려가 있는 형질의 변경이나 물건손괴 또는 수거하는 행위를 하지 못하고, 고시된 토지에 건축물의 건축·대수선, 공작물의 설치 또는 물건의 부가·증치를 하려는 자는 특별자치도지사, 시장·군수 또는 구청장의 허가를 받아야 한다.

사업인정을 받은 사업시행자는 토지조서 및 물건조서의 작성, 보상계획의 공고·통지 및 열람, 보상액의 산정과 토지소유자 및 관계인과의 협의 등의 절차를 거쳐야 한다.

### 5) 사업인정의 구속력

사업인정의 효력은 토지수용위원회를 구속한다. 따라서 토지수용위원회는 사업인정의 내용에 반하는 재결을 할 수 없다.

### 6) 사업인정의 실효

사업시행자가 사업인정고시가 된 날부터 1년 이내에 토지수용위원회에 (수용)재결신청을 하지 아니한 경우에는 사업인정고시가 된 날부터 1년이 되는 날의 다음 날에 사업인정은 그 효력을 상실한다. 사업인정고시가 된 후 사업의 전부 또는 일부를 폐지하거나 변경함으로 인하여 토지 등의 전부 또는 일부를 수용하거나 사용할 필요가 없게 되었을 때에는 사업시행자는 지체 없이 사업지역을 관할하는 시·도지사에게 신고하고, 토지소유자 및 관계인에게 이를 통지하여야 한다.

## 7) 사업인정에 대한 불복

사업인정에 대한 불복방법에 관해「토지보상법」에는 아무런 규정이 없으므로, 사업인정은 사업시행자에게 수용권을 설정해 주는 행정처분임을 이유로 행정심판법 및 행정소송법에 따른 행정쟁송을 통해 불복할 수 있다.

## 2. 토지조서 및 물건조서의 작성

사업시행자는 토지조서 및 물건조서를 작성하여 서명 또는 날인을 하고 토지소유자와 관계인의 서명 또는 날인을 받아야 한다. 물건·토지의 조서작성행위는 토지소유자 등의 동의를 전제로 하고 사실상의 효과만이 발생하므로 비권력적 사실행위로 보는 것이 일반적 견해이다.

사업시행자·토지소유자 및 관계인은 미리 이의를 부기한 경우를 제외하고는「토지사업법」이 정한 바에 따라 작성된 토지조서 및 물건조서의 내용에 대하여 이의를 진술할 수 없다. 따라서 당해 조서는 진실한 것으로 추정된다. 단, 토지조서 및 물건조서의 기재가 진실에 반하는 것을 입증한 때에는 예외로 한다.

사업인정 이전에 토지조서 및 물건조서 작성절차를 거쳤으나 (당사자 간) 협의가 성립되지 않아 사업인정을 받은 사업으로서 토지조서 및 물건조서의 내용에 변동이 없을 때에는 조서작성절차를 거치지 않을 수 있다.

## 3. 협의

### 1) 의의

사업인정을 받은 사업시행자는 토지조서 및 물건조서의 작성, 보상계획의 공고·통지 및 열람, 보상액의 산정과 토지소유자 및 관계인과의 협의 절차를 거쳐야 한다.

### 2) 성질

협의는 사업시행자와 피수용자 간의 행위로서 그 성질에 관하여는 사법상 계약설과 공법상 계약설의 대립이 있다. 다수설은 협의를 공법상 계약으로 보나, 판례는 사법상 계약으로 보고 있다.

### 3) 협의성립의 확인

협의가 성립되었을 때에는 사업시행자는 수용재결 신청기간 이내에 해당 토지소유자 및 관계인의 동의를 받아 대통령령으로 정하는 바에 따라 관할 토지수용위원회에 협의성립의 확인을 신청할 수 있다. 협의성립의 확인은「토지보상법」에 따른 재결로 보며, 사업시행자·토지소유자 및 관계인은 확인된 협의의 성립이나 내용을 다툴 수 없다.

## 4) 재결·화해

**토지보상법**

### 제28조 (재결의 신청)

① 제26조에 따른 협의가 성립되지 아니하거나 협의를 할 수 없을 때(제26조 제2항 단서에 따른 협의 요구가 없을 때를 포함한다)에는 사업시행자는 사업인정고시가 된 날부터 1년 이내에 대통령령으로 정하는 바에 따라 관할 토지수용위원회에 재결을 신청할 수 있다.

### 제30조 (재결 신청의 청구)

① 사업인정고시가 된 후 협의가 성립되지 아니하였을 때에는 토지소유자와 관계인은 대통령령으로 정하는 바에 따라 서면으로 사업시행자에게 재결을 신청할 것을 청구할 수 있다.

② 사업시행자는 제1항에 따른 청구를 받았을 때에는 그 청구를 받은 날부터 60일 이내에 대통령령으로 정하는 바에 따라 관할 토지수용위원회에 재결을 신청하여야 한다.

### 제34조 (재결)

① 토지수용위원회의 재결은 서면으로 한다.

② 제1항에 따른 재결서에는 주문 및 그 이유와 재결일을 적고, 위원장 및 회의에 참석한 위원이 기명날인한 후 그 정본(正本)을 사업시행자, 토지소유자 및 관계인에게 송달하여야 한다.

### 제35조 (재결기간)

토지수용위원회는 제32조에 따른 심리를 시작한 날부터 14일 이내에 재결을 하여야 한다. 다만, 특별한 사유가 있을 때에는 14일의 범위에서 한 차례만 연장할 수 있다.

### 제37조 (재결의 유탈)

토지수용위원회가 신청의 일부에 대한 재결을 빠뜨린 경우에 그 빠뜨린 부분의 신청은 계속하여 그 토지수용위원회에 계속(係屬)된다.

### 제42조 (재결의 실효)

① 사업시행자가 수용 또는 사용의 개시일까지 관할 토지수용위원회가 재결한 보상금을 지급하거나 공탁하지 아니하였을 때에는 해당 토지수용위원회의 재결은 효력을 상실한다.

### 제45조 (권리의 취득·소멸 및 제한)

① 사업시행자는 수용의 개시일에 토지나 물건의 소유권을 취득하며, 그 토지나 물건에 관한 다른 권리는 이와 동시에 소멸한다.

**제50조 (재결사항)**

① 토지수용위원회의 재결사항은 다음 각 호와 같다.

1. 수용하거나 사용할 토지의 구역 및 사용방법

2. 손실보상

3. 수용 또는 사용의 개시일과 기간

4. 그 밖에 이 법 및 다른 법률에서 규정한 사항

② 토지수용위원회는 사업시행자, 토지소유자 또는 관계인이 신청한 범위에서 재결하여야 한다. 다만, 제1항제2호의 손실보상의 경우에는 증액재결(增額裁決)을 할 수 있다.

① 재결

㉠ 의의

재결은 사업시행자가 보상금을 지급할 것을 조건으로 하여 토지 등에 대한 권리를 취득하고, 피수용자는 그 권리를 상실하게 되는 것을 결정하는 형성적 행정행위(대리행위)를 말한다.

㉡ 재결의 신청

'협의가 성립되지 아니하거나 협의를 할 수 없을 때'에는 사업시행자는 사업인정고시가 있은 날부터 1년 이내에 관할 토지수용위원회에 재결을 신청할 수 있다.

㉢ 재결신청의 청구

협의가 성립되지 아니하였을 때에는 토지소유자 및 관계인은 서면으로 사업시행자에게 재결신청을 할 것을 청구할 수 있다. 사업시행자는 청구를 받은 날부터 60일 이내에 관할 토지수용위원회에 재결을 신청하여야 한다. 즉, 재결신청은 사업시행자만이 한다(토지소유자 및 관계인은 못함). 재결은 관계서류의 열람기간, 화해의 권고 등을 거친 후 서면으로 행해진다. 재결신청에 따라 최초로 내려지는 재결을 '**수용재결**'이라고 한다.

㉣ 재결절차

ⓐ 공고

토지수용위원회는 재결신청서를 접수하였을 때에는 대통령령으로 정하는 바에 따라 지체 없이 이를 공고하고, 공고한 날부터 14일 이상 관계서류의 사본을 일반인이 열람할 수 있도록 하여야 한다.

ⓑ 심리의 진행

토지수용위원회는 열람기간이 지났을 때에는 지체 없이 해당 신청에 대한 조사 및 심리를 하여야 한다. 토지수용위원회는 심리를 시작한 날부터 14일 이내에 재결을 하여야 한다. 다만, 특별한 사유가 있을 때에는 14일의 범위에서 한 차례만 연장할 수 있다.

ⓒ 재결의 형식 및 내용

토지수용위원회의 재결은 서면으로 한다. 재결의 내용은 수용할 토지의 구역, 손실보상, 수용개시일과 기간 등이며, **사업시행자·토지소유자 및 관계인이 신청한 범위에서만 재결**하여야 하지만, 손실보상의 증액재결은 신청한 범위에 관계없이 할 수 있다. 토지수용위원회가 토지에 대하여 **사용재결**을 하는 경우 **사용할 토지의 위치와 면적, 권리자, 손실보상액, 사용 개시일뿐만 아니라 사용방법, 사용기간**도 구체적으로 재결서에 **특정**하여야 한다.

> 판례 공익사업을 위한 토지 등의 취득 및 보상에 관한 법령이 재결을 서면으로 하도록 하고, '사용할 토지의 구역, 사용의 방법과 기간'을 재결사항의 하나로 규정한 취지는, 재결에 의하여 설정되는 사용권의 내용을 구체적으로 특정함으로써 재결 내용의 명확성을 확보하고 재결로 인하여 제한받는 권리의 구체적인 내용이나 범위 등에 관한 다툼을 방지하기 위한 것이다. 따라서 관할 토지수용위원회가 토지에 관하여 사용재결을 하는 경우에는 재결서에 사용할 토지의 위치와 면적, 권리자, 손실보상액, 사용 개시일 외에도 사용방법, 사용기간을 구체적으로 특정하여야 한다(대판 2019.6.13. 2018두42641).

ⓓ 재결의 효과

재결이 있으면 공용수용의 절차는 종료되고, 사업시행자는 보상금의 지급 또는 공탁을 조건으로 수용의 시기에 토지에 관한 권리를 원시취득한다. (**사업시행자**는 사법상 매매의 효력만을 갖는 협의취득과는 달리 확인대상 토지를 수용재결의 경우와 동일하게 **원시취득**하는 효과가 있다.) 사업시행자가 수용 또는 사용의 개시일까지 보상금을 지급하거나 공탁하지 아니하였을 때에는 해당 토지수용위원회의 재결은 효력을 상실한다. 토지수용위원회가 신청의 일부에 대한 재결을 빠뜨린 경우에 그 빠뜨린 부분의 신청에 대한 재결은 토지수용위원회에서 계속되게 된다.

확인 문제

▶ 토지수용위원회가 토지에 대하여 사용재결을 하는 경우 사용할 토지의 위치와 면적, 권리자, 손실보상액, 사용 개시일뿐만 아니라 사용방법, 사용기간도 구체적으로 재결서에 특정하여야 한다. *(2020 국가직 7급)* ☐O ☐X

▶ 협의취득으로 인한 사업시행자의 토지에 대한 소유권 취득은 승계취득이므로 관할 토지수용위원회에 의한 협의 성립의 확인이 있었더라도 사업시행자는 수용재결의 경우와 동일하게 그 토지에 대한 원시취득의 효과를 누릴 수 없다. *(2020 국가직 7급)* ☐O ☐X

정답 186 페이지

166

토지보상법상 '**협의취득**'의 성격은 사법상 매매계약이므로 그 이행으로 인한 사업시행자의 소유권 취득도 승계취득이다. 그런데 토지보상법 제29조 제3항에 따른 신청이 수리됨으로써 협의 성립의 **확인**이 있었던 것으로 **간주**되면, 토지보상법 제29조 제4항에 따라 그에 관한 **재결**이 있었던 것으로 재차 **의제**되고, 그에 따라 사업시행자는 사법상 매매의 효력만을 갖는 협의취득과는 달리 확인대상 토지를 수용재결의 경우와 동일하게 **원시취득**하는 효과를 누리게 된다(대판 2018.12.13. 2016두51719).

② 화해

토지수용위원회는 재결이 있기 전에는 그 위원 3명으로 구성되는 소위원회로 하여금 사업시행자, 토지소유자 및 관계인에게 화해를 권고하게 할 수 있다.

## Ⅲ. 재결에 대한 권리구제

**토지보상법**

**제83조 (이의의 신청)**

① 중앙토지수용위원회의 제34조에 따른 재결에 이의가 있는 자는 중앙토지수용위원회에 이의를 신청할 수 있다.

② 지방토지수용위원회의 제34조에 따른 재결에 이의가 있는 자는 해당 지방토지수용위원회를 거쳐 중앙토지수용위원회에 이의를 신청할 수 있다.

③ 제1항 및 제2항에 따른 이의의 신청은 재결서의 정본을 받은 날부터 30일 이내에 하여야 한다.

**제84조 (이의신청에 대한 재결)**

① 중앙토지수용위원회는 제83조에 따른 이의신청을 받은 경우 제34조에 따른 재결이 위법하거나 부당하다고 인정할 때에는 그 재결의 전부 또는 일부를 취소하거나 보상액을 변경할 수 있다.

② 제1항에 따라 보상금이 늘어난 경우 사업시행자는 재결의 취소 또는 변경의 재결서 정본을 받은 날부터 30일 이내에 보상금을 받을 자에게 그 늘어난 보상금을 지급하여야 한다. 다만, 제40조 제2항 제1호·제2호 또는 제4호에 해당할 때에는 그 금액을 공탁할 수 있다.

**제85조 (행정소송의 제기)**

① 사업시행자, 토지소유자 또는 관계인은 제34조에 따른 재결에 불복할 때에는 재결서를 받은 날부터 90일 이내에, 이의신청을 거쳤을 때에는 이의신청에 대한 재결서를 받은 날부터

60일 이내에 각각 행정소송을 제기할 수 있다. 이 경우 사업시행자는 행정소송을 제기하기 전에 제84조에 따라 늘어난 보상금을 공탁하여야 하며, 보상금을 받을 자는 공탁된 보상금을 소송이 종결될 때까지 수령할 수 없다.

② 제1항에 따라 제기하려는 행정소송이 보상금의 증감(增減)에 관한 소송인 경우 그 소송을 제기하는 자가 토지소유자 또는 관계인일 때에는 사업시행자를, 사업시행자일 때에는 토지소유자 또는 관계인을 각각 피고로 한다.

### 제88조(처분효력의 부정지)

제83조에 따른 이의의 신청이나 제85조에 따른 행정소송의 제기는 사업의 진행 및 토지의 수용 또는 사용을 정지시키지 아니한다.

## 1. 원처분주의와 재결주의

### 1) 의의

#### ① 원처분주의

행정소송법상 재결에 대한 취소소송은 재결 자체에 고유한 위법이 있음을 이유로 하는 경우에 한정된다. 행정심판의 재결을 거쳐 취소소송을 제기하는 경우에도 원칙적으로 원처분을 대상으로 한다. 이를 원처분주의라고 한다. 행정소송법이 이러한 규정을 둔 취지는 하나의 처분의 위법성을 이유로 원처분에 대한 취소소송과 재결에 대한 취소소송이 동시에 제기될 경우에 예상되는 법원의 판단의 저촉문제나 소송의 비경제 등을 회피하기 위한 것이다.

#### ② 재결주의

재결주의란 원처분을 행정쟁송의 대상으로 인정하지 않고 재결만을 행정쟁송의 대상으로 인정하되, 재결 자체의 위법뿐만 아니라 원처분의 위법도 재결에 대한 취소소송에서 주장할 수 있게 하는 제도를 말한다.

### 2) 행정소송법의 규정 (원처분주의)

행정소송법 제19조, 제38조는 원처분과 아울러 재결에 대하여도 취소소송이나 무효등확인소송 등 항고소송을 제기할 수 있도록 하면서 다만, 재결에 대한 소송에 있어서는 원처분의 위법을 이유로 할 수 없고 재결 자체에 고유한 위법이 있음을 이유로 하는 경우에 한하도록 하여 (행정소송법은) 원처분주의를 채택하고 있다.

## 2. 이의신청

중앙토지수용위원회의 재결에 이의가 있는 자는 중앙토지수용위원회에, 지방토지수용위원회의 재결에 이의가 있는 자는 해당 지방토지수용위원회를 거쳐 중앙토지수용위원회에 이의를 신청할 수 있다. 이의의 신청은 재결서의 정본을 받은 날부터 30일 이내에 하여야 한다.

## 3. 행정소송의 제기

### 1) 임의적 전치주의

구「토지수용법」은 이의신청전치주의가 채택되어 있었으나, 현행「토지보상법」은 임의적 전치주의를 취하고 있어 이의신청을 거쳐 행정소송을 제기할 수도 있고, 이의신청을 거치지 않고 바로 행정소송을 제기할 수도 있다.

### 2) 항고소송

사업시행자, 토지소유자 또는 관계인은 수용재결(원처분)에 불복할 때에는 재결서를 받은 날부터 90일 이내에, 이의신청을 거쳤을 때에는 이의신청에 대한 재결서를 받은 날부터 60일 이내에 각각 행정소송을 제기할 수 있다. 현행「토지보상법」제85조 제1항은 수용재결에 대해서도 행정소송을 제기할 수 있다고 규정하고 있다. 수용재결에 대하여 소송을 제기한 경우에 피고는 해당 토지수용위원회가 된다. 토지수용위원회의 재결(수용재결)은 원처분(형성적 행정행위 중 대리)의 성질을 가지고 일반적인 재결(준법률행위 중 확인)과는 성질이 다르므로, 수용재결에 대해서 항고소송을 제기하는 것은 원처분주의에 반하지 않는다.

### 3) 보상금증감소송

토지수용위원회의 재결에 대해 불복이 있는 자는 이의신청을 거치지 아니하고 행정소송을 제기할 수 있으나, (토지소유자가 사업시행자에게) 토지수용위원회의 재결조차 전혀 거치지 않고 바로 손실보상청구소송을 제기 할 수는 없다. 재결은 수용결정부분과 보상액결정부분으로 되어 있다. 따라서 이를 분리하여 수용결정을 대상으로 하는 경우에는 취소소송을 제기하고, 보상액결정을 대상으로 하는 경우에는 보상액증감소송을 제기할 수 있다.

보상액에 관한 재결에 불복이 있는 경우에는 직접 보상금의 증감을 구하는 행정소송을 제기할 수 있고, 제기기간은 이의신청을 거치지 않은 경우에는 재결서를 송달 받은 날로부터 90일 이내에, 이의신청을 거친 경우에는 60일 이내에 보상금증감소송을 제기할 수 있다. 「토지보상법」은 소송을 제기하는 자가 토지소유자 또는 관계인인 때에는 사업시행자를 피고로 하고, 사업시행자인 때에는 토지소유자 또는 관계인을 각각 피고로 하도록 규정함으로써 '형식적 당사자소송'을 명문으로 규정하고 있다.

## Ⅳ. 환매권

### 1. 의의

**환매권**이란 공익사업을 위해 취득된 토지가 해당 공익사업의 시행에 필요하지 않게 되었거나 일정기간 동안 해당 공익사업에 사용되지 아니하는 경우, 원래의 피수용자가 일정한 요건 하에 이를 **다시 매수**하여 소유권을 회복할 수 있는 권리를 말한다. 공용수용은 특정한 공익사업을 위하여 개인의 재산을 강제로 취득하는 것인데, 수용된 토지가 해당 공익사업을 위하여 불필요하게 된 경우에는 원래의 피수용자에게 그 소유권을 회복시켜 주는 것은 당연한 것이다. **환매의 대상**은 **토지소유권**에 한정되며, 토지에 관한 소유권 이외의 권리 및 토지 이외의 물건은 환매의 대상이 되지 않는다.

### 2. 법적 성질

#### 1) 사권

환매권의 법적 성질을 다수설은 공권으로 보고 있다. 그러나 판례는 환매도 매매의 일종이므로 금전의 지급을 중요시한다는 점에서 사권으로 이해하고 있다. 따라서 환매권과 관련된 법률관계 역시 사법관계에 해당한다고 본다.

#### 2) 형성권

**환매권**은 형성권으로서 환매권자의 일방적인 의사표시에 의해 **사업시행자의 의사와 관계없이** 법률효과가 발생하므로 환매의 의사표시가 상대방에게 도달한 때에 환매권 행사의 효력이 발생함이 원칙이다. 본래 매매계약은 한쪽이 청약을 하고, 다른 한쪽이 그 청약을 승낙함으로써 성립하는 것인데, 환매권은 형성권이므로 한쪽만의 의사표시인 환매권의 행사에 의해 매매계약이 체결된 것과 동일한 법률관계가 발생하게 된다. 매매계약이 체결된 것과 동일한 법적 효과가 발생하므로, **환매권자가 소유권이전등기청구권을 갖게 되는 것**이다. 또한 협의취득 또는 수용의 목적물이 제3자에게 이전되더라도 협의취득 또는 수용의 **등기**가 되어 있으면 환매권자는 환매권이 발생한 때부터 제척기간 도과로 소멸할 때까지 사이에 환매권을 행사하고, 이로써 제3자에게 **대항**할 수 있다.

| 판례 | 환매권은 개별법규가 인정한 민사법상의 권리이며, 환매는 환매기간 내에 환매의 요건이 발생하면 환매권자가 수령한 보상금의 상당액을 사업시행자에게 지급하고 일방적으로 의사표시를 함으로써 사업시행자의 의사에 관계없이 성립되는 것으로서 **환매권**은 **형성권**의 일종이라고 할 것이다(헌재 2006.11.30. 2005헌가20). |

| 판례 | 구 공익사업을 위한 토지 등의 취득 및 보상에 관한 법률 제91조 제5항은 '환매권은 부동산등기법이 정하는 바에 의하여 공익사업에 필요한 토지의 협의취득 또는 수용의 등기가 된 때에는 제3자에게 대항할 수 있다'고 정하고 있다. 이는 협의취득 또는 수용의 목적물이 제3자에게 이전되더라도 협의취득 또는 수용의 등기가 되어 있으면 환매권자의 지위가 그대로 유지되어 환매권자는 환매권을 행사할 수 있고, 제3자에 대해서도 이를 주장할 수 있다는 의미이다(대판 2017.3.15. 2015다238963). |

## 3. 환매요건

환매권 성립의 요건으로서 **협의취득 또는 수용된 토지가 필요 없게 되었는지 여부**는 사업시행자의 주관적인 의사를 표준으로 할 것은 아니고 객관적·합리적으로 판단하여야 한다.

| 판례 | 협의취득 또는 수용된 토지가 필요 없게 되었는지 여부는 사업시행자의 주관적인 의사를 표준으로 할 것이 아니라 당해 사업의 목적과 내용, 협의취득의 경위와 범위, 당해 토지와 사업의 관계, 용도 등 여러 사정에 비추어 객관적·합리적으로 판단하여야 한다(대판 2011.5.13. 2010다6567). |

확인 문제

▶ 환매권은 형성권으로서 환매권자의 일방적인 의사표시에 의해 사업시행자의 의사와 관계없이 법률효과가 발생하므로 환매의 의사표시가 상대방에게 도달한 때에 환매권 행사의 효력이 발생함이 원칙이다. *(2019 지방직 7급)*  O X

▶ 협의취득 또는 수용의 목적물이 제3자에게 이전되더라도 협의취득 또는 수용의 등기가 되어 있으면 환매권자는 환매권이 발생한 때부터 제척기간 도과로 소멸할 때까지 사이에 환매권을 행사하고, 이로써 제3자에게 대항할 수 있다. *(2019 지방직 7급)*  O X

▶ 환매권 성립의 요건으로서 협의취득 또는 수용된 토지가 필요 없게 되었는지 여부는 사업시행자의 주관적인 의사를 표준으로 할 것은 아니다. *(2019 지방직 7급)*  O X

1) 토지의 협의취득일 또는 수용의 개시일부터 10년 이내에 취득한 **토지의 전부 또는 일부가 필요 없게 된 경우**

> **토지보상법 제91조 (환매권)**
>
> ① 토지의 협의취득일 또는 수용의 개시일(이하 이 조에서 "취득일"이라 한다)부터 **10년** 이내에 해당 사업의 폐지·변경 또는 그 밖의 사유로 취득한 토지의 전부 또는 일부가 필요 없게 된 경우 취득일 당시의 토지소유자 또는 그 포괄승계인(이하 "환매권자"라 한다)은 그 토지의 전부 또는 일부가 필요 없게 된 때부터 **1년** 또는 그 취득일부터 **10년** 이내에 그 토지에 대하여 받은 보상금에 상당하는 금액을 사업시행자에게 지급하고 그 토지를 **환매**할 수 있다.

2) 토지의 협의취득일 또는 수용의 개시일부터 5년 이내에 취득한 **토지의 전부를 해당 사업에 이용하지 아니한 경우**

> **토지보상법 제91조 (환매권)**
>
> ② 취득일부터 **5년** 이내에 취득한 토지의 전부를 해당 사업에 이용하지 아니하였을 때에는 제1항을 준용한다. 이 경우 환매권은 취득일부터 **6년** 이내에 행사하여야 한다.

취득한 토지가 **해당 사업에 필요는 한 데** (여러가지 사정으로) 5년 간 이용을 하지 **않은** 경우도 존재할 수 있으므로 토지보상법 제91조 제2항은 제1항과 구별되는 실익이 있다.

## 4. 환매권 발생통지

> **토지보상법 제92조 (환매권의 통지 등)**
>
> ① 사업시행자는 제91조 제1항 및 제2항에 따라 환매할 토지가 생겼을 때에는 **지체 없이** 그 사실을 환매권자에게 **통지**하여야 한다. 다만, 사업시행자가 과실 없이 환매권자를 알 수 없을 때에는 대통령령으로 정하는 바에 따라 공고하여야 한다.
> ② 환매권자는 제1항에 따른 통지를 받은 날 또는 공고를 한 날부터 **6개월**이 지난 후에는 제91조 제1항 및 제2항에도 불구하고 환매권을 행사하지 못한다.

사업시행자는 환매할 토지가 생겼다는 사실을 지체 없이 환매권자에게 통지하여야 한다. 다만, 사업시행자가 과실 없이 환매권자를 알 수 없을 때에는 대통령령으로 정하는 바에 따라 공고하여야 한다. 물론, 토지보상법 제91조 제1항 및 제2항 규정을 검토해 보았을 때 통지는 환매권의 성립 및 효력요건은 아니다. 환매권자는 사업시행자의 통지가 없더라도 환매할 토지가 생긴 것을 알게 된 경우에도 토지보상법 제91조 제1항 및 제2항에서 정해진 기간 안에 환매권을 행사할 수 있다. 다만, **통지**와 관련하여 환매권 행사 등을 조속하게 확정하려는 의미로 비교적 짧은 기간인 6개월의 기간을 적시하여 환매권 행사의 확정을 종용하고 있다.

## 5. 환매권 행사 방법

환매권은 단순히 환매권 행사의 의사표시로 완성되는 것이 아니라, 환매권을 행사한다는 의사표시를 하기 전 또는 동시에 **수용으로 지급받은 보상금에 상당하는 금액을 지급**하는 방식으로 행사하여야 한다(토지보상법 제91조 제1항). 지급받은 보상금에 이자를 붙여서 돌려줄 필요는 없다. 지급받은 금액만을 돌려주면 된다. 따라서 원칙적으로 환매권 행사로 인한 소유권이전등기 청구소송에서 사업시행자는 (환매대금 증액청구권을 내세워) **증액된 환매대금과 보상금 상당액**의 차액도 지급할 것을 동시이행의 항변으로 주장할 수 없다. 그러나 당해 토지의 가격이 취득일 당시에 비하여 '현저히' 변동된 경우에는 먼저 사업시행자 및 환매권자는 환매가격에 대하여 서로 협의를 해보고, 협의가 성립되지 아니한 때에는 그 금액의 증감을 법원에 청구할 수 있다(토지보상법 제91조 제1항).

> 판례  사업시행자는 소로써 법원에 환매대금의 증액을 청구할 수 있을 뿐 환매권 행사로 인한 소유권이전등기 청구소송에서 사업시행자는 환매대금 증액청구권을 내세워 증액된 환매대금과 보상금 상당액의 차액을 지급할 것을 선이행 또는 동시이행의 항변으로 주장할 수 없다(대판 2006.12.21. 2006다49277).

확인 문제

▶ 환매권 행사로 인한 소유권이전등기 청구소송에서 사업시행자는 환매대금 증액청구권을 내세워 증액된 환매대금과 보상금 상당액의 차액을 지급할 것을 동시이행의 항변으로 주장할 수 있다. *(2019 지방직 7급)*  O X

정답  186 페이지

## 6. 공익사업의 변환(환매권 부대제도)

### 1) 의의

공익사업의 변환이란 공익사업을 위하여 토지를 협의취득 또는 수용한 공익사업이 다른 공익사업으로 변경된 경우, 별도의 협의취득 또는 수용 없이도 당해 협의취득 또는 수용된 토지를 변경된 다른 공익사업에 이용할 수 있게 하는 제도를 말한다. 본래 공익사업을 위하여 토지를 취득하였으나, 해당 공익사업에 사용되지 않거나 필요하지 않게 된 경우에는 일정한 요건을 충족한 경우 환매권 행사의 대상이 된다. 그러나 <u>본래 목적된 공익사업에 사용되지 않거나 필요하지 않게 된 이유가 다른 공익사업이 시행될 것이기 때문이라면, 소유권이 다시 환매자에게 되돌아갔다 하더라도 어차피 다시 수용절차를 밟을 것이기 때문에 무용한 행정절차를 반복하게 되는 꼴이 되는바, 이를 방지하기 위해 공익사업의 변환제도를 두었다.</u>

### 2) 허용요건

공익사업의 변환은 환매권이 행사에 대한 규정이 있음에도 불구하고 실질적인 제한이 될 수 있기 때문에 매우 예외적으로만 허용된다. 공익사업의 변환은 변경 전(前) 사업의 시행자가 **국가나 지방자치단체**, 「공공기관의 운영에 관한 법률」 제4조에 따른 공공기관 중 **대통령령으로 정하는 공공기관**인 경우에만 허용되고, 민간기업인 경우에는 허용되지 않는다.

---

**토지보상법 제4조 (공익사업)**

이 법에 따라 토지 등을 취득하거나 사용할 수 있는 사업은 다음 각 호의 어느 하나에 해당하는 사업이어야 한다.

1. 국방·군사에 관한 사업

2. 관계 법률에 따라 허가·인가·승인·지정 등을 받아 공익을 목적으로 시행하는 철도·도로·공항·항만·주차장·공영차고지·화물터미널·궤도(軌道)·하천·제방·댐·운하·수도·하수도·하수종말처리·폐수처리·사방(砂防)·방풍(防風)·방화(防火)·방조(防潮)·방수(防水)·저수지·용수로·배수로·석유비축·송유·폐기물처리·전기·전기통신·방송·가스 및 기상 관측에 관한 사업

3. 국가나 지방자치단체가 설치하는 청사·공장·연구소·시험소·보건시설·문화시설·공원·수목원·광장·운동장·시장·묘지·화장장·도축장 또는 그 밖의 공공용 시설에 관한 사업

4. 관계 법률에 따라 허가·인가·승인·지정 등을 받아 공익을 목적으로 시행하는 학교·도서관· 박물관 및 미술관 건립에 관한 사업

5. 국가, 지방자치단체, 「공공기관의 운영에 관한 법률」 제4조에 따른 공공기관, 「지방공기업법」에 따른 지방공기업 또는 국가나 지방자치단체가 지정한 자가 임대나 양도의 목적으로 시행하는 주택 건설 또는 택지 및 산업단지 조성에 관한 사업

6. 제1호부터 제5호까지의 사업을 시행하기 위하여 필요한 통로, 교량, 전선로, 재료 적치장 또는 그 밖의 부속시설에 관한 사업

7. 제1호부터 제5호까지의 사업을 시행하기 위하여 필요한 주택, 공장 등의 이주단지 조성에 관한 사업

8. 그 밖에 별표에 규정된 법률에 따라 토지등을 수용하거나 사용할 수 있는 사업

### 3) 공익사업 변환의 효과

**토지보상법 제91조 (환매권)**

⑥ 국가, 지방자치단체 또는 「공공기관의 운영에 관한 법률」 제4조에 따른 공공기관 중 대통령령으로 정하는 공공기관이 사업인정을 받아 공익사업에 필요한 토지를 협의취득하거나 수용한 후 해당 공익사업이 제4조 제1호부터 제5호까지에 규정된 **다른 공익사업**(별표에 따른 사업이 제4조 제1호부터 제5호까지에 규정된 공익사업에 해당하는 경우를 포함한다)**으로 변경**된 경우 제1항 및 제2항에 따른 환매권 행사기간은 관보에 해당 공익사업의 변경을 고시한 날부터 기산(起算)한다. 이 경우 국가, 지방자치단체 또는 「공공기관의 운영에 관한 법률」 제4조에 따른 공공기관 중 대통령령으로 정하는 공공기관은 공익사업이 변경된 사실을 대통령령으로 정하는 바에 따라 환매권자에게 통지하여야 한다.

토지보상법 제91조 제6항은 공익사업의 변환이 있는 경우에는 환매권 행사기간이 관보에 해당 공익사업의 변경을 고시한 날부터 기산되게 하고 있다.

## 제5장 공용환자

### I. 공용환지의 의의

공용환지라 함은 토지의 이용가치를 전반적으로 증진하기 위하여, 일정 지역 내 토지의 소유권이나 기타의 권리를 권리자의 의사와 관계없이 **강제적**으로 **교환하거나 분합(분리·결합)**하는 것을 의미한다. 공용환지가 이루어지면 권리자는 종전의 토지에 관한 권리를 상실하고 그에 상당하는 다른 곳에 있는 토지에 관한 권리를 새로 취득하게 된다.

### II. 도시개발법상 공용환지 절차

#### 1. 도시개발구역의 지정

환지방식에 의한 도시개발사업이 시행되기 위해서는 먼저 도시개발법에 의하여 **도시개발구역이 지정**되어야 한다.

#### 2. 환지계획

##### 1) 의의

환지계획이란 도시개발사업이 완료된 경우에 행할 환지처분의 계획을 말한다. 환지처분의 내용은 이 환지계획에서 정해진다.

##### 2) 처분성

판례는 환지계획에 대하여 환지예정지처분이나 환지처분의 근거가 될 뿐이므로 계획 자체만으로는 국민의 권리·의무에 아직 확정적으로 영향을 줄 수 없어서 처분성이 없다고 보고 있다.

#### 3. 환지예정지처분

##### 1) 의의

일반적으로 도시개발 과정에서 환지공사가 완료되는 데는 상당한 시일이 필요하다. 따라서 도시개발사업이 완료되기 전이라도 환지처분이 있는 것과 같은 상태를 형성할 필요가 있는데, 이를 위해 환지예정지처분이 인정된다. 환지예정지처분은 아직 환지공사 완료 전이라 하더라도, 환지처분이 행하여진 것과 같이 특정한 토지에 대하여 권리를 행사할 수 있게 함으로써 해당 국민의 권리관계의 불안정한 상태를 해소하려는 취지에서 행하는 처분이다.

## 2) 처분성

환지예정지처분은 일반적으로 해당 국민의 권리·의무에 확정적으로 영향을 주므로 처분성이 인정된다. 도시개발사업이 완료되기 전인지 후인지에 따라서 환지예정지처분과 환지처분은 구별되지만 결국 환지예정지처분의 대상이 환지처분의 대상이 되는 경우가 대부분이므로 환지예정지처분 단계에서 이미 해당 국민의 권리·의무에 확정적으로 영향을 준다고 보는 것이 타당하다. 환지처분이 공고되어 효력이 발생하게 되면 환지예정지처분은 효력이 소멸한다. 따라서 환지처분이 공고된 후에는 환지예정지처분에 대하여 취소를 구할 법률상 이익이 없게 된다.

## 3) 효과

### 도시개발법 제36조 (환지 예정지 지정의 효과)

① 환지예정지가 지정되면 종전의 토지의 소유자와 임차권자 등은 환지예정지 지정의 효력 발생일부터 환지처분이 공고되는 날까지 환지예정지나 해당 부분에 대하여 종전과 같은 내용의 권리를 행사할 수 있으며 종전의 토지는 사용하거나 수익할 수 없다.

환지예정지가 지정된 경우에는 종전의 토지에 관한 토지소유자 및 임차권자 등은 '환지예정지에 대하여' 종전과 동일한 내용의 권리를 행사할 수 있으며, 종전의 토지는 사용하거나 수익할 수 없다.

## 4. 환지처분

## 1) 의의

**환지처분**이란 종전의 토지에 대하여 소유권 기타의 권리를 가진 자에게 종전의 토지에 갈음하는 환지계획에서 정하여진 토지를 배당하여 이를 종국적으로 귀속시키는 행정처분을 말한다. 환지처분은 직접적으로 당사자들의 권리관계를 변경시키는 것이므로 형성적 행정행위에 해당한다. **환지처분이 고시되어 효력을 발생**한 이상, 환지처분의 대상이 된 특정 토지에 대한 개별적인 환지가 지정되어 있어야만 환지처분에 따른 (소유권 상실의) 효과가 발생하는 것은 아니다.

확인 문제

▶ 환지처분이 고시되어 효력을 발생한 이상, 환지처분의 대상이 된 특정 토지에 대한 개별적인 환지가 지정되어 있어야만 환지처분에 따른 소유권 상실의 효과가 그 토지에 대하여 발생하는 것은 아니다. *(2020 지방직 7급)*

O X

정답 186 페이지

> **판례** 일단 환지처분이 고시되어 효력을 발생한 이상, 환지처분의 대상이 된 특정 토지에 대한 개별적인 '환지'가 지정되어 있어야만 환지처분에 따른 소유권 상실의 효과가 그 토지에 대하여 발생하는 것은 아니다(대판 2019.1.31. 2018다255105).

### 2) 환지계획과 환지처분의 관계

환지처분의 내용은 환지계획에 따라 사전에 정해지고, 환지처분은 그 내용을 그대로 실현하는 작용이 된다.

### 3) 환지처분의 일부 취소소송

환지처분이 일단 공고되어 그 효력이 발생하면, 그 환지처분의 일부가 위법하다 하더라도 일부에 대해서만 취소소송을 제기하는 것은 허용되지 않는다. 따라서 전부 취소소송을 제기하든지 아니면 국가배상청구소송 등을 통해서 해결하여야 한다.

## 5. 입체환지

> **도시개발법 제32조 (입체환지)**
>
> ① 시행자는 도시개발사업을 원활히 시행하기 위하여 특히 필요한 경우에는 토지 또는 건축물 소유자의 신청을 받아 건축물의 일부와 그 건축물이 있는 토지의 공유지분을 부여할 수 있다. 다만, 토지 또는 건축물이 대통령령으로 정하는 기준 이하인 경우에는 시행자가 규약·정관 또는 시행규정으로 신청대상에서 제외할 수 있다.

## 제6장 공용환권

## I. 공용환권의 의의

**공용환권**은 **도시공간의 효용가치를 증진**하기 위하여 특정 지구 내 토지의 구획 및 형질을 변경하여, 종전의 토지와 건축물에 관한 권리를 새로 건축된 건축물 및 토지에 관한 권리로 강제로 변환시키는 토지 및 건축물에 관한 입체적 변환방식을 말한다. 공용환권은 공용환지와 달리 단순히 토지소유권 기타 토지에 관한 권리 사이에 교환·분리·합체를 정하는 데 그치지 않고, 토지와 건축물 전체에 대하여 권리의 변경을 실현시킨다는 점에서 구별된다. 또 입체환지는 토지소유자의 동의를 얻어 시행하는 것이라는 점에서 강제성을 담보로 하는 공용환권은 입체환지와는 다르다.

## II. 재건축·재개발사업의 정의

**도시 및 주거환경정비법 제2조 (정의)**

이 법에서 사용하는 용어의 뜻은 다음과 같다.

1. **"정비구역"**이란 정비사업을 계획적으로 시행하기 위하여 제16조에 따라 지정·고시된 구역을 말한다.

2. **"정비사업"**이란 이 법에서 정한 절차에 따라 도시기능을 회복하기 위하여 정비구역에서 정비기반시설을 정비하거나 주택 등 건축물을 개량 또는 건설하는 다음 각 목의 사업을 말한다.

가. **주거환경개선사업** : 도시저소득 주민이 집단거주하는 지역으로서 정비기반시설이 극히 열악하고 노후·불량건축물이 과도하게 밀집한 지역의 주거환경을 개선하거나 단독주택 및 다세대주택이 밀집한 지역에서 정비기반시설과 공동이용시설 확충을 통하여 주거환경을 보전·정비·개량하기 위한 사업

나. **재개발사업** : 정비기반시설이 열악하고 노후·불량건축물이 밀집한 지역에서 주거환경을 개선하거나 상업지역·공업지역 등에서 도시기능의 회복 및 상권활성화 등을 위하여 도시환경을 개선하기 위한 사업

다. **재건축사업** : 정비기반시설은 양호하나 노후·불량건축물에 해당하는 공동주택이 밀집한 지역에서 주거환경을 개선하기 위한 사업

## III. 재건축·재개발사업 절차

### 1. 사업준비

#### 1) 정비기본계획의 수립 및 승인

특별시장·광역시장·특별자치시장·특별자치도지사 또는 시장은 관할구역에 대하여 도시·주거환경정비기본계획을 **10년** 단위로 수립하여야 한다(도시정비법 제4조 제1항). 특별시장·광역시장·특별자치시장·특별자치도지사 또는 시장을 도시·주거환경정비기본계획의 수립권자라 하는데, 기본계획의 수립권자는 기본계획을 수립할 때는 14일 이상 주민에게 공람하여 주민의 의견을 들어야 한다(도시 및 주거환경정비법 제6조 제1항).

## 2) 정비계획의 입안 및 정비구역의 지정

정비계획은 특별시장·광역시장·특별자치시장·특별자치도지사·시장·광역시의 군수가 아닌 군수가 입안하는 경우와, 자치구청장이나 광역시의 군수가 입안하는 경우가 있다. 자치구청장이나 광역시의 군수가 입안하는 경우에는 정비계획을 수립하여 지방의회의 의견을 들은 후 특별시장과 광역시장에게 정비구역지정을 신청하여야 하여야 정비구역의 지정이 이루어진다(도시정비법 제8조 제5항).

## 2. 재건축·재개발조합의 설립

### 1) 재건축·재개발 조합설립추진위원회

재건축조합과 재개발조합은 정비사업의 시행을 목적으로 결성된 토지 등 소유자의 단체를 말하는데, 도시 및 주거환경정비법(이하 '도시정비법'이라 한다)에 의하여 법인격이 인정된다.

**재개발사업**은 재건축조합이 단독으로 시행하거나 기타 기관과 공동으로 시행하는 방법(도시정비법 제35조 제1항 제1호)과 재건축조합을 설립하지 않고 토지 등의 소유자가 직접 단독으로 시행하거나 기타 기관과 공동으로 시행하는 방법(도시정비법 제35조 제1항 제1호)이 있다. **재건축사업**은 재건축조합이 단독으로 시행하거나 기타 기관과 공동으로 시행하는 방법이 있다(도시정비법 제35조 제2항). 이 때 재건축조합이나 재개발조합을 설립하려는 목적으로 조합설립추진위원회가 구성이 되는데, 조합설립추진위원회가 행한 업무와 관련된 권리·의무는 그대로 해당 조합에 포괄승계가 된다. 이러한 재개발사업의 추진위원회가 조합을 설립하려면 토지 등 소유자의 4분의 3 이상 및 토지면적의 2분의 1 이상의 토지소유자의 동의를 받아 정관 등의 서류를 첨부하여 시장·군수 등의 인가를 받아야 한다(도시정비법 제35조 제2항).

### 2) 재건축·재개발조합의 법적 지위

재건축·재개발조합이 설립되면 여러 가지 권리·의무가 귀속되며 행정주체의 지위도 갖게 된다. 재개발사업이나 재건축사업이라는 공익상의 목적을 달성하기 때문에 이 조합들이 하는 행위는 공법적인 행위가 되고 공법관계가 형성이 된다.

### 3) 재건축·재개발조합과 조합원

재건축·재개발조합과 조합원의 관계는 원칙적으로 공법관계에 해당한다.

### 4) 조합설립인가

시장이나 군수의 **조합설립인가**는 법령에 있는 서류 등 요건을 갖춰서 신청한 경우 도시정비법상 주택재개발사업을 시행할 수 있는 권한을 가지는 행정주체로서의 지위를 부여하는 일종의 설권적 처분(특허)에 해당한다고 본다. 조합은 조합설립인가를 받은 날부터 30일 이내에 주된 사무소의 소재지에서 대통령령으로 정하는 사항을 등기하는 때에 성립한다(도시정비법 제38조 제2항).

### 3. 재건축·재개발사업의 시행계획서

**도시 및 주거환경정비법 제52조 (사업시행계획서의 작성)**

① 사업시행자는 정비계획에 따라 다음 각 호의 사항을 포함하는 사업시행계획서를 작성하여야 한다.

1. 토지이용계획(건축물배치계획을 포함한다)

2. 정비기반시설 및 공동이용시설의 설치계획

3. 임시거주시설을 포함한 주민이주대책

4. 세입자의 주거 및 이주 대책

5. 사업시행기간 동안 정비구역 내 가로등 설치, 폐쇄회로 텔레비전 설치 등 범죄예방대책

6. 제10조에 따른 임대주택의 건설계획(재건축사업의 경우는 제외한다)

7. 제54조 제4항에 따른 소형주택의 건설계획(주거환경개선사업의 경우는 제외한다)

8. 공공지원민간임대주택 또는 임대관리 위탁주택의 건설계획(필요한 경우로 한정한다)

9. 건축물의 높이 및 용적률 등에 관한 건축계획

10. 정비사업의 시행과정에서 발생하는 폐기물의 처리계획

11. 교육시설의 교육환경 보호에 관한 계획(정비구역부터 200미터 이내에 교육시설이 설치되어 있는 경우로 한정한다)

12. 정비사업비

13. 그 밖에 사업시행을 위한 사항으로서 대통령령으로 정하는 바에 따라 시·도조례로 정하는 사항

## 4. 분양신청 및 관리처분계획

### 1) 분양신청

도시정비법상 공용환권은 분양신청과 관리처분계획에 따른 공용환권에 의해 행해진다. 분양신청은 대지 또는 건축물에 대한 분양을 받고자 하는 토지 등 소유자는 분양신청기간 이내에 사업시행자에게 대지 또는 건축물에 대한 분양신청을 하여야 한다.

### 2) 관리처분계획(공용환권계획)

관리처분계획은 분양대상자, 분양가액, 조합원의 비용분담 등 토지소유자의 권리·의무에 관한 사항을 확정하는 행정계획이다. 즉 관리처분계획은 토지 등 소유자의 종전 토지와 건축물에 대한 권리를 새로 조성되는 대지와 건축물에 대한 권리로 변환시키는 공용환권계획에 해당한다. 분양신청기간이 종료되면, 사업시행자는 분양설계, 분양대상자의 주소 및 성명, 분양예정인 대지 또는 건물의 추산액, 분양가격, 정비사업비의 추산액 및 그에 따른 조합원의 부담규모 및 부담시기 등을 포함한 관리처분계획을 수립하여 총회의 의결을 거친 후 시장·군수의 인가를 받아야 한다(도시정비법 제74조 제1항).

## 5. 사업의 진행 및 완료

### 1) 철거 및 준공인가

사업시행자는 관리처분계획인가를 받은 후 기존의 건축물을 철거하여야 하며(도시정비법 제81조 제2항), 시장·군수 등이 아닌 사업시행자가 정비사업 공사를 완료한 때에는 대통령령으로 정하는 방법 및 절차에 따라 시장·군수 등의 준공인가를 받아야 한다(도시정비법 제83조 제1항).

### 2) 관리처분

도시정비법상 관리처분은 강학상 공용환권을 의미하며 이전고시 및 청산에 의해 이루어진다. 이전고시 자체를 관리처분(공용환권) 혹은 분양처분이라 부르기도 한다.

### 3) 이전고시

이전고시는 관리처분계획에서 정비사업의 시행이 완료된 후에 행할 것을 정한 사항에 해당하는 분양받을 자에게 대지와 건축물의 소유권을 이전한다는 내용을 담은 고시를 의미한다. 이전고시가 있으면 공용환권이 이루어진다. 즉 대지 또는 건물을 분양받은 자는 이전고시가 효력을 발생한 날에 종전의 소유권을 상실하고, 고시가 있는 날의 다음 날에 새로운 대지 또는 건축물의 소유권을 취득한다. 따라서 이전고시는 처분에 해당한다.

## 4) 청산

대지 또는 건축물을 분양받은 자가 종전에 소유하고 있던 토지 또는 건축물의 가격과 분양받은 대지 또는 건축물의 가격 사이에 차이가 있는 경우에는 사업시행자는 이전고시가 있은 후에 그 차액에 상당하는 금액(청산금)을 분양받은 자로부터 징수하거나 분양받은 자에게 지급하여야 한다(도시정비법 제89조 제1항).

## 5) 해산

조합은 이전고시, 건축물에 대한 등기절차, 청산금 징수 및 지급을 완료한 경우 조합해산결의를 하고 청산등기를 하여 해산절차를 이행한다.

Administrative Law

우선순위
행정법각론

제6편

확인문제 정답

• 빨간색 표시가  정답  입니다.

• O X 국가 등의 공적 기관이 직접 수용의 주체가 되는 것이든 그러한 공적 기관의 최종적인 허부판단과 승인결정하에 민간기업이 수용의 주체가 되는 것이든, 양자 사이에 공공필요에 대한 판단과 수용의 범위에 있어서 본질적인 차이가 있는 것은 아니다. 〈2020 국가직 7급〉
160페이지

• O X 사업인정기관은 어떠한 사업이 외형상 토지 등을 수용 또는 사용할 수 있는 사업에 해당한다 하더라도, 사업시행자에게 해당 공익사업을 수행할 의사와 능력이 없다면 사업인정을 거부할 수 있다. 〈2020 국가직 7급〉 161페이지

• O X 토지수용위원회가 토지에 대하여 사용재결을 하는 경우 사용할 토지의 위치와 면적, 권리자, 손실보상액, 사용 개시일뿐만 아니라 사용방법, 사용기간도 구체적으로 재결서에 특정하여야 한다. 〈2020 국가직 7급〉 166페이지

• O X 협의취득으로 인한 사업시행자의 토지에 대한 소유권 취득은 승계취득이므로 관할 토지수용위원회에 의한 협의 성립의 확인이 있었더라도 사업시행자는 수용재결의 경우와 동일하게 그 토지에 대한 원시취득의 효과를 누릴 수 없다. 〈2020 국가직 7급〉 166페이지

• O X 환매권은 형성권으로서 환매권자의 일방적인 의사표시에 의해 사업시행자의 의사와 관계없이 법률효과가 발생하므로 환매의 의사표시가 상대방에게 도달한 때에 환매권 행사의 효력이 발생함이 원칙이다. 〈2019 지방직 7급〉 171페이지

• O X 협의취득 또는 수용의 목적물이 제3자에게 이전되더라도 협의취득 또는 수용의 등기가 되어 있으면 환매권자는 환매권이 발생한 때부터 제척기간 도과로 소멸할 때까지 사이에 환매권을 행사하고, 이로써 제3자에게 대항할 수 있다. 〈2019 지방직 7급〉 171페이지

- ○ X  환매권 성립의 요건으로서 협의취득 또는 수용된 토지가 필요 없게 되었는지 여부는 사업시행자의 주관적인 의사를 표준으로 할 것은 아니다. 〈2019 지방직 7급〉 171페이지

- ○ X  환매권 행사로 인한 소유권이전등기 청구소송에서 사업시행자는 환매대금 증액청구권을 내세워 증액된 환매대금과 보상금 상당액의 차액을 지급할 것을 동시이행의 항변으로 주장할 수 있다. 〈2019 지방직 7급〉 173페이지

- ○ X  환지처분이 고시되어 효력을 발생한 이상, 환지처분의 대상이 된 특정 토지에 대한 개별적인 환지가 지정되어 있어야만 환지처분에 따른 소유권 상실의 효과가 그 토지에 대하여 발생하는 것은 아니다. 〈2020 지방직 7급〉 177페이지

Administrative Law

우선순위
행정법각론

제7편　국토개발행정법

## 제1장 개설

## Ⅰ. 의의

국토개발행정(지역개발행정)은 **국토계획 또는 국토행정계획**이라고 부르기도 하는데, 지역사회의 사회적·경제적·문화적 발전의 기반이 되는 기본근간을 정비하고 미이용자원(토지 또는 생활공간 등)을 효율적으로 이용할 수 있는 상태로 조성하여 지역사회 및 국토를 장래를 향하여 적극적·계획적으로 형성하는 행정을 의미한다. 국토개발행정은 계획에 따라 공공시설의 정비, 토지이용의 규제·유도 등의 여러 행정수단을 종합하여 일정한 목적을 지향하여 행해지는 **전형적인 행정계획**에 해당한다.

## Ⅱ. 국토개발행정의 헌법적 근거

**헌법 제120조**

② 국토와 자원은 국가의 보호를 받으며, 국가는 그 균형있는 개발과 이용을 위하여 필요한 계획을 수립한다.

**헌법 제122조**

국가는 국민 모두의 생산 및 생활의 기반이 되는 국토의 효율적이고 균형있는 이용·개발과 보전을 위하여 법률이 정하는 바에 의하여 그에 관한 필요한 제한과 의무를 과할 수 있다.

헌법 제120조 제2항과 제122조는 국토개발행정의 헌법적 근거가 되고 있다. 이러한 헌법적 근거를 토대로 1970년대 이후 국토개발정책의 활발한 전개와 더불어 성격과 내용을 달리하는 수많은 법률이 제정된 결과, 현재는 상당히 복잡한 체계를 이루고 있다.

## Ⅲ. 국토기본법상 국토계획

**국토기본법 제6조 (국토계획의 정의 및 구분)**

① 이 법에서 "국토계획"이란 국토를 이용·개발 및 보전할 때 미래의 경제적·사회적 변동에 대응하여 국토가 지향하여야 할 발전 방향을 설정하고 이를 달성하기 위한 계획을 말한다.

② 국토계획은 다음 각 호의 구분에 따라 국토종합계획, 도종합계획, 시·군 종합계획, 지역계획 및 부문별계획으로 구분한다.

1. **국토종합계획** : 국토 전역을 대상으로 하여 국토의 장기적인 발전 방향을 제시하는 종합계획

2. **도종합계획** : 도 또는 특별자치도의 관할구역을 대상으로 하여 해당 지역의 장기적인 발전 방향을 제시하는 종합계획

3. **시·군종합계획** : 특별시·광역시·시 또는 군(광역시의 군은 제외한다)의 관할구역을 대상으로 하여 해당 지역의 기본적인 공간구조와 장기 발전 방향을 제시하고, 토지이용, 교통, 환경, 안전, 산업, 정보통신, 보건, 후생, 문화 등에 관하여 수립하는 계획으로서「국토의 계획 및 이용에 관한 법률」에 따라 수립되는 도시·군계획

4. **지역계획** : 특정 지역을 대상으로 특별한 정책목적을 달성하기 위하여 수립하는 계획

5. **부문별계획** : 국토 전역을 대상으로 하여 특정 부문에 대한 장기적인 발전 방향을 제시하는 계획

## Ⅳ. 국토의 계획 및 이용에 관한 법률(국토계획법)상 국토계획

**국토의 계획 및 이용에 관한 법률 제2조 (정의)**

이 법에서 사용하는 용어의 뜻은 다음과 같다.

1. **"광역도시계획"**이란 제10조에 따라 지정된 광역계획권의 장기발전방향을 제시하는 계획을 말한다.

2. **"도시·군계획"**이란 특별시·광역시·특별자치시·특별자치도·시 또는 군(광역시의 관할 구역에 있는 군은 제외한다. 이하 같다)의 관할 구역에 대하여 수립하는 공간구조와 발전방향에 대한 계획으로서 도시·군기본계획과 도시·군관리계획으로 구분한다.

3. **"도시·군기본계획"**이란 특별시·광역시·특별자치시·특별자치도·시 또는 군의 관할 구역에 대하여 기본적인 공간구조와 장기발전방향을 제시하는 종합계획으로서 도시·군관리계획 수립의 지침이 되는 계획을 말한다.

4. **"도시·군관리계획"**이란 특별시·광역시·특별자치시·특별자치도·시 또는 군의 개발·정비 및 보전을 위하여 수립하는 토지 이용, 교통, 환경, 경관, 안전, 산업, 정보통신, 보건, 복지, 안보, 문화 등에 관한 다음 각 목의 계획을 말한다.

가. 용도지역·용도지구의 지정 또는 변경에 관한 계획

나. 개발제한구역, 도시자연공원구역, 시가화조정구역(市街化調整區域), 수산자원보호구역의 지정 또는 변경에 관한 계획

다. 기반시설의 설치·정비 또는 개량에 관한 계획

라. 도시개발사업이나 정비사업에 관한 계획

마. 지구단위계획구역의 지정 또는 변경에 관한 계획과 지구단위계획

바. 입지규제최소구역의 지정 또는 변경에 관한 계획과 입지규제최소구역계획

5. **"지구단위계획"**이란 도시·군계획 수립 대상지역의 일부에 대하여 토지 이용을 합리화하고 그 기능을 증진시키며 미관을 개선하고 양호한 환경을 확보하며, 그 지역을 체계적·계획적으로 관리하기 위하여 수립하는 도시·군관리계획을 말한다.

5의2. **"입지규제최소구역계획"**이란 입지규제최소구역에서의 토지의 이용 및 건축물의 용도·건폐율·용적률·높이 등의 제한에 관한 사항 등 입지규제최소구역의 관리에 필요한 사항을 정하기 위하여 수립하는 도시·군관리계획을 말한다.

5의3. **"성장관리계획"**이란 성장관리계획구역에서의 난개발을 방지하고 계획적인 개발을 유도하기 위하여 수립하는 계획을 말한다.

6. **"기반시설"**이란 다음 각 목의 시설로서 대통령령으로 정하는 시설을 말한다.

가. 도로·철도·항만·공항·주차장 등 교통시설

나. 광장·공원·녹지 등 공간시설

다. 유통업무설비, 수도·전기·가스공급설비, 방송·통신시설, 공동구 등 유통·공급시설

라. 학교·공공청사·문화시설 및 공공필요성이 인정되는 체육시설 등 공공·문화체육시설

마. 하천·유수지(遊水池)·방화설비 등 방재시설

바. 장사시설 등 보건위생시설

사. 하수도, 폐기물처리 및 재활용시설, 빗물저장 및 이용시설 등 환경기초시설

7. **"도시·군계획시설"**이란 기반시설 중 도시·군관리계획으로 결정된 시설을 말한다.

8. **"광역시설"**이란 기반시설 중 광역적인 정비체계가 필요한 다음 각 목의 시설로서 대통령령으로 정하는 시설을 말한다.

가. 둘 이상의 특별시·광역시·특별자치시·특별자치도·시 또는 군의 관할 구역에 걸쳐 있는 시설

나. 둘 이상의 특별시·광역시·특별자치시·특별자치도·시 또는 군이 공동으로 이용하는 시설

9. **"공동구"**란 전기·가스·수도 등의 공급설비, 통신시설, 하수도시설 등 지하매설물을 공동 수용함으로써 미관의 개선, 도로구조의 보전 및 교통의 원활한 소통을 위하여 지하에 설치하는 시설물을 말한다.

10. **"도시·군계획시설사업"**이란 도시·군계획시설을 설치·정비 또는 개량하는 사업을 말한다.

11. **"도시·군계획사업"**이란 도시·군관리계획을 시행하기 위한 다음 각 목의 사업을 말한다.

가. 도시·군계획시설사업

나. 「도시개발법」에 따른 도시개발사업

다. 「도시 및 주거환경정비법」에 따른 정비사업

12. **"도시·군계획사업시행자"**란 이 법 또는 다른 법률에 따라 도시·군계획사업을 하는 자를 말한다.

13. **"공공시설"**이란 도로·공원·철도·수도, 그 밖에 대통령령으로 정하는 공공용 시설을 말한다.

14. **"국가계획"**이란 중앙행정기관이 법률에 따라 수립하거나 국가의 정책적인 목적을 이루기 위하여 수립하는 계획 중 제19조제1항제1호부터 제9호까지에 규정된 사항이나 도시·군관리계획으로 결정하여야 할 사항이 포함된 계획을 말한다.

15. **"용도지역"**이란 토지의 이용 및 건축물의 용도, 건폐율(「건축법」 제55조의 건폐율을 말한다. 이하 같다), 용적률(「건축법」 제56조의 용적률을 말한다. 이하 같다), 높이 등을 제한함으로써 토지를 경제적·효율적으로 이용하고 공공복리의 증진을 도모하기 위하여 서로 중복되지 아니하게 도시·군관리계획으로 결정하는 지역을 말한다.

16. **"용도지구"**란 토지의 이용 및 건축물의 용도·건폐율·용적률·높이 등에 대한 용도지역의 제한을 강화하거나 완화하여 적용함으로써 용도지역의 기능을 증진시키고 경관·안전 등을 도모하기 위하여 도시·군관리계획으로 결정하는 지역을 말한다.

17. "**용도구역**"이란 토지의 이용 및 건축물의 용도·건폐율·용적률·높이 등에 대한 용도지역 및 용도지구의 제한을 강화하거나 완화하여 따로 정함으로써 시가지의 무질서한 확산방지, 계획적이고 단계적인 토지이용의 도모, 토지이용의 종합적 조정·관리 등을 위하여 도시·군 관리계획으로 결정하는 지역을 말한다.

18. "**개발밀도관리구역**"이란 개발로 인하여 기반시설이 부족할 것으로 예상되나 기반시설을 설치하기 곤란한 지역을 대상으로 건폐율이나 용적률을 강화하여 적용하기 위하여 제66조에 따라 지정하는 구역을 말한다.

19. "**기반시설부담구역**"이란 개발밀도관리구역 외의 지역으로서 개발로 인하여 도로, 공원, 녹지 등 대통령령으로 정하는 기반시설의 설치가 필요한 지역을 대상으로 기반시설을 설치하거나 그에 필요한 용지를 확보하게 하기 위하여 제67조에 따라 지정·고시하는 구역을 말한다.

20. "**기반시설설치비용**"이란 단독주택 및 숙박시설 등 대통령령으로 정하는 시설의 신·증축 행위로 인하여 유발되는 기반시설을 설치하거나 그에 필요한 용지를 확보하기 위하여 제69조에 따라 부과·징수하는 금액을 말한다.

## 1. 의의

국토계획법은 현재 도시가 아닌 지역에 대해서도 도시기본계획 및 도시관리계획을 수립하여 계획에 따라 개발이 이루어지는 '선계획 후개발'의 국토이용체계를 원칙으로 하고 있다. 국토계획법은 국토계획을 광역도시계획과 도시·군계획으로 구분하고, 다시 도시·군계획을 도시·군기본계획과 도시·군관리계획으로 구분하고 있다. 도시·군관리계획이 가장 구체화·세밀화된 국토계획인데 과거에 존재하였던 준농림지역의 설정을 폐지하고 국토 전반을 4개의 용도지역(도시지역, 관리지역, 농림지역, 자연환경보전지역)으로 나누고 있다는 것이 특징이다.

**광역도시계획 및 도시·군계획의 수립과 도시·군계획시설사업**에 관한 **비용**은 특별한 규정이 있는 경우 외에는 **국가**가 하는 경우에는 **국가예산**에서, **지방자치단체**가 하는 경우에는 해당 **지방자치단체**가, 행정청이 아닌 **사업시행자**가 하는 경우에는 그 **사업시행자**가 **부담**함을 원칙으로 한다 (국토계획법 제101조).

## 2. 광역도시계획

광역도시계획이란 지정된 광역계획권의 장기발전 방향을 제시하는 계획을 말한다.

## 3. 도시·군기본계획

### 1) 의의

**도시·군기본계획**이란 특별시·광역시·특별자치시·특별자치도·시 또는 군의 관할 구역에 대하여 기본적인 공간구조와 장기발전방향을 제시하는 종합계획으로서 **도시·군관리계획 수립의 지침이 되는 계획**을 말한다.

### 2) 대외적 구속력 및 처분성

도시·군기본계획은 국민에 대한 법적인 구속력이 없다. 판례는 (다수설과는 달리) 도시·군기본계획은 행정청에 대해서도 구속력이 없다고 판시한 바 있다. 또한 도시·군기본계획은 행정계획 초기단계에 해당하므로 얼마든지 바뀔 수 있어서 국민의 권리·의무에 확정적으로 영향을 주지 않는다. 따라서 처분성이 없으므로 처분에 해당하지 않는다.

## 4. 도시·군관리계획

**국토의 계획 및 이용에 관한 법률 제31조 (도시·군관리계획 결정의 효력)**

② 도시·군관리계획 결정 당시 이미 사업이나 공사에 착수한 자(이 법 또는 다른 법률에 따라 허가·인가·승인 등을 받아야 하는 경우에는 그 허가·인가·승인 등을 받아 사업이나 공사에 착수한 자를 말한다)는 그 도시·군관리계획 결정과 관계없이 그 사업이나 공사를 계속할 수 있다. 다만, 시가화조정구역이나 수산자원보호구역의 지정에 관한 도시·군관리계획 결정이 있는 경우에는 대통령령으로 정하는 바에 따라 특별시장·광역시장·특별자치시장·특별자치도지사·시장 또는 군수에게 신고하고 그 사업이나 공사를 계속할 수 있다.

### 1) 의의

**도시·군관리계획**이란 특별시·광역시·특별자치시·특별자치도·시 또는 군의 개발·정비 및 보전을 위하여 수립하는 **토지 이용, 교통, 환경, 경관, 안전, 산업, 정보통신, 보건, 복지, 안보, 문화 등에 관한 일정한 사항에 대한 계획**을 말한다. 일정한 사항에는 용도지역·용도지구의 지정 또는 변경에 관한 계획, 개발제한구역·도시자연공원구역·시가화조정구역·수산자원보호구역의 지정 또는 변경에 관한 계획, 기반시설의 설치·정비 또는 개량에 관한 계획, 도시개발사업·정비사업에 관한 계획, 지구단위계획구역의 지정 또는 변경에 관한 계획, 입지규제최소구역의 지정 또는 변경에 관한 계획 등 다양한 지정·변경에 관한 계획들이 모두 포함된다.

## 2) 공간 구분

국토계획법은 도시·군관리계획을 토대로 국토를 공간적으로 구분하여 (용도와 형태를 규제하려는 목적으로) 지역·지구·구역제를 두고 있다.

## 3) 주요 내용

### ① 개발제한구역의 지정 또는 변경에 관한 계획

개발제한구역이란 도시의 무질서한 확산을 방지하고 도시주변의 자연환경을 보전하여 도시민의 건전한 생활환경을 확보하기 위하여 도시의 개발을 제한할 필요가 있거나 국방부장관의 요청이 있어 보안상 도시의 개발을 제한할 필요가 있다고 인정되는 일정한 구역을 의미한다. 이러한 개발제한구역의 지정 또는 변경에 관한 계획이 도시·군관리계획에 포함된다.

### ② 기반시설의 설치·정비 또는 개량에 관한 계획

**기반시설**이란 도시생활의 기반이 되는 시설로서 **도로·철도·항만·공항·주차장 등 교통시설**, 광장·공원·녹지 등 공간시설, **수도·전기·가스공급설비**, 방송·통신시설, 유통·공급시설, (학교·공공청사·문화시설 및 공공필요성이 인정되는 체육시설 등) 공공·문화체육시설, (하천·유수지·방화설비 등) 방재시설, 보건위생시설, 하수도, 폐기물처리 및 재활용시설, (빗물저장 및 이용시설 등) 환경기초시설 중에서 대통령령으로 정하는 시설을 의미한다. 이러한 기반시설의 설치·정비 또는 개량에 관한 계획이 도시·군관리계획에 포함된다.

## 4) 도시·군관리계획의 입안 및 결정

### ① 입안(안건을 제시)

특별시장·광역시장·특별자치시장·특별자치도지사·시장 또는 군수는 관할구역에 대한 도시·군관리계획의 입안권을 갖는다(국토계획법 제24조 제1항). 다만, 국가계획과 관련된 경우 등 일정한 경우에는 국토교통부장관이 도시·군관리계획을 입안할 수 있다(국토계획법 제24조 제5항).

도시·군관리계획을 입안할 때에는 주민의 의견을 들어야 하며, 그 의견이 타당하다고 인정되면 도시·군관리계획에 **반영하여야 한다**. 다만, 국방상 또는 국가안전보장상 기밀을 지켜야 할 필요가 있는 사항(관계 중앙행정기관의 장이 요청하는 것만 해당한다)이거나 대통령령으로 정하는 경미한 사항인 경우에는 주민의 의견을 듣지 않아도 된다(국토계획법 제28조 제1항).

② 결정 및 결정권자

**국토의 계획 및 이용에 관한 법률 제29조 (도시·군관리계획의 결정권자)**

① 도시·군관리계획은 시·도지사가 직접 또는 시장·군수의 신청에 따라 결정한다. 다만, 「지방자치법」 제175조에 따른 **서울특별시와 광역시 및 특별자치시를 제외한 인구 50만 이상의 대도시**(이하 "대도시"라 한다)의 경우에는 해당 시장(이하 "**대도시 시장**"이라 한다)이 **직접 결정**하고, **다음 각 호의 도시·군관리계획은 시장 또는 군수가 직접 결정**한다.

1. **시장 또는 군수가 입안**한 지구단위계획구역의 지정·변경과 지구단위계획의 수립·변경에 관한 도시·군관리계획

2. 제52조 제1항 제1호의2에 따라 지구단위계획으로 대체하는 용도지구 폐지에 관한 도시·군관리계획[해당 시장(대도시 시장은 제외한다) 또는 군수가 도지사와 미리 협의한 경우에 한정한다]

② 제1항에도 불구하고 다음 각 호의 도시·군관리계획은 국토교통부장관이 결정한다. 다만, 제4호의 도시·군관리계획은 해양수산부장관이 결정한다.

1. 제24조 제5항에 따라 국토교통부장관이 입안한 도시·군관리계획

2. 제38조에 따른 개발제한구역의 지정 및 변경에 관한 도시·군관리계획

3. 제39조 제1항 단서에 따른 시가화조정구역의 지정 및 변경에 관한 도시·군관리계획

4. 제40조에 따른 수산자원보호구역의 지정 및 변경에 관한 도시·군관리계획

5. 삭제

## 5) 도시·군관리계획의 효력

국토교통부장관, 시·도지사, 시장 또는 군수는 직접 지형도면을 작성하거나 지형도면을 승인한 경우에는 이를 고시하여야 한다(국토계획법 제32조 제4항). **도시·군관리계획 결정**의 효력은 제32조 제4항에 따라 **지형도면을 고시한 날부터 발생**한다(국토계획법 제31조 제1항). 도시·군계획시설결정이 고시된 도시·군계획시설에 대하여 그 고시일부터 20년이 지날 때까지 그 시설의 설치에 관한 도시·군계획시설사업이 시행되지 아니하는 경우 그 도시·군계획시설결정은 그 고시일부터 20년이 되는 날의 **다음날**에 그 효력을 **잃는다**(국토계획법 제48조 제1항).

물론, 도시·군관리계획 결정 당시 이전에 이미 사업이나 공사에 착수한 자는 그 도시·군관리계획 결정에 관계없이 그 사업이나 공사를 계속할 수 있다.

## 6) 대외적 구속력 및 처분성

도시·군관리계획은 **국민에 대한 법적인 구속력**이 있다. 판례는 도시·군관리계획은 행정청에 대해서도 당연히 구속력이 있다고 판시한 바 있다. 또한 **도시·군관리계획**은 행정계획 종기단계에 해당하므로 원칙적으로 바꿀 수가 없어서 이제는 (변동가능성이 없으므로 그 계획 자체로)국민의 권리·의무에 확정적으로 영향을 준다고 보아야 한다. 따라서 처분성 요건을 충족하였으므로 처분에 해당한다.

## 제 2 장 　토지행정계획

## Ⅰ. 개발행위허가

개발행위에 대한 허가는 「국토의 계획 및 이용에 관한 법률」에서 정하는 행위(이하 '개발행위'라 한다)에 대하여 미리 허가(사전허가)를 받는 것을 의미한다.

## Ⅱ. 국토계획법상 개발행위허가

**국토계획법 제56조 (개발행위의 허가)**

① **다음 각 호의 어느 하나에 해당하는 행위로서 대통령령으로 정하는 행위(이하 "개발행위"라 한다)를 하려는 자는 특별시장·광역시장·특별자치시장·특별자치도지사·시장 또는 군수의 허가(이하 "개발행위허가"라 한다)를 받아야 한다.** 다만, 도시·군계획사업(다른 법률에 따라 도시·군계획사업을 의제한 사업을 포함한다)에 의한 행위는 그러하지 아니하다.

1. 건축물의 건축 또는 공작물의 설치

2. 토지의 형질 변경(경작을 위한 경우로서 대통령령으로 정하는 토지의 형질 변경은 제외한다)

3. 토석의 채취

4. 토지 분할(건축물이 있는 대지의 분할은 제외한다)

5. 녹지지역·관리지역 또는 자연환경보전지역에 물건을 1개월 이상 쌓아놓는 행위

## Ⅲ. 개발행위허가의 기준

**국토계획법 제58조 (개발행위허가의 기준 등)**

① 특별시장·광역시장·특별자치시장·특별자치도지사·시장 또는 군수는 개발행위허가의 신청 내용이 다음 각 호의 기준에 맞는 경우에만 개발행위허가 또는 변경허가를 하여야 한다.

1. 용도지역별 특성을 고려하여 대통령령으로 정하는 개발행위의 규모에 적합할 것. 다만, 개발행위가 「농어촌정비법」 제2조제4호에 따른 농어촌정비사업으로 이루어지는 경우 등 대통령령으로 정하는 경우에는 개발행위 규모의 제한을 받지 아니한다.
2. 도시·군관리계획 및 제4항에 따른 성장관리방안의 내용에 어긋나지 아니할 것
3. 도시·군계획사업의 시행에 지장이 없을 것
4. 주변지역의 토지이용실태 또는 토지이용계획, 건축물의 높이, 토지의 경사도, 수목의 상태, 물의 배수, 하천·호소·습지의 배수 등 주변환경이나 경관과 조화를 이룰 것
5. 해당 개발행위에 따른 기반시설의 설치나 그에 필요한 용지의 확보계획이 적절할 것

## Ⅳ. 개발행위허가의 성질

### 1. 개발행위허가의 재량 유무

**국토계획법 제58조에 따른 개발행위허가**에 대해서 판례는 국토 및 자연의 보전 등에 중대한 공익상 필요가 있을 때에는 허가를 거부할 수 있다고 판시함으로서 **행정청의 재량을 인정**하고 있다.

### 2. 개발제한구역 내 개발행위허가의 재량 유무

개발제한구역 내 개발행위허가에 대해서는 「개발제한구역의 지정 및 관리에 관한 특별조치법(개발제한구역법)」에서 별도로 규율하고 있다. 개발제한구역법상 개발제한구역 내 개발행위허가는 예외적 승인으로 보는 것이 타당하다. 예외적 승인은 수익적 행정행위이므로 원칙적으로 재량행위에 해당한다.

## V. 인인소송

개발행위가 시행될 당해지역이나 인근지역의 주민은 특별한 사정이 없는 한 법률상 이익이 인정 (추정)된다. 이와는 별도로 당해지역이나 인근지역의 주민이 아니더라도 '해당 개발행위로 자신의 생활환경상의 개별적 이익이 수인한도를 넘어 침해되거나 침해될 우려가 있음을 증명(입증)한 자'에 한해서 개발행위허가를 다툴 수 있도록 **법률상 이익을 인정**하고 있다. 따라서 당해지역 또는 인근지역의 주민이 아니더라도 개별적 이익이 침해되거나 침해될 우려가 있음을 증명한 자는 다른 소송요건을 갖추었다면 개발행위허가에 대해서 취소소송이나 무효등확인소송이 가능하다.

## 제3장  개발이익의 환수제도

## I. 개발이익 환수제도

## 1. 개발이익

> **개발이익 환수에 관한 법률 제2조 (정의)**
>
> 이 법에서 사용하는 용어의 뜻은 다음과 같다.
>
> 1. **"개발이익"**이란 개발사업의 시행이나 토지이용계획의 변경, 그 밖에 사회적·경제적 요인에 따라 정상지가(正常地價)상승분을 초과하여 **개발사업을 시행하는 자(이하 "사업시행자"라 한다)**나 토지 소유자에게 **귀속**되는 토지 가액의 증가분을 말한다.

**개발이익**은 사업시행자나 토지 소유자에게 귀속되는 **노력 없이 발생하는 불로소득**이므로 이를 귀속된 상태로 소유하게 하는 것은 공정한 사회통념에 반하게 된다. 따라서 개발이익은 사회에 환원하도록 하고 있다(개발이익환수법에 의한 개발이익 환수제도). 개발이익에 대한 환수는 세금 관련 방안이 있고 세금과는 관련 없는 방안도 존재한다. 현행법상 세금 관련 방안으로는 재산세, 종합토지세, 양도소득세 등에 의한 환원이 있다. 세금과 관련 있는지 없는지에 관하여 **개발부담금**의 성격에 대해서는 다양한 논의가 있다.

## 2. 개발부담금

**개발부담금**이란 사업시행자나 토지 소유자에게 귀속되는 개발이익 중 개발이익환수법에 따라 **국가가 부과·징수**하는 금전을 의미한다(개발이익환수법 제2조 제4호). 세금과 관련 없는 금전이라는 것이 과거의 견해였지만, **개발부담금**은 국가 또는 지방자치단체가 재정수요를 충족시키기 위하여 반대급부 없이 법률에 규정된 요건에 해당하는 모든 자에 대하여 일반적 기준에 의하여 부과하는 금전급부라는 조세로서의 특징을 가지므로 **실질적인 조세**로 보아야 한다는 것이 **판례**의 입장이다.

> 판례 | 개발부담금은 비록 그 명칭이 '부담금'이고 국세기본법이나 지방세기본법에서 나열하고 있는 국세나 지방세의 목록에 빠져 있다고 하더라도, '국가 또는 지방자치단체가 재정수요를 충족시키기 위하여 반대급부 없이 법률에 규정된 요건에 해당하는 모든 자에 대하여 일반적 기준에 의하여 부과하는 금전급부'라는 조세로서의 특징을 지니고 있다는 점에서 **실질적인 조세**로 보아야 할 것이다(헌재 2016.6.30. 2013헌바191).

## 3. 개발부담금 부과 대상인 개발사업

**개발이익 환수에 관한 법률 제5조 (대상 사업)**

① 개발부담금의 부과 대상인 개발사업은 다음 각 호의 어느 하나에 해당하는 사업으로 한다.
1. 택지개발사업(주택단지조성사업을 포함한다.)
2. 산업단지개발사업
3. 관광단지조성사업(온천개발사업을 포함한다.)
4. 도시개발사업, 지역개발사업 및 도시환경정비사업
5. 교통시설 및 물류시설 용지조성사업
6. 체육시설 부지조성사업(골프장 건설사업 및 경륜장·경정장 설치사업을 포함한다)
7. 지목 변경이 수반되는 사업으로서 대통령령으로 정하는 사업
8. 그 밖에 제1호부터 제6호까지의 사업과 유사한 사업으로서 대통령령으로 정하는 사업

확인 문제

▶ 개발부담금은 국가 또는 지방자치단체가 재정수요를 충족시키기 위하여 반대급부 없이 법률에 규정된 요건에 해당하는 모든 자에 대하여 일반적 기준에 의하여 부과하는 금전급부라는 조세로서의 특징을 가지므로 실질적인 조세로 보아야 한다. *(2020 국가직 7급)*

O X

정답 210 페이지

## 4. 부과기준

**개발부담금의 부과기준**은 부과 종료시점의 부과 대상 토지의 가액(**종료시점지가**)에서 부과 개시시점의 부과 대상 토지의 가액(**개시시점지가**) 및 부과 기간의 **정상지가상승분** 그리고 **개발비용**을 뺀 금액으로 한다(개발이익환수법 제8조).

## 5. 납부방법

개발부담금은 원칙적으로 현금으로 납부하여야 한다. 다만, 예외적으로 현금 대신 토지·건축물로 개발부담금을 납부하는 물납(物納)도 가능하다.

---

## 제4장  토지거래계약허가제

### I. 의의

토지거래계약허가제는 (투기지역 안에서 토지의 투기적 거래로 인한 지가상승을 제한하기 위하여) **국토교통부장관이 일정한 절차에 따라 5년 이내의 기간을 정하여 지정한 허가구역 안에서의 토지거래계약**은 해당 시장·군수·구청장의 **허가**를 받도록 하는 제도이다.

### II. 토지거래계약 허가구역 지정

> **부동산 거래신고 등에 관한 법률 제10조 (토지거래허가구역의 지정)**
>
> ① 국토교통부장관 또는 시·도지사는 국토의 이용 및 관리에 관한 계획의 원활한 수립과 집행, 합리적인 토지 이용 등을 위하여 토지의 투기적인 거래가 성행하거나 지가(地價)가 급격히 상승하는 지역과 그러한 우려가 있는 지역으로서 대통령령으로 정하는 지역에 대해서는 다음 각 호의 구분에 따라 **5년** 이내의 기간을 정하여 제11조 제1항에 따른 토지거래계약에 관한 **허가구역**(이하 "허가구역"이라 한다)으로 **지정**할 수 있다.
>
> 1. 허가구역이 둘 이상의 시·도의 관할 구역에 걸쳐 있는 경우 : 국토교통부장관이 지정
>
> 2. 허가구역이 동일한 시·도 안의 일부지역인 경우 : 시·도지사가 지정. 다만, 국가가 시행하는 개발사업 등에 따라 투기적인 거래가 성행하거나 지가가 급격히 상승하는 지역과 그러한 우려가 있는 지역 등 대통령령으로 정하는 경우에는 국토교통부장관이 지정할 수 있다.

## Ⅲ. 토지거래허가(토지거래승인)의 인가 여부

허가구역 안에서의 토지거래계약은 해당 시장·군수·구청장의 승인이 있어야 토지거래가 인정되는 것이므로 <u>해당 토지거래승인은 토지거래라는 목적을 달성하기 위한 수단인 보충행위(인가)에 불과하다</u>. 따라서 <u>토지거래허가(토지거래승인)는 강학상 허가가 아니라 강학상 인가에 해당한다.</u>

## Ⅳ. 법적 효과

### 1. 계약의 효력

토지거래계약 자체는 사법상의 계약이다. 사인 간의 부동산 거래계약이기 때문이다. <u>토지거래허가를 받지 **않은** 채로 이루어진 토지거래계약은 **일단 무효(일응 무효)**이다. 그러나 나중에 허가를 **받게 되면** 소급하여 계약이 **유효**하게 된다. 이러한 법적 효력을 '유동적 무효'라고 한다.</u> 또한 **토지거래허가구역** 안에서 허가를 받지 아니하고 체결한 <u>토지거래계약이 확정적으로 무효가 된 것이 아니라면, **허가구역 지정이 해제**된 경우에는 해당 계약은 확정적으로 유효로 된다.</u>

> **판례**  허가구역 지정기간 중에 허가구역 안의 토지에 대하여 토지거래허가를 받지 아니하고 토지거래계약을 체결한 후 허가구역 지정해제 등이 된 때에는 그 토지거래계약이 허가구역 지정이 해제되기 전에 확정적으로 무효로 된 경우를 제외하고는, 더 이상 관할 행정청으로부터 토지거래허가를 받을 필요가 없이 <u>확정적으로 유효가 된다</u>(대판 1999.6.17. 98다40459).

### 2. 처벌

토지거래허가 또는 변경허가를 받지 아니하고 토지거래계약을 체결하거나, 속임수나 그 밖의 부정한 방법으로 토지거래계약 허가를 받은 자는 **2년 이하의 징역** 또는 **계약 체결 당시의 개별공시지가에 따른 해당 토지가격의 100분의 30에 해당하는 금액 이하의 벌금에 처한다**(부동산거래신고 등에 관한 법률 제26조 제2항). 또한 토지거래허가를 받지 아니하고 토지취득계약을 체결하거나 부정한 방법으로 허가를 받아 토지취득계약을 체결한 **외국인 등은 2년 이하의 징역 또는 2천만원 이하의 벌금에 처한다**(부동산거래신고 등에 관한 법률 제26조 제1항).

확인 문제

▶ 토지거래허가구역 안에서 허가를 받지 아니하고 체결한 토지거래계약이 확정적으로 무효가 된 것이 아니라면, 허가구역 지정이 해제된 경우에는 그 계약은 확정적으로 유효로 된다. *(2020 국가직 7급)*   O X

정답  210 페이지

## 제5장   공시지가제도

## I. 표준지공시지가

### 1. 표준지공시지가의 조사·평가 및 공시

국토교통부장관은 토지이용상황이나 주변 환경, 그 밖의 자연적·사회적 조건이 일반적으로 유사하다고 인정되는 일단의 토지 중에서 선정한 **표준지**에 대하여 **매년 공시기준일 현재의 단위면적당 적정가격**(이하 "**표준지공시지가**"라 한다)을 **조사·평가**하고, 중앙부동산가격공시위원회의의 심의를 거쳐 이를 **공시**하여야 한다(부동산공시법 제3조 제1항). 표준지공시지가는 일반적인 토지거래의 기준이 되며, 국가·지방자치단체 등의 공적인 기관이 직무와 관련하여 해당 지가를 산정하는 데 일반적으로 사용된다.

### 2. 표준지공시지가의 처분성

표준지공시지가 결정은 행정청의 우월한 지위가 담보되므로 처분성이 있다.

### 3. 표준지공시지가 결정절차

#### 1) 표준지의 선정

다양한 지역분석을 통하여 유사성이 인정되는 토지를 먼저 결정한다. 그리고 이러한 토지 중에서 해당 지역을 대표할 수 있는 대표성·안정성·확정성이 있는 필지의 토지를 표준지로 선정한다. 선정된 표준지는 특별한 사유가 없는 한 임의적으로 교체할 수 없다.

#### 2) 표준지 적정지가의 조사·평가

국토교통부장관이 표준지 적정지가를 조사·평가하고자 할 때에는 둘 이상의 감정평가업자에게 이를 의뢰하여야 한다. 다만, 지가변동이 작은 경우 등 대통령령으로 정하는 기준에 해당하는 표준지에 대해서는 하나의 감정평가업자에게 의뢰할 수 있다.

#### 3) 공시

국토교통부장관은 조사·평가한 표준지의 지가를 중앙부동산가격공시위원회의의 심의를 거쳐 이를 **공시**하여야 한다(부동산공시법 제3조 제1항).

## 4. 행정구제

### 1) 이의신청

표준지공시지가에 이의가 있는 자는 그 공시일부터 30일 이내에 서면(전자문서 포함)으로 국토교통부장관에게 이의를 신청할 수 있다. 국토교통부장관은 이의신청 기간이 만료된 날부터 30일 이내에 이의신청을 심사하여 그 결과를 신청인에게 서면으로 통지하여야 한다. 이 경우 국토교통부장관은 이의신청의 내용이 타당하다고 인정될 때에는 해당 표준지공시지가를 조정하여 다시 공시하여야 한다.

### 2) 행정소송

표준지공시지가 결정은 행정청의 우월한 지위가 담보되므로 처분성이 있다. 따라서 이에 대해 취소소송이나 무효등확인소송 등 항고소송을 제기하여 다툴 수 있다. 이의신청을 거친 후 항고소송을 제기하는 경우라도 원처분주의에 의해서 표준지공시지가 결정이 항고소송의 대상이 된다.

## Ⅱ. 개별공시지가

### 1. 의의

시장·군수 또는 구청장은 국세·지방세 등 각종 세금의 부과, 그 밖의 다른 법령에서 정하는 목적을 위한 **지가산정에 사용**되도록 하기 위하여 시·군·구부동산가격공시위원회의 심의를 거쳐 매년 공시지가의 공시기준일 현재 **관할 구역 안의 개별토지의 단위면적당 가격**(이하 "**개별공시지가**"라 한다)을 **결정·공시**하고, 이를 관계 행정기관 등에 **제공**하여야 한다(부동산공시법 제10조 제1항). 다만, 표준지로 선정된 토지 등에 대하여는 개별공시지가를 결정·공시하지 아니할 수 있다. 이 경우 표준지로 선정된 토지에 대하여는 해당 토지의 표준지공시지가를 개별공시지가로 **본다**(부동산공시법 제10조 제2항).

### 2. 개별공시지가의 처분성

개별공시지가 결정은 행정청의 우월한 지위가 담보되므로 처분성이 있다.

## 3. 개별공시지가 결정절차

### 1) 산정기준

시장·군수 또는 구청장이 개별공시지가를 결정·공시하는 경우에는 해당 토지와 유사한 이용가치를 지닌다고 인정되는 하나 또는 둘 이상의 표준지공시지가를 기준으로 토지가격표를 사용하여 지가를 산정하되, 해당 토지의 가격과 표준지공시지가가 균형을 유지하도록 하여야 한다.

### 2) 산정절차

시장·군수 또는 구청장은 개별공시지가를 결정·공시하기 위하여 **개별토지의 가격을 산정**할 때에는 그 타당성에 대하여 감정평가법인 등의 검증을 받고 토지소유자, 그 밖의 이해관계인의 의견을 들어야 한다. 다만, 시장·군수 또는 구청장은 감정평가법인 등의 검증이 필요 없다고 인정되는 때에는 지가의 변동상황 등 대통령령으로 정하는 사항을 고려하여 감정평가법인 등의 검증을 생략할 수 있다(부동산공시법 제10조 제5항).

### 3) 공시

시장·군수 또는 구청장은 매년 5월 31일까지 개별공시지가를 결정·공시하여야 한다(부동산공시법 시행령 제21조 제1항).

## 4. 행정구제

### 1) 이의신청

**부동산공시법 제11조 (개별공시지가에 대한 이의신청)**

① 개별공시지가에 이의가 있는 자는 그 **결정·공시일부터 30일** 이내에 서면으로 시장·군수 또는 구청장에게 이의를 신청할 수 있다.

② 시장·군수 또는 구청장은 제1항에 따라 이의신청 기간이 만료된 날부터 30일 이내에 이의신청을 심사하여 그 결과를 신청인에게 서면으로 통지하여야 한다. 이 경우 시장·군수 또는 구청장은 이의신청의 내용이 타당하다고 인정될 때에는 제10조에 따라 해당 개별공시지가를 조정하여 다시 결정·공시하여야 한다.

③ 제1항 및 제2항에서 규정한 것 외에 이의신청 및 처리절차 등에 필요한 사항은 대통령령으로 정한다.

## 2) 행정소송

개별공시지가 결정은 행정청의 우월한 지위가 담보되므로 처분성이 있다. 따라서 이에 대해 취소소송이나 무효등확인소송 등 항고소송을 제기하여 다툴 수 있다. 이의신청을 거친 후 항고소송을 제기하는 경우라도 원처분주의에 의해서 개별공시지가 결정이 항고소송의 대상이 된다.

## 3) 손해배상

위법한 개별공시지가 결정 등 국가배상책임의 요건을 모두 충족한 경우 당연히 국가배상청구소송이 가능하다.

## Ⅲ. 하자의 승계

표준지공시지가결정(선행행위)과 개별공시지가결정(후행행위)은 독립하여 별개의 법률효과가 발생하므로 하자의 승계가 인정되지 않는다. 또한 표준지공시지가결정(선행행위)와 조세부과처분(후행행위) 역시 하자의 승계가 인정되지 않는다. 그러나 표준지공시지가결정(선행행위)과 수용재결·수용보상금결정(후행행위)의 경우에는 독립하여 별개의 법률효과가 발생하더라도 예측가능성 및 수인가능성이 없으므로 **예외적**으로 하자의 승계를 인정하고 있다.

Administrative Law

# 제7편

확인문제 정답

**제 7 편**　**확인문제 정답**

· 빨간색 표시가 정답 입니다.

· O X 개발부담금은 국가 또는 지방자치단체가 재정수요를 충족시키기 위하여 반대급부 없이 법률에 규정된 요건에 해당하는 모든 자에 대하여 일반적 기준에 의하여 부과하는 금전급부라는 조세로서의 특징을 가지므로 실질적인 조세로 보아야 한다. 〈2020 국가직 7급〉 201페이지

· O X 토지거래허가구역 안에서 허가를 받지 아니하고 체결한 토지거래계약이 확정적으로 무효가 된 것이 아니라면, 허가구역 지정이 해제된 경우에는 그 계약은 확정적으로 유효로 된다. 〈2020 국가직 7급〉 203페이지

우선순위
행정법각론

# 제8편

조세법

제1장 **조세법**

## I. 기본원칙

### 1. 형식

#### 1) 조세법률주의(과세요건 법률주의)

과세요건 법률주의라고 일반적으로 지칭하지만 과세요건뿐만 아니라 조세의 부과와 징수에 대한 **모든 사항**을 법률로 정하여야 한다. 또한 조세를 부과·징수하기 위해서 뿐만 아니라 조세를 감면하기 위해서도 법률의 근거가 필요하다.

예외적으로 (현실적인 고려에 의해서) 조세 관련 사항을 행정입법으로 정하는 경우에는 위임받는 범위 등을 구체적으로 정한 경우에 한하여 허용된다.

> **판례** 조세의 감면에 관한 규정은 조세의 부과·징수의 요건이나 절차와 직접 관련되는 것은 아니지만, 조세란 공공경비를 국민에게 강제적으로 배분하는 것으로서 납세의무자 상호간에는 조세의 전가관계가 있으므로 특정인이나 특정계층에 대하여 정당한 이유없이 조세감면의 우대조치를 하는 것은 특정한 납세자군이 조세의 부담을 다른 납세자군의 부담으로 떠맡기는 것에 다름아니므로 조세감면의 근거 역시 법률로 정하여야만 하는 것이 국민주권주의나 법치주의의 원리에 부응하는 것이다(헌재 1996.6.26. 93헌바2).
> → *조세감면도 **법률**로 정하여야 함*

#### 2) 과세요건 명확주의

과세요건뿐만 아니라 조세의 부과와 징수에 대한 **모든 사항**을 법률로 정하여야 하며, 해당 조세 관련 법률내용은 일의적이고 명확해야 한다. 다만, 법률은 추상성이 담보되는 경우가 많으므로 법관의 법해석에 의해서 구체화 될 수 있다면 해당 법률 자체가 추상적이더라고 바로 위법하다고 할 수는 없다.

---

확인 문제

▶ 조세를 부과·징수하기 위해서는 법률의 근거가 필요하지만 조세를 감면하기 위해서 법률의 근거가 필요한 것은 아니다. *(2020 국가직 7급)*  [O] [X]

정답 224 페이지

### 3) 영구세 원칙

일단 법률로 조세를 정한 경우에는 **해마다 의회의 의결을 얻지 않더라도** 국민의 법적 안정성 등을 이유로 다음 해에도 해당 법률에 근거하여 조세를 부과하고 징수하면 된다.

### 4) 소급과세금지의 원칙

이미 종료된 사항에 대해서는 추후 조세법령을 만들어서 소급해서 과세할 수는 없다. 세법의 해석이나 국세행정의 **관행**이 일반적으로 **납세자에게 받아들여진 후**에는 그 해석이나 관행에 의한 행위 또는 계산은 정당한 것으로 보며, 새로운 해석이나 관행에 의하여 **소급하여 과세되지 아니한다**(국세기본법 제18조 제3항). 비과세관행의 성립에 대한 행정선례의 내용 역시 소급과세금지와 함께 **국세기본법에 적시**되어 있음을 알 수 있다.

### 5) 엄격해석의 원칙

조세법령의 해석은 엄격해야 한다. 조세법령은 침익적(부담적)인 것이므로 판단하기 애매한 경우에는 침익적인 것에 대해서 엄격하게 즉 국민에게 유리한 방향으로 해석하여야 한다. 따라서 국민에게 불리한 방향으로 유추해석하거나 확장해석하는 것은 허용되지 않는다. 다만, 목적론적 해석은 해석의 기본적인 방법이므로 허용된다고 보아야 한다.

### 6) 근거과세의 원칙

과세표준의 조사나 결정은 원칙적으로 납세의무자가 조세법령에 의해 제시한 장부나 증빙서류에 의하여야 한다.

### 7) 무재량의 원칙

조세는 침익적(부담적)인 것이므로 조세의 부과·징수는 법령에 있는 규정에 의해서 정해지는 것이지 행정청이 임의로 조세를 감면하거나 징수하지 않을 수 있는 재량을 갖지는 못한다.

## 2. 실질

### 1) 실질과세의 원칙

과세대상의 귀속에 관하여 형식과 실질이 불일치하는 경우, 실질(내용)을 우선하여 실질에 따라 귀속한 내용을 토대로 과세하여야 한다.

### 2) 공평부담의 원칙(조세평등의 원칙)

과세요건뿐만 아니라 조세의 부과와 징수에 대해서 국민들 사이에 평등하게 부담이 이루어져야 한다. 오늘날 평등의 개념은 실질적 평등을 의미하므로 국민 모두 동일한 담세를 하라는 의미는 아니고, 조세부담은 국민들 사이의 담세력에 따라 형평성 있게 이루어져야 한다.

### 3) 신의성실의 원칙

납세자가 그 의무를 이행할 때에는 **신의**에 따라 **성실**하게 하여야 한다. 세무공무원이 직무를 수행할 때에도 또한 같다(국세기본법 제15조).

### 4) 신뢰보호의 원칙

행정청의 조세에 관한 공적인 견해표명을 신뢰한 보호가치가 있는 상대방의 신뢰(사익)은 존중되어야 한다.

### 5) 조세비례의 원칙

조세는 담세자의 담세력에 비례하여 부과되어야 한다.

### 6) 수입확보의 원칙

조세수입은 확실하게 확보되어야 국가체계가 운영될 수 있다. 따라서 조세채권이 일반적으로 우선시 되는 경우가 많으며 국세징수법상 강제징수제도·원천징수제도 등이 규정되어 있다.

## Ⅱ. 납세의무의 성립과 확정

### 1. 과세요건

**과세요건**이란 **조세를 부과할 수 있는 요건**이며 납세의무자, 과세물건, 과세표준, 세율로 이루어진다. 과세요건은 조세법에 의하여 정해지고, 법률이 정하고 있는 과세요건에 해당하는 구체적인 사항이 존재하면 그에 의하여 해당 행정청에게 과세권한이 발생하고 해당 국민에게 납세의무가 발생한다.

## 2. 납세의무의 성립

납세의무는 법률이 정한 과세요건이 충족되면 과세관청의 특별한 행위를 기다리지 아니하고 당연히 성립한다. 구「부가가치세법」상 명의위장등록가산세는 **부가가치세 본세 납세의무와 무관하게** 타인 명의로 사업자등록을 하고 실제 사업을 한 것에 대한 제재로서 부과되는 별도의 가산세이고, 그 부과제척기간은 (일반적인) 가산세 발생을 기준으로 **5년**으로 본다.

> 판례   명의위장등록가산세는 부가가치세 본세 납세의무와 무관하게 타인 명의로 사업자등록을 하고 실제 사업을 한 것에 대한 제재로서 부과되는 별도의 가산세이고, 구 국세기본법 제26조의2 제1항 제1호의2에 따라 납세자의 부정행위로 부과대상이 되는 경우 10년의 부과제척기간이 적용되는 별도의 가산세에도 포함되어 있지 않으며, 이에 대한 신고의무에 대하여도 별도의 규정이 없으므로, 그 부과제척기간은 5년으로 봄이 타당하다(대판 2019.8.30. 2016두62726).

## 3. 납세의무의 확정

납세의무의 확정이란 과세요건을 이루는 사실을 인정하고, 관계 법령을 해석·적용하여 구체적으로 세액을 확정하는 것을 말한다. 과세요건이 충족되면 납세의무는 당연히 성립되지만, 실제로 납세의무자로부터 조세를 징수하기 위해서는 납세의무의 확정이 필요하다고 본다. 신고납세방식의 조세의 경우 원칙적으로 **납세의무자**가 스스로 과세표준과 세액을 정하여 **신고**하는 행위에 의하여 납세의무가 구체적으로 확정된다.

> 판례   신고납세방식의 조세는 원칙적으로 납세의무자가 스스로 과세표준과 세액을 정하여 신고하는 행위에 의하여 납세의무가 구체적으로 확정된다. 따라서 납세의무를 이행하지 아니한다고 하여 과세관청이 신고된 세액에 납부불성실가산세를 더하여 납세고지를 하였다면, 이는 신고에 의하여 확정된 조세채무의 이행을 명하는 징수처분과 가산세의 부과·징수처분이 혼합된 처분에 해당한다.

# Ⅲ. 조세의 종류

## 1. 조세의 종류

| | |
|---|---|
| 국세 | 국가가 부과·징수하는 조세로서 소득세·법인세·상속세·부가가치세 등이 있다. |
| 지방세 | 지방자치단체가 부과·징수하는 조세로서 취득세·주민세·재산세 등이 있다. |
| 보통세 | 국가 또는 지방자치단체의 일반경비에 충당하기 위하여 부과하는 조세이다. |
| 목적세 | 특정한 경비에 충당할 것을 목적으로 하여 부과되는 세금으로, 세수입의 용도와 납세의무자나 과세대상 사이에 일정한 수익관계가 있을 것을 전제로 한다. |
| 직접세 | 국가가 납세 의무자에게 직접 징수하는 조세로서 소득세·법인세·상속세·재산세 등이 있으며, 납세 의무자는 그 의무를 다른 사람에게 전가할 수 없다. |
| 간접세 | 납세의무자와 부담자가 일치하지 않는 조세로서 부가가치세, 특별소비세가 있다. 간접세는 납세 의무자가 아니라 재화를 구매한 사람이나 편익을 제공받은 사람이 부담한다. |
| 비례세 | 과세표준과 관계없이 일정률의 같은 세율이 적용되는 조세로서 부가가치세가 있다. |
| 누진세 | 과세표준금액이 증가함에 따라 적용되는 세율도 높아지는 조세로 소득세·상속세·증여세·법인세 등의 조세가 있다. |

## 2. 과세전적부심사

특별한 사정이 없는 한, <u>과세관청이 과세처분에 앞서 필수적으로 행하여야 할 **과세예고통지**를 하지 **아니**함으로써 납세자에게 과세전적부심사의 기회를 부여하지 아니한 채 과세처분을 하였다면, 그 **과세처분**은 **위법**하다.</u> 또한 <u>과세관청이 과세예고통지 후 과세전적부심사 청구나 그에 대한 결정이 있기 **전**에 국세부과처분을 한 경우, 특별한 사정이 없는 한 그 하자가 중대·명백하여 **당연무효**에 해당한다.</u>

확인 문제

▶ 특별한 사정이 없는 한, 과세관청이 과세처분에 앞서 필수적으로 행하여야 할 과세예고통지를 하지 아니함으로써 납세자에게 과세전적부심사의 기회를 부여하지 아니한 채 과세처분을 하였다면, 그 과세처분은 위법하다. 〈2018 지방직 7급〉 ☐ O ☐ X

▶ 과세관청이 과세예고통지 후 과세전적부심사 청구나 그에 대한 결정이 있기 전에 국세부과처분을 한 경우, 특별한 사정이 없는 한 그 하자가 중대·명백하다고 볼 수 없어 당연무효가 아닌 취소사유에 해당한다. 〈2018 국가직 7급〉 ☐ O ☐ X

정답  224 페이지

## 3. 조세부과처분의 절차상 하자

하나의 납세고지서에 의하여 복수의 과세처분을 함께 하는 경우, 과세처분별로 그 세액과 산출근거 등을 구분하여 기재함으로써 납세의무자가 각 과세처분의 내용을 알 수 있도록 해야 한다. 과세처분에 관한 납세고지서의 송달이 「국세기본법」의 규정에 위배되는 부적법한 것으로서 송달의 효력이 발생하지 아니하는 이상, 그 과세처분은 **무효**이다.

## Ⅳ. 이의신청

### 1. 의의

국세의 부과 및 징수에 관한 처분에 대한 **이의신청**은 (대통령령으로 정하는 바에 따라 불복의 사유를 갖추어) 해당 처분을 하였거나 하였어야 할 **세무서장**에게 하거나 세무서장을 거쳐 관할 **지방국세청장**에게 하여야 한다. 다만, 지방국세청장의 조사에 따라 과세처분을 한 경우 또는 세무서장에게 과세전적부심사를 청구한 경우에는 **이의신청**은 관할 **지방국세청장**에게 하여야 하며, 세무서장에게 한 이의신청은 관할 지방국세청장에게 한 것으로 본다(국세기본법 제66조 제1항). 과세처분에 대한 이의신청절차에서 과세관청이 이의신청 사유가 옳다고 인정하여 과세처분을 직권으로 취소한 이상 과세관청은 특별한 사유 없이 이를 번복하고 종전 처분을 되풀이할 수 없다.

---

확인 문제

▶ 하나의 납세고지서에 의하여 복수의 과세처분을 함께 하는 경우에는 과세처분별로 그 세액과 산출근거 등을 구분하여 기재함으로써 납세의무자가 각 과세처분의 내용을 알 수 있도록 해야 한다. *(2018 지방직 7급)*  O X

▶ 하나의 납세고지서로 본세와 여러 종류의 가산세를 함께 부과하는 경우에 납세고지서에 가산세의 종류와 세액의 산출근거 등을 따로 구별하지 않고 가산세의 합계액만을 기재하였다면 그 부과처분은 위법하다. *(2018 국가직 7급)*  O X

▶ 과세처분에 관한 납세고지서의 송달이 「국세기본법」의 규정에 위배되는 부적법한 것으로서 송달의 효력이 발생하지 아니하는 이상, 그 과세처분은 무효이다. *(2018 국가직 7급)*  O X

▶ 과세처분에 대한 이의신청절차에서 과세관청이 이의신청 사유가 옳다고 인정하여 과세처분을 직권으로 취소한 이상 과세관청은 특별한 사유 없이 이를 번복하고 종전 처분을 되풀이할 수 없다. *(2020 국가직 7급)*  O X

정답 224 페이지

> **판례** 과세처분에 관한 불복절차과정에서 과세관청이 그 불복사유가 옳다고 인정하고 이에 따라 필요한 처분을 하였을 경우에는, 동일 사항에 관하여 특별한 사유 없이 이를 번복하고 다시 종전의 처분을 되풀이할 수는 없는 것이므로, 과세처분에 관한 이의신청절차에서 과세관청이 이의신청 사유가 옳다고 인정하여 과세처분을 직권으로 취소한 이상 그 후 특별한 사유 없이 이를 번복하고 종전 처분을 되풀이하는 것은 허용되지 않는다(대판 2010.9.30. 2009두1020).

## 2. 성질

**이의신청**은 국세에 대한 것인지 지방세에 대한 것인지를 불문하고 필수적인 절차가 아니라 거쳐도 되고 거치지 않아도 되는 **임의적 절차**이다. 따라서 과세처분에 불복하는 자는 이의신청을 거치지 않고 곧바로 행정심판 절차인 심사청구나 심판청구를 제기할 수 있다. 다만, 이의신청을 거친 후 심사청구나 심판청구를 하는 경우에는 이의신청에 대한 결정의 통지를 받은 날부터 90일 이내에 제기하여야 한다.

## 3. 재조사결정

이의신청에 대해서 재조사결정이 있게 되면, 해당 행정청은 결정에서 지적된 사항을 재조사하여 그 결과에 따라 과세표준과 세액을 경정하거나 당초 처분을 유지하는 등의 후속 처분을 해야 하는 의무가 있게 된다(재처분의무).

## V. 행정심판

### 1. (국세청장에 대한) 심사청구 및 (조세심판원에 대한) 심판청구

#### 1) 행정심판법에 따른 행정심판절차의 배제

조세에 관한 불복에 있어서는 행정심판법에 따른 행정심판절차가 배제되고 국세기본법이나 관세법, 지방세법 등이 정하는 절차에 따른 행정심판절차를 거치게 된다.

#### 2) 국세기본법에 따른 행정심판절차

국세기본법상 국세에 대한 행정심판절차로는 (국세청장에 대한) 심사청구와 (조세심판원에 대한) 심판청구라는 두 가지 종류의 행정심판절차가 있다. 조세관련 다툼은 관계법령상 필요적 행정심판전치주의에 해당하므로 (국세청장에 대한) 심사청구와 (조세심판원에 대한) 심판청구

둘 중 하나는 반드시 거쳐야 행정소송을 제기할 수 있다. 다만, 효율적인 측면과 모순방지를 위해서 동일한 처분에 대하여 심사청구와 심판청구를 중복하여 제기할 수는 없다(국세기본법 제55조 제9항). 또한 관세법상 관세에 대한 행정심판절차로서도 심사청구와 심판청구가 있다. 이 경우도 (국세청장에 대한) 심사청구와 (조세심판원에 대한) 심판청구 둘 중 하나는 반드시 거쳐야 행정소송을 제기할 수 있고, 동일한 처분에 대하여 심사청구와 심판청구를 중복하여 제기할 수는 없다.

### 3) (국세청장에 대한) 심사청구

심사청구는 대통령령으로 정하는 바에 따라 불복의 사유를 갖추어 해당 처분을 하였거나 하였어야 할 세무서장을 거쳐 **국세청장**에게 하여야 한다(국세기본법 제62조 제1항). 심사청구는 해당 처분이 있음을 안 날(처분의 통지를 받은 때에는 그 받은 날)부터 90일 이내에 제기하여야 한다(국세기본법 제61조 제1항).

### 4) (조세심판원에 대한) 심판청구

심판청구를 하려는 자는 대통령령으로 정하는 바에 따라 불복의 사유 등이 기재된 심판청구서를 그 처분을 하였거나 하였어야 할 세무서장이나 조세심판원장에게 제출하여야 한다. 이 경우 심판청구서를 받은 세무서장은 이를 지체없이 조세심판원장에게 송부하여야 한다(국세기본법 제69조 제1항). 조세심판원장이 심판청구를 받았을 때에는 조세심판관회의의 심리를 거쳐 결정한다. 다만, 심판청구의 대상이 대통령령으로 정하는 금액에 미치지 못하는 소액이거나 경미한 것인 경우나 청구기간이 지난 후에 심판청구를 받은 경우에는 조세심판관회의의 심리를 거치지 아니하고 주심조세심판관이 심리하여 결정할 수 있다(국세기본법 제78조 제1항).

조세심판관회의 또는 조세심판관합동회의는 결정을 할 때 심판청구를 한 처분 외의 처분에 대해서는 그 처분의 전부 또는 일부를 취소 또는 변경하거나 새로운 처분의 결정을 하지 못한다(국세기본법 제79조 제1항).

## 2. 감사청구

감사원법 제43조 제1항은 감사원의 감사를 받는 자의 직무에 관한 처분에 대하여 이해관계 있는 자는 감사원에 심사청구를 할 수 있도록 하고 있다. 따라서 국세·관세·지방세에 관한 처분에 대하여도 감사원에 심사청구를 할 수 있다. 감사원은 국세청, 관세청, 지방자치단체를 다 감사하기 때문이다. 다만 감사원은 심사청구가 이유 있다고 인정할 때에는 관계기관의 장에 대하여 시정기타 필요한 조치를 요구할 수 있을 뿐, 처분을 직접 취소·변경할 수는 없다. 감사원에 대한 감사청구는 행정심판에 해당하지 않는다. 그러나 감사원법에 의한 이 심사청구를 거친 경우에는 국세기본법에 의한 심사청구나 심판청구를 거친 것으로 본다. 따라서 별도로 국세기본법상의 심사청구나 심판청구를 거치지 않더라도 행정소송을 제기할 수 있다. 조세관련 다툼은 관계법령상 필요적 행정심판전치주의에 해당하는 데 이를 갖추었다고 간주하는 것이다. 이 경우 심사청구에 대한 결정의 통지를 받은 날로부터 90일 이내에 처분청을 피고로 하여 행정소송을 제기할 수 있다(감사원법 제46조의2).

## Ⅵ. 행정소송

### 1. 의의

심사청구 또는 심판청구를 거친 처분에 대한 행정소송은 심사청구 또는 심판청구에 대한 결정의 통지를 받은 날부터 90일 이내에 제기하여야 한다(국세기본법 제56조 제3항).

### 2. 재량심사

조세는 침익적(부담적)인 것이므로 조세의 부과·징수는 법령에 있는 규정에 의해서 정해지는 것이지 행정청이 임의로 조세를 감면하거나 징수하지 않을 수 있는 재량을 갖지는 못한다. 따라서 법령의 규정을 잘 준수했는지가 법관의 검토대상이고 재량권의 일탈·남용은 법관의 심사대상이 될 수 없다.

## Ⅶ. 조세의 환급

### 1. 의의

**국세기본법 제51조 (국세환급금의 충당과 환급)**

① 세무서장은 납세의무자가 국세 및 강제징수비로서 납부한 금액 중 잘못 납부하거나 초과하여 납부한 금액이 있거나 세법에 따라 환급하여야 할 환급세액(세법에 따라 환급세액에서 공제하여야 할 세액이 있을 때에는 공제한 후에 남은 금액을 말한다)이 있을 때에는 즉시 그 잘못 납부한 금액, 초과하여 납부한 금액 또는 환급세액을 국세환급금으로 결정하여야 한다. 이 경우 착오납부·이중납부로 인한 환급청구는 대통령령으로 정하는 바에 따른다.

> **지방세기본법 제60조 (지방세환급금의 충당과 환급)**
>
> ① 지방자치단체의 장은 납세자가 납부한 지방자치단체의 징수금 중 과오납한 금액이 있거나 「지방세법」에 따라 환급하여야 할 환급세액(지방세관계법에 따라 환급세액에서 공제하여야 할 세액이 있을 때에는 공제한 후 남은 금액을 말한다)이 있을 때에는 즉시 그 오납액, 초과납부액 또는 환급세액을 지방세환급금으로 결정하여야 한다. 이 경우 착오납부, 이중납부로 인한 환급청구는 대통령령으로 정하는 바에 따른다.

## 2. 조세 환급금의 유형

### 1) 과오납금

과오납금이란 조세를 과하게 잘못 납부한 금전을 의미한다. 현행법상 "잘못 납부하거나 초과하여 납부한 금액"이라고 표현하고 있다. 과오납금은 일종의 부당이득이므로 **'법률상 원인 없이'** 행정청이 이득을 얻고, 이로 인하여 상대방(납부자)에게 손해를 가하는 것에 해당한다. 따라서 납부자는 당연히 부당이득반환청구권을 가지기 때문에 국가 또는 지방자치단체는 부당이득반환의 의무를 지게 된다. 과오납금에 해당하는 과세처분이 당연무효가 아닌 경우 즉 취소사유에 해당하는 경우라면 납부자는 부당이득반환청구소송을 제기하기 전에 과세처분 취소소송을 제기하거나 양자를 병합하여 제기하여야 한다.

### 2) 환급세액

환급세액이란 세법의 규정 등에 따라 발생하는 환급금으로서 당초의 납부나 조세부담이 적법한 것이었지만, 국가의 정책적 결단에 의해 돌려주는 세금을 말한다. 당초에 적법하게 원천납부한 금액이 확정 세액을 초과하는 경우, 적법하게 세금을 납부 후에 감면을 받거나 법령이 개정되어 납부의무가 소멸되는 경우, 부가가치세와 관련하여 매입세액이 매출세액을 초과하는 경우 등이 환급세액이 발생하는 경우에 속한다.

## 3. 환급거부결정의 처분성 여부

### 1) 의의

환급세액의 지급청구에 대한 거부결정의 처분성을 인정여부에 대해서 논의가 있다. 행정청의 환급거부결정으로 직접 국민의 권리·의무에 영향을 주기보다는 **전제된 세법에 의해서 해당 사항이 결정되는 것**이기 때문에 행정청의 환급거부결정은 단순한 행위에 불과하므로 처분성을 인정할 수 없다.

## 2) 판례

판례는 국세환급금결정을 구하는 신청에 대한 **환급거부결정**은 납부의무자가 갖는 환급청구권의 존부나 범위에 구체적이고 직접적인 영향을 미치는 것이 아니므로 항고소송의 대상이 되는 **처분**이 **아니**라고 보고 있다. 따라서 세무서장이 납세자의 국세환급금지급청구에 대하여 거부를 한 경우 납세자는 그 거부행위에 대한 취소소송을 제기할 수 없다.

> 판례  국세기본법 제51조 및 제52조 국세환급금 및 국세가산금결정에 관한 규정은 이미 납세의무자의 환급청구권이 확정된 국세환급금 및 가산금에 대하여 내부적 사무처리절차로서 과세관청의 환급절차를 규정한 것에 지나지 않고 그 규정에 의한 **국세환급금(가산금 포함)결정에 의하여 비로소 환급청구권이 확정되는 것은 아니므로**, 국세환급금결정이나 이 결정을 구하는 신청에 대한 환급거부결정 등은 납세의무자가 갖는 환급청구권의 존부나 범위에 구체적이고 직접적인 영향을 미치는 처분이 아니어서 항고소송의 대상이 되는 처분이라고 볼 수 없다(대판 1989.6.15. 88누6436).

## 4. 조세환급금청구소송

납세의무자에 대한 국가의 부가가치세 환급세액 지급의무에 대응하는 국가에 대한 납세의무자의 **부가가치세 환급세액지급청구**는 민사소송이 아니라 당사자소송에 의하여야 한다. 다만 부가가치세 환급세액 지급의무에 대해서는 이는 부당이득반환의무가 아니라 부가가치세법령에 의하여 그 존부나 범위가 구체적으로 확정되는 공법상의 의무라고 판시하여 부가가치세 환급세액지급청구를 민사소송으로 다루던 종래의 입장을 변경하여 이를 당사자소송으로 다투도록 하고 있다.

## 5. 소멸시효

국세환급금 지급청구권 또는 국세환급가산금 지급청구권은 행사할 수 있는 때부터 **5년간** 행사하지 아니하면 소멸시효가 완성된다(국세기본법 제54조 제1항).

확인 문제

▶ 세무서장이 납세자의 국세환급금지급청구에 대하여 거부를 한 경우 납세자는 그 거부행위에 대한 취소소송을 제기할 수 없다. *(2020 국가직 7급)*  [O X]

▶ 납세의무자에 대한 국가의 부가가치세 환급세액 지급의무에 대응하는 국가에 대한 납세의무자의 부가가치세 환급세액지급청구는 민사소송이 아니라 당사자소송에 의하여야 한다. *(2018 국가직 7급)*  [O X]

정답  224 페이지

제8편　　　확인문제 정답

제 8 편 | 확인문제 정답

• 빨간색 표시가 정답 입니다.

• O X 조세를 부과·징수하기 위해서는 법률의 근거가 필요하지만 조세를 감면하기 위해서 법률의 근거가 필요한 것은 아니다. 〈2020 국가직 7급〉 212페이지

• O X 구「부가가치세법」상 명의위장등록가산세는 부가가치세 본세 납세의무와 무관하게 타인 명의로 사업자등록을 하고 실제 사업을 한 것에 대한 제재로서 부과되는 별도의 가산세이고, 그 부과제척기간은 5년으로 봄이 타당하다. 〈2020 지방직 7급〉 215페이지

• O X 신고납세방식의 조세의 경우 원칙적으로 납세의무자가 스스로 과세표준과 세액을 정하여 신고하는 행위에 의하여 납세의무가 구체적으로 확정된다. 〈2020 국가직 7급〉 215페이지

• O X 특별한 사정이 없는 한, 과세관청이 과세처분에 앞서 필수적으로 행하여야 할 과세예고통지를 하지 아니함으로써 납세자에게 과세전적부심사의 기회를 부여하지 아니한 채 과세처분을 하였다면, 그 과세처분은 위법하다. 〈2018 지방직 7급〉 216페이지

• O X 과세관청이 과세예고통지 후 과세전적부심사 청구나 그에 대한 결정이 있기 전에 국세부과처분을 한 경우, 특별한 사정이 없는 한 그 하자가 중대·명백하다고 볼 수 없어 당연무효가 아닌 취소사유에 해당한다. 〈2018 국가직 7급〉 216페이지

• O X 하나의 납세고지서에 의하여 복수의 과세처분을 함께 하는 경우에는 과세처분별로 그 세액과 산출근거 등을 구분하여 기재함으로써 납세의무자가 각 과세처분의 내용을 알 수 있도록 해야 한다. 〈2018 지방직 7급〉 217페이지

• O X 하나의 납세고지서로 본세와 여러 종류의 가산세를 함께 부과하는 경우에 납세고지서에 가산세의 종류와 세액의 산출근거 등을 따로 구별하지 않고 가산세의 합계액만을 기재하였다면 그 부과처분은 위법하다. 〈2018 국가직 7급〉 217페이지

- ○ X  과세처분에 관한 납세고지서의 송달이 「국세기본법」의 규정에 위배되는 부적법한 것으로서 송달의 효력이 발생하지 아니하는 이상, 그 과세처분은 무효이다. 〈2018 국가직 7급〉 217페이지

- ○ X  과세처분에 대한 이의신청절차에서 과세관청이 이의신청 사유가 옳다고 인정하여 과세처분을 직권으로 취소한 이상 과세관청은 특별한 사유 없이 이를 번복하고 종전 처분을 되풀이할 수 없다. 〈2020 국가직 7급〉 217페이지

- ○ X  세무서장이 납세자의 국세환급금지급청구에 대하여 거부를 한 경우 납세자는 그 거부행위에 대한 취소소송을 제기할 수 없다. 〈2020 국가직 7급〉 222페이지

- ○ X  납세의무자에 대한 국가의 부가가치세 환급세액 지급의무에 대응하는 국가에 대한 납세의무자의 부가가치세 환급세액지급청구는 민사소송이 아니라 당사자소송에 의하여야 한다. 〈2018 국가직 7급〉 222페이지

Administrative Law

# 제9편

급부행정법

제1장  **사회보장행정**

## Ⅰ. 의의

> **사회보장기본법 제5조 (국가와 지방자치단체의 책임)**
>
> ① 국가와 지방자치단체는 모든 국민의 인간다운 생활을 유지·증진하는 책임을 가진다.
> ② 국가와 지방자치단체는 사회보장에 관한 책임과 역할을 합리적으로 분담하여야 한다.
> ③ 국가와 지방자치단체는 국가 발전수준에 부응하고 사회환경의 변화에 선제적으로 대응하며 지속가능한 사회보장제도를 확립하고 매년 이에 필요한 재원을 조달하여야 한다.
>
> **사회보장기본법 제9조 (사회보장을 받을 권리)**
>
> 모든 국민은 사회보장 관계 법령에서 정하는 바에 따라 **사회보장급여를 받을 권리**를 가진다.

사회보장기본법 제5조에서는 **국가와 지방자치단체**의 **사회보장에 관한 책임**을 언급하고 있고, 사회보장기본법 제9조에서는 **모든 국민**이 해당 법령에 따라 **사회보장급여를 받을 권리**가 있음을 적시하고 있다.

## Ⅱ. 사회보장기본법

> **사회보장기본법 제3조 (정의)**
>
> 이 법에서 사용하는 용어의 뜻은 다음과 같다.
> 1. "**사회보장**"이란 출산, 양육, 실업, 노령, 장애, 질병, 빈곤 및 사망 등의 사회적 위험으로부터 모든 국민을 보호하고 국민 삶의 질을 향상시키는 데 필요한 소득·서비스를 보장하는 사회보험, 공공부조, 사회서비스를 말한다.
> 2. "**사회보험**"이란 국민에게 발생하는 사회적 위험을 보험의 방식으로 대처함으로써 국민의 건강과 소득을 보장하는 제도를 말한다.
> 3. "**공공부조**"(公共扶助)란 국가와 지방자치단체의 책임 하에 생활 유지 능력이 없거나 생활이 어려운 국민의 최저생활을 보장하고 자립을 지원하는 제도를 말한다.

4. **"사회서비스"**란 국가·지방자치단체 및 민간부문의 도움이 필요한 모든 국민에게 복지, 보건의료, 교육, 고용, 주거, 문화, 환경 등의 분야에서 인간다운 생활을 보장하고 상담, 재활, 돌봄, 정보의 제공, 관련 시설의 이용, 역량 개발, 사회참여 지원 등을 통하여 국민의 삶의 질이 향상되도록 지원하는 제도를 말한다.

5. **"평생사회안전망"**이란 생애주기에 걸쳐 보편적으로 충족되어야 하는 기본욕구와 특정한 사회위험에 의하여 발생하는 특수욕구를 동시에 고려하여 소득·서비스를 보장하는 맞춤형 사회보장제도를 말한다.

# Ⅲ. 사회보험

사회보험은 사회적 위험을 공적 보험의 형식으로 보장하는 것을 그 내용으로 한다. 경제적 약자의 공적 구제에 있어서 사법분야에서 이미 발달된 보험의 원리를 사용하는 것이다. 보험자란 보험금을 지급하는 자를 말하는데, 예를 들어 **국민연금법상 보험자는 국민연금공단**이다. **현행법상 사회보험**으로는 국민연금보험, 국민건강보험, 산업재해보상보험, 고용보험이 있다.

---

확인 문제

▶ 국가와 지방자치단체는 국가 발전수준에 부응하고 사회환경의 변화에 선제적으로 대응하며 지속가능한 사회보장제도를 확립하고 매년 이에 필요한 재원을 조달하여야 한다. 〈2018 지방직 7급〉  ○ X

▶ '사회보장'이란 출산, 양육, 실업, 노령, 장애, 질병, 빈곤 및 사망 등의 사회적 위험으로부터 모든 국민을 보호하고 국민 삶의 질을 향상시키는 데 필요한 소득·서비스를 보장하는 사회보험, 공공부조, 사회서비스를 말한다. 〈2018 지방직 7급〉  ○ X

▶ '사회보험'이란 국민에게 발생하는 사회적 위험을 보험의 방식으로 대처함으로써 국민의 건강과 소득을 보장하는 제도를 말한다. 〈2018 지방직 7급〉  ○ X

▶ '사회서비스'란 생애주기에 걸쳐 보편적으로 충족되어야 하는 기본욕구와 특정한 사회위험에 의하여 발생하는 특수욕구를 동시에 고려하여 소득·서비스를 보장하는 맞춤형 사회보장 제도를 말한다. 〈2018 지방직 7급〉  ○ X

정답 240 페이지

## 국민건강보험법

### 제1조 (목적)

이 법은 국민의 질병·부상에 대한 예방·진단·치료·재활과 출산·사망 및 건강증진에 대하여 보험급여를 실시함으로써 국민보건 향상과 사회보장 증진에 이바지함을 목적으로 한다.

### 제2조 (관장)

이 법에 따른 건강보험사업은 보건복지부장관이 맡아 주관한다.

### 제3조 (정의)

이 법에서 사용하는 용어의 뜻은 다음과 같다.

1. "근로자"란 직업의 종류와 관계없이 근로의 대가로 보수를 받아 생활하는 사람(법인의 이사와 그 밖의 임원을 포함한다)으로서 공무원 및 교직원을 제외한 사람을 말한다.

2. "사용자"란 다음 각 목의 어느 하나에 해당하는 자를 말한다.

가. 근로자가 소속되어 있는 사업장의 사업주

나. 공무원이 소속되어 있는 기관의 장으로서 대통령령으로 정하는 사람

다. 교직원이 소속되어 있는 사립학교(「사립학교교직원 연금법」제3조에 규정된 사립학교를 말한다. 이하 이 조에서 같다)를 설립·운영하는 자

3. "사업장"이란 사업소나 사무소를 말한다.

4. "공무원"이란 국가나 지방자치단체에서 상시 공무에 종사하는 사람을 말한다.

5. "교직원"이란 사립학교나 사립학교의 경영기관에서 근무하는 교원과 직원을 말한다.

### 제3조의2 (국민건강보험종합계획의 수립 등)

① 보건복지부장관은 이 법에 따른 건강보험(이하 "건강보험"이라 한다)의 건전한 운영을 위하여 제4조에 따른 건강보험정책심의위원회(이하 이 조에서 "건강보험정책심의위원회"라 한다)의 심의를 거쳐 **5년**마다 국민건강보험종합계획(이하 "종합계획"이라 한다)을 수립하여야 한다. 수립된 종합계획을 변경할 때도 또한 같다.

② 종합계획에는 다음 각 호의 사항이 포함되어야 한다.

1. 건강보험정책의 기본목표 및 추진방향

2. 건강보험 보장성 강화의 추진계획 및 추진방법

3. 건강보험의 중장기 재정 전망 및 운영

4. 보험료 부과체계에 관한 사항

5. 요양급여비용에 관한 사항

6. 건강증진 사업에 관한 사항

7. 취약계층 지원에 관한 사항

8. 건강보험에 관한 통계 및 정보의 관리에 관한 사항

9. 그 밖에 건강보험의 개선을 위하여 필요한 사항으로 대통령령으로 정하는 사항

③ 보건복지부장관은 종합계획에 따라 매년 연도별 시행계획(이하 "시행계획"이라 한다)을 건강보험정책심의위원회의 심의를 거쳐 수립·시행하여야 한다.

④ 보건복지부장관은 매년 시행계획에 따른 추진실적을 평가하여야 한다.

⑤ 보건복지부장관은 다음 각 호의 사유가 발생한 경우 관련 사항에 대한 보고서를 작성하여 지체 없이 국회 소관 상임위원회에 보고하여야 한다.

1. 제1항에 따른 종합계획의 수립 및 변경

2. 제3항에 따른 시행계획의 수립

3. 제4항에 따른 시행계획에 따른 추진실적의 평가

⑥ 보건복지부장관은 종합계획의 수립, 시행계획의 수립·시행 및 시행계획에 따른 추진실적의 평가를 위하여 필요하다고 인정하는 경우 관계 기관의 장에게 자료의 제출을 요구할 수 있다. 이 경우 자료의 제출을 요구받은 자는 특별한 사유가 없으면 이에 따라야 한다.

⑦ 그 밖에 제1항에 따른 종합계획의 수립 및 변경, 제3항에 따른 시행계획의 수립·시행 및 제4항에 따른 시행계획에 따른 추진실적의 평가 등에 필요한 사항은 대통령령으로 정한다.

### 제4조 (건강보험정책심의위원회)

① 건강보험정책에 관한 다음 각 호의 사항을 심의·의결하기 위하여 **보건복지부장관 소속**으로 건강보험정책심의위원회(이하 "심의위원회"라 한다)를 둔다.

1. 제3조의2 제1항 및 제3항에 따른 종합계획 및 시행계획에 관한 사항(심의에 한정한다)

2. 제41조 제3항에 따른 요양급여의 기준

3. 제45조 제3항 및 제46조에 따른 요양급여비용에 관한 사항

4. 제73조 제1항에 따른 직장가입자의 보험료율

5. 제73조 제3항에 따른 지역가입자의 보험료부과점수당 금액

6. 그 밖에 건강보험에 관한 주요 사항으로서 대통령령으로 정하는 사항

② 심의위원회는 위원장 1명과 부위원장 1명을 포함하여 25명의 위원으로 구성한다.

③ **심의위원회의 위원장은 보건복지부차관**이 되고, 부위원장은 제4항 제4호의 위원 중에서 위원장이 지명하는 사람이 된다.

④ 심의위원회의 위원은 다음 각 호에 해당하는 사람을 보건복지부장관이 임명 또는 위촉한다.

1. 근로자단체 및 사용자단체가 추천하는 각 2명

2. 시민단체(「비영리민간단체지원법」 제2조에 따른 비영리민간단체를 말한다. 이하 같다), 소비자단체, 농어업인단체 및 자영업자단체가 추천하는 각 1명

3. 의료계를 대표하는 단체 및 약업계를 대표하는 단체가 추천하는 8명

4. 다음 각 목에 해당하는 8명

가. 대통령령으로 정하는 중앙행정기관 소속 공무원 2명

나. 국민건강보험공단의 이사장 및 건강보험심사평가원의 원장이 추천하는 각 1명

다. 건강보험에 관한 학식과 경험이 풍부한 4명

⑤ 심의위원회 위원(제4항제4호가목에 따른 위원은 제외한다)의 임기는 3년으로 한다. 다만, 위원의 사임 등으로 새로 위촉된 위원의 임기는 전임위원 임기의 남은 기간으로 한다.

⑥ 심의위원회의 운영 등에 필요한 사항은 대통령령으로 정한다.

## 제5조 (적용 대상 등)

① 국내에 거주하는 국민은 건강보험의 가입자(이하 "가입자"라 한다) 또는 피부양자가 된다. 다만, 다음 각 호의 어느 하나에 **해당하는 사람**은 **제외**한다.

1. 「의료급여법」에 따라 의료급여를 받는 사람(이하 "수급권자"라 한다)

2. 「독립유공자예우에 관한 법률」 및 「국가유공자 등 예우 및 지원에 관한 법률」에 따라 의료보호를 받는 사람(이하 "유공자등 의료보호대상자"라 한다). 다만, 다음 각 목의 어느 하나에 해당하는 사람은 가입자 또는 피부양자가 된다.

가. 유공자 등 의료보호대상자 중 건강보험의 적용을 보험자에게 신청한 사람

나. 건강보험을 적용받고 있던 사람이 유공자 등 의료보호대상자로 되었으나 건강보험의 적용배제신청을 보험자에게 하지 아니한 사람

② 제1항의 피부양자는 다음 각 호의 어느 하나에 해당하는 사람 중 직장가입자에게 주로 생계를 의존하는 사람으로서 소득 및 재산이 보건복지부령으로 정하는 기준 이하에 해당하는 사람을 말한다.

1. 직장가입자의 배우자

2. 직장가입지의 직계존속(배우자의 직계존속을 포함한다)

3. 직장가입자의 직계비속(배우자의 직계비속을 포함한다)과 그 배우자

4. 직장가입자의 형제·자매

③ 제2항에 따른 피부양자 자격의 인정 기준, 취득·상실시기 및 그 밖에 필요한 사항은 보건복지부령으로 정한다.

## 제6조 (가입자의 종류)

① 가입자는 **직장가입자**와 **지역가입자**로 구분한다.

② 모든 사업장의 근로자 및 사용자와 공무원 및 교직원은 직장가입자가 된다. 다만, 다음 각 호의 어느 하나에 해당하는 사람은 **제외**한다.

1. 고용 기간이 1개월 미만인 일용근로자

2. 「병역법」에 따른 현역병(지원에 의하지 아니하고 임용된 하사를 포함한다), 전환복무된 사람 및 군간부후보생

3. 선거에 당선되어 취임하는 공무원으로서 매월 보수 또는 보수에 준하는 급료를 받지 아니하는 사람

4. 그 밖에 사업장의 특성, 고용 형태 및 사업의 종류 등을 고려하여 대통령령으로 정하는 사업장의 근로자 및 사용자와 공무원 및 교직원

③ 지역가입자는 직장가입자와 그 피부양자를 **제외**한 가입자를 말한다.

④ 삭제

## 제7조 (사업장의 신고)

사업장의 사용자는 다음 각 호의 어느 하나에 해당하게 되면 그 때부터 14일 이내에 보건복지부령으로 정하는 바에 따라 보험자에게 신고하여야 한다. 제1호에 해당되어 보험자에게 신고한 내용이 변경된 경우에도 또한 같다.

1. 제6조 제2항에 따라 직장가입자가 되는 근로자·공무원 및 교직원을 사용하는 사업장(이하 "적용대상사업장"이라 한다)이 된 경우

2. 휴업·폐업 등 보건복지부령으로 정하는 사유가 발생한 경우

### 제8조 (자격의 취득 시기 등)

① 가입자는 국내에 거주하게 된 날에 직장가입자 또는 지역가입자의 자격을 얻는다. 다만, 다음 각 호의 어느 하나에 해당하는 사람은 그 해당되는 날에 각각 자격을 얻는다.

1. 수급권자이었던 사람은 그 대상자에서 제외된 날

2. 직장가입자의 피부양자이었던 사람은 그 자격을 잃은 날

3. 유공자등 의료보호대상자이었던 사람은 그 대상자에서 제외된 날

4. 제5조 제1항 제2호 가목에 따라 보험자에게 건강보험의 적용을 신청한 유공자등 의료보호대상자는 그 신청한 날

② 제1항에 따라 자격을 얻은 경우 그 직장가입자의 사용자 및 지역가입자의 세대주는 그 명세를 보건복지부령으로 정하는 바에 따라 자격을 취득한 날부터 14일 이내에 보험자에게 신고하여야 한다.

### 제9조 (자격의 변동 시기 등)

① 가입자는 다음 각 호의 어느 하나에 <u>**해당하게 된** 날</u>에 그 자격이 <u>**변동**</u>된다.

1. 지역가입자가 적용대상사업장의 사용자로 되거나, 근로자·공무원 또는 교직원(이하 "근로자 등"이라 한다)으로 사용된 날

2. 직장가입자가 다른 적용대상사업장의 사용자로 되거나 근로자 등으로 사용된 날

3. <u>직장가입자인 근로자 등이 그 사용관계가 끝난 날의 **다음 날**</u>

4. 적용대상사업장에 제7조 제2호에 따른 사유가 발생한 날의 다음 날

5. 지역가입자가 다른 세대로 전입한 날

② 제1항에 따라 자격이 변동된 경우 직장가입자의 사용자와 지역가입자의 세대주는 다음 각 호의 구분에 따라 그 명세를 보건복지부령으로 정하는 바에 따라 <u>**자격이 변동된 날부터**</u> <u>**14일**</u> 이내에 보험자에게 신고하여야 한다.

1. 제1항 제1호 및 제2호에 따라 자격이 변동된 경우 : 직장가입자의 사용자

2. 제1항 제3호부터 제5호까지의 규정에 따라 자격이 변동된 경우 : 지역가입자의 세대주

③ 법무부장관 및 국방부장관은 직장가입자나 지역가입자가 제54조 제3호 또는 제4호에 해당하면 보건복지부령으로 정하는 바에 따라 그 사유에 해당된 날부터 1개월 이내에 보험자에게 알려야 한다.

### 제9조의2 (자격 취득 · 변동 사항의 고지)

공단은 제96조 제1항에 따라 제공받은 자료를 통하여 가입자 자격의 취득 또는 변동 여부를 확인하는 경우에는 자격 취득 또는 변동 후 최초로 제79조에 따른 납부의무자에게 보험료 납입 고지를 할 때 보건복지부령으로 정하는 바에 따라 자격 취득 또는 변동에 관한 사항을 알려야 한다.

### 제10조 (자격의 상실 시기 등)

① 가입자는 다음 각 호의 어느 하나에 **해당하게 된 날**에 그 자격을 **잃는다**.

1. 사망한 날의 다음 날

2. 국적을 잃은 날의 다음 날

3. 국내에 거주하지 아니하게 된 날의 다음 날

4. 직장가입자의 피부양자가 된 날

5. 수급권자가 된 날

6. 건강보험을 적용받고 있던 사람이 유공자등 의료보호대상자가 되어 건강보험의 적용배제 신청을 한 날

② 제1항에 따라 자격을 잃은 경우 직장가입자의 사용자와 지역가입자의 세대주는 그 명세를 보건복지부령으로 정하는 바에 따라 자격을 잃은 날부터 14일 이내에 보험자에게 신고하여야 한다.

### 제11조 (자격취득 등의 확인)

① 가입자 자격의 취득·변동 및 상실은 제8조부터 제10조까지의 규정에 따른 자격의 취득·변동 및 상실의 시기로 소급하여 효력을 발생한다. 이 경우 보험자는 그 사실을 확인할 수 있다.

② 가입자나 가입자이었던 사람 또는 피부양자나 피부양자이었던 사람은 제1항에 따른 확인을 청구할 수 있다.

### 제12조 (건강보험증)

① 국민건강보험공단은 가입자 또는 피부양자가 신청하는 경우 건강보험증을 발급하여야 한다.

② 가입자 또는 피부양자가 요양급여를 받을 때에는 제1항의 건강보험증을 제42조제1항에 따른 요양기관(이하 "요양기관"이라 한다)에 제출하여야 한다. 다만, 천재지변이나 그 밖의 부득이한 사유가 있으면 그러하지 아니하다.

③ 가입자 또는 피부양자는 제2항 본문에도 불구하고 주민등록증, 운전면허증, 여권, 그 밖에 보건복지부령으로 정하는 본인 여부를 확인할 수 있는 신분증명서(이하 "신분증명서"라 한다)로 요양기관이 그 자격을 확인할 수 있으면 건강보험증을 제출하지 아니할 수 있다.

④ 가입자·피부양자는 제10조 제1항에 따라 자격을 잃은 후 자격을 증명하던 서류를 사용하여 보험급여를 받아서는 아니 된다.

⑤ 누구든지 건강보험증이나 신분증명서를 다른 사람에게 양도(讓渡)하거나 대여하여 보험급여를 받게 하여서는 아니 된다.

⑥ 누구든지 건강보험증이나 신분증명서를 양도 또는 대여를 받거나 그 밖에 이를 부정하게 사용하여 보험급여를 받아서는 아니 된다.

⑦ 제1항에 따른 건강보험증의 신청 절차와 방법, 서식과 그 교부 및 사용 등에 필요한 사항은 보건복지부령으로 정한다.

### 제53조 (급여의 제한)

② 공단은 보험급여를 받을 수 있는 사람이 다른 법령에 따라 국가나 지방자치단체로부터 보험급여에 상당하는 급여를 받거나 보험급여에 상당하는 비용을 지급받게 되는 경우에는 그 한도에서 보험급여를 하지 아니한다.

---

**확인 문제**

▶ 가입자는 직장가입자의 피부양자가 된 날에 그 자격을 잃는다. *(2020 지방직 7급)* O X

▶ 직장가입자인 근로자 등이 그 사용관계가 끝난 날에는 그 당일에 가입자의 자격이 변동된다. *(2020 지방직 7급)* O X

▶ 국내에 거주하는 국민은 건강보험의 가입자 또는 피부양자가 되나 「의료급여법」에 따라 의료급여를 받는 사람은 적용 대상에서 제외된다. *(2020 지방직 7급)* O X

▶ 국민건강보험공단은 보험급여를 받을 수 있는 사람이 다른 법령에 따라 국가나 지방자치단체로부터 보험급여에 상당하는 급여를 받거나 보험급여에 상당하는 비용을 지급받게 되는 경우에는 그 한도에서 보험급여를 하지 아니한다. *(2020 지방직 7급)* O X

정답 240 페이지

## Ⅳ. 공공부조

"공공부조"란 국가와 지방자치단체가 생활 유지 능력이 없거나 생활이 어려운 국민의 최저생활을 보장하는 **무상지원제도**를 의미한다.

## Ⅴ. 사회서비스

"사회서비스"란 국가·지방자치단체 및 민간부문의 도움이 필요한 모든 국민에게 복지, 보건의료, 교육, 고용, 주거, 문화, 환경 등의 분야에서 인간다운 생활을 보장하고 상담, 재활, 돌봄, 정보의 제공, 관련 시설의 이용, 역량 개발, 사회참여 지원 등 **(금전적 지원이 아닌) 서비스의 형식**으로 국민의 삶의 질이 향상되도록 지원하는 제도를 의미한다.

## 제2장　자금지원행정

## Ⅰ. 의의

자금지원이란 국가 등의 행정주체가 복잡다양한 현대사회에서 특정한 사회정책적 목적을 달성하기 위하여 **사인에게 제공하는 재정적 이익**을 말한다.

## Ⅱ. 자금지원행정의 형식

### 1. 개설

자금지원은 다양한 형식으로 이루어진다. 구체적인 형식은 각 자금지원에 대한 관련 법령에 따라서 매우 다양하다.

### 2. 보조금

#### 1) 개념

보조금이란 국가나 공공단체가 특정 산업의 육성이나 특정 시책의 장려 등 일정한 행정목적을 달성하기 위해 공공단체, 기업, 개인 등에게 상당한 반대급부를 받지 아니하고 교부하는 급부금을 말한다.

### 2) 보조금 지급결정의 성격

보조금은 상대방의 신청에 대한 행정청의 결정에 의해서 지급된다. 이러한 행정청의 결정(보조금 지급결정)은 우월한 지위가 담보되므로 행정행위로서의 성격을 가지며 수익적 행정행위이므로 원칙적으로 재량행위이다. 그러나 결정에 따라 행해지는 보조금 지급행위는 단순한 이행행위이므로 사실행위에 불과하다.

### 3) 보조금반환청구소송

(보조금을 지급한 상대방에 대한) 국가나 지방자치단체의 보조금반환청구는 행정목적으로 이미 지급된 보조금의 반환을 요구하는 것이므로 공법관계(공법상 권리관계)가 전제되어 있다고 보아야 한다. 따라서 보조금반환청구소송은 공법상의 의무이행을 구하는 소송인 당사자소송에 해당한다.

## Ⅲ. 자금지원행정의 분쟁해결

자금지원이 공법상 계약으로 이루어진 경우에는 해당 분쟁은 당사자소송으로 해결해야 하겠지만 해당 지원이 사법상 계약으로 이루어지는 경우에는 민사소송을 통하여 분쟁을 해결해야 할 것이다. 만약 **자금지원**이 보조금 등과 같이 우월한 지위가 담보되는 **행정행위의 형식**으로 이루어지는 경우에는 **항고소송이나 행정심판** 등으로 다퉈서 권리구제를 받을 수 있다.

우선순위
행정법각론

제9편    확인문제 정답

## 제9편　확인문제 정답

- 빨간색 표시가 　정답　 입니다.

- ○ X  국가와 지방자치단체는 국가 발전수준에 부응하고 사회환경의 변화에 선제적으로 대응하며 지속가능한 사회보장제도를 확립하고 매년 이에 필요한 재원을 조달하여야 한다.
  《2018 지방직 7급》 229페이지

- ○ X  '사회보장'이란 출산, 양육, 실업, 노령, 장애, 질병, 빈곤 및 사망 등의 사회적 위험으로부터 모든 국민을 보호하고 국민 삶의 질을 향상시키는 데 필요한 소득·서비스를 보장하는 사회보험, 공공부조, 사회서비스를 말한다.  《2018 지방직 7급》 229페이지

- ○ X  '사회보험'이란 국민에게 발생하는 사회적 위험을 보험의 방식으로 대처함으로써 국민의 건강과 소득을 보장하는 제도를 말한다.  《2018 지방직 7급》 229페이지

- ○ X  '사회서비스'란 생애주기에 걸쳐 보편적으로 충족되어야 하는 기본욕구와 특정한 사회위험에 의하여 발생하는 특수욕구를 동시에 고려하여 소득·서비스를 보장하는 맞춤형 사회보장 제도를 말한다.  《2018 지방직 7급》 229페이지

- ○ X  가입자는 직장가입자의 피부양자가 된 날에 그 자격을 잃는다.  《2020 지방직 7급》 236페이지

- ○ X  직장가입자인 근로자 등이 그 사용관계가 끝난 날에는 그 당일에 가입자의 자격이 변동된다.  《2020 지방직 7급》 236페이지

- ○ X  국내에 거주하는 국민은 건강보험의 가입자 또는 피부양자가 되나 「의료급여법」에 따라 의료급여를 받는 사람은 적용 대상에서 제외된다.  《2020 지방직 7급》 236페이지

- ○ X  국민건강보험공단은 보험급여를 받을 수 있는 사람이 다른 법령에 따라 국가나 지방자치단체로부터 보험급여에 상당하는 급여를 받거나 보험급여에 상당하는 비용을 지급받게 되는 경우에는 그 한도에서 보험급여를 하지 아니한다.  《2020 지방직 7급》 236페이지

우선순위
행정법각론

제10편  환경행정법

## 제1장 개설

### Ⅰ. 환경행정법의 종류

헌법 제35조는 환경권을 헌법상의 기본권으로 보장하고 있다. 헌법상 기본권인 환경권을 법률로 구체화하기 위해서 환경정책기본법이 환경과 관련된 기본법으로 제정되어 있으며, 해당 분야에 따라 대기환경보전법, 토양환경보전법, 해양오염방지법, 환경영향평가법 등이 순차적으로 제정되어 법률로서 기능하고 있다.

### Ⅱ. 환경행정법의 원칙

#### 1. 의의

환경행정법 영역에 대한 입법 및 해석·적용의 기준이 되는 원칙들이 존재하며, 이를 토대로 법적인 체계가 구성이 된다.

#### 2. 예방의 원칙

사전에 환경이 오염되지 않도록 다양한 방식으로 예방에 힘쓰는 것이 중요하다는 원칙이다. 환경은 한 번 오염이 되고나면 피해구제 및 원상회복이 사실상 어렵거나 오랜 시일이 걸리므로 사후보다는 사전에 예방해야 한다는 원칙이다.

#### 3. 오염자(원인자) 부담의 원칙

환경에 대한 오염을 방지하는 비용과 이미 발생한 오염에 대한 책임 및 비용은 **오염자(원인자)가 부담**하여야 한다는 원칙을 말한다. 예를 들어, 방사능에 오염된 고철을 타인에게 매도하는 등으로 유통시킴으로써 거래 상대방이나 전전 취득한 자가 방사능오염으로 피해를 입게 되면 그 원인자는 **방사능오염 사실을 모르고 유통시켰더라도** 피해자에게 피해를 배상할 의무가 있다. 또한 불법행위로 영업을 중단한 자가 영업 중단에 따른 손해배상을 구하는 경우 영업을 중단하지 않았으면 얻었을 순이익과 이와 별도로 **영업 중단과 상관없이 불가피하게 지출해야 하는 비용**도 특별한 사정이 없는 한 **손해배상의 범위에 포함**될 수 있다.

> **판례** 방사능에 오염된 고철을 타인에게 매도하는 등으로 유통시킴으로써 거래 상대방이나 전전 취득한 자가 방사능오염으로 피해를 입게 되면 그 원인자는 **방사능오염 사실을 모르고 유통시켰더라도** 환경정책기본법 제44조 제1항에 따라 피해자에게 피해를 배상할 의무가 있다(대판 2018.9.13. 2016다35802).

> **판례** 불법행위로 영업을 중단한 자가 영업 중단에 따른 손해배상을 구하는 경우 영업을 중단하지 않았으면 얻었을 순이익과 이와 별도로 영업 중단과 상관없이 불가피하게 지출해야 하는 비용도 특별한 사정이 없는 한 손해배상의 범위에 포함될 수 있다. 위와 같은 순이익과 비용의 배상을 인정하는 것은 이중배상에 해당하지 않는다. 이러한 법리는 환경정책기본법 제44조 제1항에 따라 그 피해의 배상을 인정하는 경우에도 적용된다(대판 2018.9.13. 2016다35802).

## 4. 수익자(이용자) 부담의 원칙

환경개선으로 인하여 이익을 얻는 자 즉 수익자(이용자)는 해당 환경개선비용을 분담하여야 한다는 원칙이다. 국민의 세금만으로 환경을 개선하는 것은 한계가 있을 수 있으므로 해당 개선에 의해서 이득을 얻는 자는 비용에 대해서도 합리적인 선에서 제공을 하여야 한다.

## 5. 협동의 원칙

환경보호는 어느 한 주체의 힘만으로 달성하기는 매우 어렵다. 따라서 국가, 지방자치단체, 사회, 국민 모두 하나가 되어서 함께 협동하여 보호에 힘써야 한다는 원칙이다.

## 6. 사전조치의 원칙

(위험이 아직 불확실한 상황이라 하더라도) **발생가능성이 있는 위험이고 그 위험이 발생할 경우 손해가 중대하고 회복할 수 없는 내용일 경우**에는 위험이 확실하게 되기 이전에 즉 위험이 발생하기 이전에 해당 위험을 방지하거나 축소하는 사전조치를 해야 한다는 원칙을 의미한다.

---

**확인 문제**

▶ 방사능에 오염된 고철을 타인에게 매도하는 등으로 유통시킴으로써 거래 상대방이나 전전취득한 자가 방사능오염으로 피해를 입게 되었더라도 그 원인자는 방사능오염 사실을 모르고 유통시켰을 경우에는 환경정책기본법 제44조 제1항에 따라 피해자에게 피해를 배상할 의무는 없다. *(2020 군무원)*  O X

▶ 불법행위로 영업을 중단한 자가 영업 중단에 따른 손해배상을 구하는 경우 영업을 중단하지 않았으면 얻었을 순이익과 이와 별도로 영업 중단과 상관없이 불가피하게 지출해야 하는 비용도 특별한 사정이 없는 한 손해배상의 범위에 포함될 수 있다. *(2020 군무원)*  O X

정답 250 페이지

## 7. 지속가능한 개발의 원칙

환경을 고려하여 오랜 기간 지속가능하게 개발이 이루어질 수 있도록 해야 한다는 원칙이다. 즉 현재 세대의 환경혜택만을 위하여 모든 자원 등을 다 소비하지 말고, 미래 세대의 환경혜택 가능성까지 고려해서 효율적인 개발행태가 필요하다는 의미이다. 이를 실현하기 위해 지속가능발전법, 저탄소녹색성장기본법 등이 제정되어 시행되고 있다. 지속가능한 개발과 관련하여 가장 중요한 내용은 **토양의 폐기가능성**이다. 그러나 토양은 폐기물 기타 오염물질에 의하여 오염될 수 있는 대상일 뿐 오염토양이라 하여 동산으로서 '물질'인 폐기물에 해당한다고 할 수 없고, 나아가 **오염토양**은 법령상 절차에 따른 정화대상이 될 뿐 **투기나 폐기 대상**이 된다고 할 수 **없다**.

> 판례 구 폐기물관리법과 구 폐기물관리법 시행령, 건설폐기물의 재활용촉진에 관한 법률과 그 시행령 및 토양환경보전법의 각 규정을 종합하면, 토양은 폐기물 기타 오염물질에 의하여 오염될 수 있는 대상일 뿐 오염토양이라 하여 동산으로서 '물질'인 폐기물에 해당한다고 할 수 없고, 나아가 오염토양은 법령상 절차에 따른 정화 대상이 될 뿐 법령상 금지되거나 그와 배치되는 개념인 투기나 폐기 대상이 된다고 할 수 없다(대판 2011.5.26. 2008도2907).

## 8. 환경존속의 원칙

인위적인 개입을 통해 환경을 바꾸려는 시도보다는 (가능한 범위 내에서) 환경을 현재로 유지하려고 노력해야 한다는 원칙을 의미한다.

## 9. 환경관련 정보공개의 원칙

환경관련 정보는 원칙적으로 공개하여야 하고, 환경정책 등을 수립·진행함에 있어서 주민들의 참여도 원칙적으로 보장되어야 한다는 것을 의미한다.

확인 문제

▶ 토양은 폐기물 기타 오염물질에 의하여 오염될 수 있는 대상일 뿐 오염토양이라 하여 동산으로서 '물질'인 폐기물에 해당한다고 할 수 없고, 나아가 오염토양은 법령상 절차에 따른 정화대상이 될 뿐 법령상 금지되거나 그와 배치되는 개념인 투기나 폐기 대상이 된다고 할 수 없다. *(2020 군무원)*  O X

정답 250 페이지

## I. 환경영향평가제도 개관

### 1. 환경영향평가의 의의

환경영향평가제도는 해당 환경에 대하여 중대한 영향을 미칠 가능성이 있는 개발사업을 실시하기 전에 해당 환경에 침익(부담)적인 영향을 미치게 될 요인들을 미리 예측·검토하여 이 요인들이 확정되면 이를 최소화하는 방안으로 사업을 실시하고, 이 요인들로 인해 환경에 대한 악영향이 매우 중대한 경우에는 해당 환경을 유지하기 위하여 사업을 실시하지 못하도록 하는 제도를 말한다. 현행법상 환경영향평가는 사업을 시행하려고 하는 사업시행자가 실시하게 하고 있으므로 환경영향평가가 **침익적인 요인들이 축소**되는 방향으로 객관적이지 못하게 평가되는 단점이 노출되고 있다.

### 2. 환경영향평가의 종류

**환경영향평가법 제2조 (정의)**

이 법에서 사용하는 용어의 뜻은 다음과 같다.

1. "**전략환경영향평가**"란 환경에 영향을 미치는 계획을 수립할 때에 환경보전계획과의 부합 여부 확인 및 대안의 설정·분석 등을 통하여 환경적 측면에서 해당 계획의 적정성 및 입지의 타당성 등을 검토하여 국토의 지속가능한 발전을 도모하는 것을 말한다.

2. "**환경영향평가**"란 환경에 영향을 미치는 실시계획·시행계획 등의 허가·인가·승인·면허 또는 결정 등(이하 "승인 등"이라 한다)을 할 때에 해당 사업이 환경에 미치는 영향을 미리 조사·예측·평가하여 해로운 환경영향을 피하거나 제거 또는 감소시킬 수 있는 방안을 마련하는 것을 말한다.

3. "**소규모 환경영향평가**"란 환경보전이 필요한 지역이나 난개발(亂開發)이 우려되어 계획적 개발이 필요한 지역에서 개발사업을 시행할 때에 입지의 타당성과 환경에 미치는 영향을 미리 조사·예측·평가하여 환경보전방안을 마련하는 것을 말한다.

4. "**환경영향평가 등**"이란 전략환경영향평가, 환경영향평가 및 소규모 환경영향평가를 말한다.

## 3. 환경영향평가의 대상지역

개발사업으로 인하여 환경상 침해를 받으리라고 예상되는 지역을 '영향권'이라고 한다. **영향권은 환경영향평가의 대상지역**과 일반적으로는 일치하지만 항상 일치하는 것은 아니다. 현행법상 대상지역 역시 사업시행자가 설정하게 하고 있기 때문에 영향권에 해당함에도 불구하고 환경영향평가의 대상지역을 축소하려는 경향이 있기 때문이다.

환경영향평가 등은 계획의 수립이나 사업의 시행으로 영향을 받게 되는 지역으로서 환경영향을 과학적으로 예측·분석한 자료에 따라 그 범위가 설정된 지역에 대하여 실시하여야 한다(환경영향평가법 제6조).

## Ⅱ. 행정소송

### 1. 원고적격

#### 1) 근거 법률 및 원고적격

판례는 **어떤 사업이 환경영향평가의 대상**이 되면 그 사업에 대한 승인처분 등의 내용을 직접적으로 정하고 있는 법령의 규정만이 아니라, **환경영향평가법령**도 그에 대한 근거 법률이 된다고 적시하였다. 또한 **환경영향평가법령**은 환경영향평가 대상지역 안에 있는 주민 개개인에 대해서 개별적으로 보호되는 이익 즉 당해 사업 시행전후를 비교하여 수인한도를 넘는 환경침해를 받지 아니하고 쾌적한 환경에서 생활할 수 있는 이익도 보호하려는 취지에서 제정된 것이라고 본다. 따라서 승인처분 등의 내용을 직접적으로 정하고 있는 법령의 규정에서 사익보호성을 검토하기 어렵다 하더라도 해당 사업이 (환경영향평가법령에 따른) 환경영향평가의 대상인 경우, 환경영향평가 대상지역 안에 있는 주민들에게 해당 사업시행승인처분에 대한 취소를 구할 원고적격을 인정하고 있다.

> 판례 **속리산국립공원 용화집단시설지구개발사업**에 관하여 이 사건 변경승인 및 허가처분을 함에 있어서는 반드시 자연공원법령 및 환경영향평가법령 소정의 환경영향평가를 거쳐서 그 환경영향평가의 협의내용을 사업계획에 반영시키도록 하여야 하는 것이니 만큼 자연공원법령뿐 아니라 환경영향평가법령도 이 사건 변경승인 및 허가처분에 직접적인 영향을 미치는 근거 법률이 된다고 볼 수밖에 없고, 환경영향평가에 관한 위 자연공원법령 및 환경영향평가법령의 규정들의 취지는 집단시설지구개발사업이 환경을 해치지 아니하는 방법으로 시행되도록 함으로써 집단시설지구개발사업과 관련된 환경공익을 보호하려는 데에 그치는 것이 아니라 그 사업으로 인하여 직접적이고 중대한 환경피해를 입으리라고 예상되는 환경영향평가대상지역 안의 주민들이 개발 전과 비교하여 수인한도를 넘는 환경침해를 받지 아니하고 쾌적한 환경에서 생활할 수 있는 개별적 이익까지도 이를 보호하려는 데에 있다 할 것이므로, 위 주민들이 이 사건 변경승인 및 허가

처분과 관련하여 갖고 있는 위와 같은 **환경상의 이익**은 단순히 환경공익 보호의 결과로 국민일반이 공통적으로 가지게 되는 추상적·평균적·일반적인 이익에 그치지 아니하고 주민 개개인에 대하여 개별적으로 보호되는 직접적·구체적인 이익이라고 보아야 할 것이다(대판 1998.4.24, 97누 3286).

## 2) 원고적격 입증책임

### ① 의의

원고적격은 소송요건의 일종이므로 법원은 소송을 진행함에 있어서 원고적격이 갖추어졌는지 여부를 직권으로 조사하여야 한다(직권조사사항). 그러나 법원이 직권으로 조사한 결과 해당 소송에서 원고가 원고적격을 갖추었는지 여부가 불분명한 경우, 원고가 직접 자신에게 법률상이익이 있음을 입증해야 필요가 있다. 그러나 환경소송에서는 현실적으로 인과관계 등의 입증이 쉽지 않은 상태에서 원고가 자신에게 법률상 보호가치가 있는 이익이 있고 이 이익이 침해되었다는 것을 입증하기는 매우 어렵다. 따라서 판례는 환경소송에서 법률상 이익의 입증이 쉽지 않다는 점을 고려하여 일정한 경우 법률상 이익을 추정하는 법리를 사용하고 있다.

### ② 환경영향평가 대상지역 안 또는 영향권 내 주민

판례는 어떤 시설을 설치할 때 환경영향평가를 실시하여야 하는 경우나 당해 사업으로 인하여 환경상 침해를 받으리라고 예상되는 영향권의 범위가 설정되어 있는 경우에는 **환경영향평가 대상지역 안**에 거주하는 주민이나 **영향권 내**의 주민들의 환경상 이익에 대한 침해 또는 침해 우려를 사실상 추정하여 특별한 사정이 없는 한 원고적격을 인정하고 있다. (다만, 판례는 단지 그 영향권 내의 건물이나 토지를 소유하기만 하는 자나 환경상 이익을 일시적으로 향유하는데 그치는 자들에게는 원고적격이 없다고 본다.) 따라서 환경영향평가 대상지역 또는 영향권 내에 있는 주민은 자신이 그 지역에 거주하고 있다는 사실만 입증하면 원고적격이 사실상 추정된다. 이러한 사실상 추정을 깨기 위해서는 (변경하기 위해서는) 피고인 행정청이 해당 주민에게 환경상 이익에 대한 침해나 침해 우려가 없음을 증명해야 한다(입증책임의 전환).

### ③ 환경영향평가 대상지역 밖 또는 영향권 외 주민

판례는 환경영향평가 대상지역 밖에 거주하는 주민이나 그 영향권 밖에 거주하는 주민들은 원고적격의 입증책임에 대한 기본원칙으로 검토하여 해당 처분으로 인하여 수인한도를 넘는 환경피해를 받거나 받을 우려가 있다는 것을 스스로 입증하여야 한다고 본다. 또한 환경영향평가 대상지역 밖에 거주하는 주민에게 헌법상의 환경권이나 환경정책기본법에만 근거하여 해당 사업시행승인처분에 대한 취소를 구할 원고적격을 인정할 수는 없다고 본다.

## 2. 환경영향평가의 하자와 승인처분의 효력

### 1) 개설

환경영향평가는 환경영향평가대상이 되는 사업의 실시를 위한 승인처분(사업시행승인처분) 등의 절차적 요건으로서의 성격을 갖는다. 따라서 환경영향평가상의 하자는 승인처분 등의 절차상 하자에 해당한다.

### 2) 환경부장관과의 협의의 문제

#### ① 환경부장관과의 협의를 거치지 않은 경우

사업자는 환경영향평가서를 작성하여 이를 개발사업 관련 승인기관의 장에게 제출하고, 환경영향평가서를 제공받은 승인기관의 장은 환경부장관에게 이에 대한 협의요청을 하여야 한다. 그런데 이때 승인기관의 장이 환경부장관과의 협의를 거치지 않고 사업에 대한 승인을 한 경우, 이러한 사업시행승인처분은 절차상의 하자가 있고 해당 하자는 일반적으로 **취소사유**에 해당한다.

#### ② 환경부장관과의 협의를 거친 경우

판례는 환경부장관과의 협의를 거친 경우 설령 개발사업 관련 승인기관의 장이 환경부장관의 환경영향평가에 대한 의견과는 다른 처분을 하였다고 하여 그 처분이 위법하다고 할 수는 없다고 본다. (협의한 환경부장관의 의견에 승인기관의 장이 구속되는 것은 아니다.)

### 3) 환경영향평가 자체를 거치지 않은 경우

환경영향평가를 거쳐야 할 대상사업에 대하여 환경영향평가를 거치지 아니하였음에도 불구하고 사업시행승인처분 등이 행해졌다면 해당 환경에 대하여 중대한 영향을 미칠 가능성이 있는 개발사업을 실시하기 전에 해당 환경에 침익(부담)적인 영향을 미치게 될 요인들을 미리 예측·검토하여 이 요인들이 확정되면 이를 최소화하는 방안으로 사업을 실시하겠다는 환경영향평가제도를 둔 입법 취지를 달성할 수 없게 되는 결과를 초래한다. 또한 환경영향평가 대상지역 안의 주민들의 직접적이고 개별적인 이익을 침해하게 되어 주민들의 쾌적한 환경에 대한 요구를 방해하는 상황이 벌어지게 된다. 따라서 판례는 환경영향평가 자체를 전혀 거치지 않은 경우 해당 행정처분(사업시행승인처분 등)의 하자는 내용상 중대하고 외관상으로도 명백한 것이므로 당연무효라고 판시하였다.

우선순위
행정법각론

제10편    확인문제 정답

- 빨간색 표시가 　정답　 입니다.

- ○ X 　방사능에 오염된 고철을 타인에게 매도하는 등으로 유통시킴으로써 거래 상대방이나 전전취득한 자가 방사능오염으로 피해를 입게 되었더라도 그 원인자는 방사능오염 사실을 모르고 유통시켰을 경우에는 환경정책기본법 제44조 제1항에 따라 피해자에게 피해를 배상할 의무는 없다. 〈2020 군무원〉 243페이지

- ○ X 　불법행위로 영업을 중단한 자가 영업 중단에 따른 손해배상을 구하는 경우 영업을 중단하지 않았으면 얻었을 순이익과 이와 별도로 영업 중단과 상관없이 불가피하게 지출해야 하는 비용도 특별한 사정이 없는 한 손해배상의 범위에 포함될 수 있다. 〈2020 군무원〉
243페이지

- ○ X 　토양은 폐기물 기타 오염물질에 의하여 오염될 수 있는 대상일 뿐 오염토양이라 하여 동산으로서 '물질'인 폐기물에 해당한다고 할 수 없고, 나아가 오염토양은 법령상 절차에 따른 정화대상이 될 뿐 법령상 금지되거나 그와 배치되는 개념인 투기나 폐기 대상이 된다고 할 수 없다. 〈2020 군무원〉 244페이지

저자와
협의 후
인지생략

**발행일**  1판1쇄 발행  2021년 3월 19일
**발행처**  듀오북스
**지은이**  양승우
**펴낸이**  박승희

**등록일자**  2018년 10월 12일 제2018-000281호
**주소**  서울시 마포구 환일2길 5-1
**편집부**  (070)7807_3690
**팩스**  (050)4277_8651
**웹사이트**  www.duobooks.co.kr

**정가** 21,000원  **ISBN** 979-11-90349-18-5  13350